BALDARELLI/VON PRONDZINSKI

Polizeigesetz Nordrhein-Westfalen

Polizeigesetz Nordrhein-Westfalen

Kommentar in Kurzform

Marcello Baldarelli
Erster Polizeihauptkommissar

und

Peter von Prondzinski
Kriminaloberrat

BOORBERG

Bibliografische Information der Deutschen Nationalbibliothek | Die Deutsche Nationalbibliothek verzeichnet diese Publikation in der Deutschen Nationalbibliografie; detaillierte bibliografische Daten sind im Internet über www.dnb.de abrufbar.

ISBN 978-3-415-06590-1

Titelfoto: © Gerhard Seybert – stock.adobe.com | Satz: Thomas Schäfer, www.schaefer-buchsatz.de | Druck und Bindung: Medienhaus Plump GmbH, Rolandsecker Weg 33, 53619 Rheinbreitbach

Richard Boorberg Verlag GmbH & Co KG | Scharrstraße 2 | 70563 Stuttgart
Stuttgart | München | Hannover | Berlin | Weimar | Dresden
www.boorberg.de

Vorwort

Das vorliegende kleine Nachschlagewerk verfolgt das Ziel, insbesondere Polizeibeamte im operativen Dienst (Wach-, Bezirks- und Ermittlungsdienst, Einsatzkräfte) bei gefahrenabwehrenden Maßnahmen und Handlungen zu unterstützen. Es ermöglicht den schnellen Zugriff auf die jeweiligen gesetzlichen Grundlagen einschließlich der Ausführungsbestimmungen (Formvorschriften etc.) und vermittelt dazu stichwortartig wichtige Informationen, z. B. einen Überblick über die Befugnisse sowie Detailregelungen bei differenzierten Ermächtigungsgrundlagen. Wert wurde auch auf die Abgrenzung zu Maßnahmen der Strafprozessordnung gelegt.

Es dient damit der Erhöhung der persönlichen Entscheidungssicherheit des einzelnen Polizeibeamten bei der praktischen Anwendung gefahrenabwehrender Maßnahmen. Außerdem soll das Buch ein ständiger Begleiter des Polizeibeamten sein, weshalb auch das kleine Format (zum Einstecken) gewählt wurde.

Anregungen zum Inhalt nehmen die Autoren gerne entgegen.

Köln/Waltrop, im Juni 2019

Marcello Baldarelli | Peter von Prondzinski

Inhaltsverzeichnis

Abkürzungsverzeichnis

Abs.	Absatz
Art.	Artikel
AsylG	Asylgesetz
AufenthG	Aufenthaltsgesetz
BeamtStG	Beamtenstatusgesetz
BeckRS	Rechtsprechungsübersicht beck-online
BVerfG	Bundesverfassungsgericht
d.b.	das bedeutet
DEIG	Distanzelektroimpulsgerät (Taser)
DPolBl	Deutsches Polizeiblatt
DSG NRW	Datenschutzgesetz Nordrhein-Westfalen
f.d.ö.S.o.O.	für die öffentliche Sicherheit oder Ordnung
Gefahr	konkrete Gefahr für die öffentliche Sicherheit oder Ordnung
GG	Grundgesetz
GiV	Gefahr im Verzug
GSZ	Zeitschrift für das Gesamte Sicherheitsrecht
h.M	herrschende Meinung
i. d. R.	in der Regel
i. S. v.	im Sinne von
i. V. m.	In Verbindung mit
IM	Innenministerium Nordrhein-Westfalen
JEVG	Justizvergütungs- und -entschädigungsgesetz
JFSG	Infektionsschutzgesetz

KPB	Kreispolizeibehörde
KpS-RL	Richtlinien für die Führung kriminalpolizeilicher personenbezogener Sammlungen
KURS	Konzeption zum Umgang mit rückfallgefährdeten Sexualstraftätern
LT-Drucks.	Drucksache des Landtages NRW, Legislaturperiode/laufende Nummer
LuftVO	Luftverkehrs-Ordnung
LZPD	Landesamt für Zentrale Polizeiliche Dienste
NJW	Neue juristische Wochenschrift
NStZ	Neue Zeitschrift für das Strafrecht
NWVBl	Nordrhein-Westfälische Verwaltungsblätter
OBG	Ordnungsbehördengesetz
OBG NRW	Ordnungsbehördengesetz Nordrhein-Westfalen
OWiG	Ordnungswidrigkeitengesetz
PflVersG	Pflichtversicherungsgesetz
POG NRW	Polizei-Organisationsgesetz NRW
PolDÜV	Polizeidatenübermittlungsverordnung
PolG NRW	Polizeigesetz Nordrhein-Westfalen
RO	Recht(ver)ordnung
RiS	Grundrecht auf informationelle Selbstbestimmung
RSG	Reizstoffsprühgerät/Pfefferspray
SDÜ	Schengener Durchführungsübereinkommen
SKALA	System zur Kriminalitätsanalyse und Lageantizipation
StVG	Straßenverkehrsgesetz
StVO	Straßenverkehrs-Ordnung

TKG	Telekommunikationsgesetz
TMG	Telemediengesetz
VA	Verwaltungsakt gem. § 35 VwVfG
VersG	Versammlungsgesetz des Bundes
VUP	Verkehrsunfall mit Personenschaden
VV	Verwaltungsvorschrift zum Polizeigesetz NRW
VwVfG	Verwaltungsverfahrensgesetz NRW
WaffG	Waffengesetz
z. B.	zum Beispiel

Hinweise:
Soweit in diesem Buch ein Paragraf keine spezielle Bezeichnung aufweist, handelt es sich um einen Paragrafen des PolG NRW.

Auszug aus den Verwaltungsvorschriften zum PolG NRW:
Randnummern (RdNr.) sind wie folgt erfasst:
VV xx.0 – Grundsätze
VV xx.1 – zu Abs. 1
VV xx.3 – zu Abs. 3 etc.

Das Ermessen und das Übermaßverbot wurden in den Fällen an-/besprochen, sofern diesen wichtigen Verfassungsgrundsätzen besondere Bedeutung zukommt oder die Auslegung durch Gesetz, Rechtsverordnung oder taktische Vorgaben eingeschränkt oder gelenkt sind.

Literaturhinweise

Baldarelli Rechtliche Bewertung von Maßnahmen zur Auffindung von vermissten oder suizidgefährdeten Personen, DPolBl. 4/2018, S. 15 ff.

Baldarelli Aktuelle Rechtsfragen zum polizeilichen Einsatz der Bodycam in NRW, DPolBl. 6/2017, S. 14 ff.

Bialon/Springer Eingriffsrecht, 4. Auflage, 2018

Kingreen/Poscher Polizei- und Ordnungsrecht mit Versammlungsrecht, 10. Auflage, 2018

Löffelmann Die Umsetzung des Grundsatzes der hypothetischen Datenneuerhebung – Schema oder Struktur?, GSZ 2019, S. 16 ff.

Möstl/Kugelmann (Herausgeber) Beck-Online Kommentar Polizei- und Ordnungsrecht Nordrhein-Westfalen, 11. Edition

Osterlitz Eingriffsrecht im Polizeidienst, Band I und II, 15. Auflage 2018

Schenke/Graulich/Ruthig (Herausgeber) Sicherheitsrecht des Bundes, 2. Auflage, 2019

Schütte/Braun/Keller Eingriffsrecht Nordrhein-Westfalen, 2016

Tegtmeyer/Vahle Polizeigesetz Nordrhein-Westfalen, 12. Auflage, 2017

Tetsch/Baldarelli Polizeigesetz Nordrhein-Westfalen, 2011 mit Ergänzungsband 2013

Thiel Polizei- und Ordnungsrecht, 3. Auflage, 2016

Thiel Stärkung der Sicherheit in Nordrhein-Westfalen – Demokratie „at its best“, GSZ 2010, 1 ff.

Lisken/Denninger (Herausgeber) Handbuch des Polizeirechts, 6. Auflage, 2018

Nimtz/Thiel Eingriffsrecht Nordrhein-Westfalen, 2017

von Coelln, Pernice-Warnke/Pützer/Reisch „Zwei Schritte vor, ein Schritt zurück – die aktuellen Änderungen des nordrhein-westfälischen Polizeigesetzes“, NWVBl. 2019, 89 ff.

§ 1 Aufgaben der Polizei

(1) Die Polizei hat die Aufgabe, Gefahren für die öffentliche Sicherheit oder Ordnung abzuwehren (Gefahrenabwehr). Sie hat im Rahmen dieser Aufgabe Straftaten zu verhüten sowie vorbeugend zu bekämpfen und die erforderlichen Vorbereitungen für die Hilfeleistung und das Handeln in Gefahrenfällen zu treffen. Sind außer in den Fällen des Satzes 2 neben der Polizei andere Behörden für die Gefahrenabwehr zuständig, hat die Polizei in eigener Zuständigkeit tätig zu werden, soweit ein Handeln der anderen Behörden nicht oder nicht rechtzeitig möglich erscheint; dies gilt insbesondere für die den Ordnungsbehörden obliegende Aufgabe, gemäß § 1 Ordnungsbehördengesetz Gefahren für die öffentliche Ordnung abzuwehren. Die Polizei hat die zuständigen Behörden, insbesondere die Ordnungsbehörden, unverzüglich von allen Vorgängen zu unterrichten, die deren Eingreifen erfordern.
(2) Der Schutz privater Rechte obliegt der Polizei nach diesem Gesetz nur dann, wenn gerichtlicher Schutz nicht rechtzeitig zu erlangen ist und wenn ohne polizeiliche Hilfe die Verwirklichung des Rechts vereitelt oder wesentlich erschwert werden würde.
(3) Die Polizei leistet anderen Behörden Vollzugshilfe (§§ 47 bis 49).
(4) Die Polizei hat ferner die Aufgaben zu erfüllen, die ihr durch andere Rechtsvorschriften übertragen sind.
(5) Maßnahmen, die in Rechte einer Person eingreifen, darf die Polizei nur treffen, wenn dies auf Grund dieses Gesetzes oder anderer Rechtsvorschriften zulässig ist. Soweit die Polizei gemäß Absatz 1 Satz 2 Straftaten vorbeugend bekämpft oder die erforderlichen Vorbereitungen für die Hilfeleistung und das Handeln in Gefahrenfällen trifft, sind Maßnahmen nur nach dem Zweiten Unterabschnitt „Datenverarbeitung" des Zweiten Abschnittes dieses Gesetzes zulässig.

VV zu § 1

1.11 Nach dem Polizeigesetz des Landes Nordrhein-Westfalen ist es Aufgabe der Polizei, Gefahren sowohl für die öffentliche Sicherheit als auch für die öffentliche Ordnung abzuwehren.

Die öffentliche Sicherheit bezieht sich auf die Unversehrtheit der gesamten materiellen Rechtsordnung, von Rechten und Rechtsgütern des Einzelnen und von Einrichtungen und Veranstaltungen des Staates.

Unter öffentlicher Ordnung ist die Gesamtheit jener ungeschriebener Regeln für das Verhalten der Einzelnen in der Öffentlichkeit anzusehen, deren Beachtung nach den jeweils herrschenden Anschauungen als unerlässliche Voraussetzung eines geordneten staatsbürgerlichen Gemeinschaftslebens betrachtet wird.

In Bezug auf die öffentliche Ordnung ist die Polizei legitimiert, im Einzelfall gegen belästigendes Verhalten in der Öffentlichkeit, das noch unter der Schwelle einer Ordnungswidrigkeit gem. §§ 116 ff. OWiG bleibt, einzuschreiten. Sie kann – ebenso wie die Ordnungsbehörden – Verstöße gegen die öffentliche Ordnung, die geeignet sind, das Sicherheitsgefühl der Bürgerinnen und Bürger in der Öffentlichkeit zu beeinträchtigen, unterbinden.

Die vorrangige Zuständigkeit der Ordnungsbehörden, Gefahren für die öffentliche Ordnung abzuwehren, bleibt erhalten.

1.12 § 1 Abs. 1 stellt auf die abstrakte Gefahr ab und umfasst damit auch alle Fälle, in denen bereits eine konkrete Gefahr vorliegt.

1.13 Die Vorsorge für die Verfolgung künftiger Straftaten wurde aus dem Aufgabenkatalog der Polizei entfernt, da sie systematisch zu den Regelungen des gerichtlichen Verfahrens zählt, und damit der Gesetzgebungskompetenz des Bundes unterliegt.

Zweck

- Zuweisung der Aufgabe der Gefahrenabwehr an die Polizei.
- Unterscheidung zwischen Alleinzuständigkeit der Polizei und Zuständigkeit der Polizei neben anderen Behörden.
- Zuweisung der Aufgabe der Hilfeleistungen und Handlungen in Gefahrenfällen vorzubereiten.
- Zuweisung des Schutzes privater Rechte als polizeiliche Gefahrenabwehr für bestimmte Eilfälle.
- Zuweisung der Aufgabe der Vollzugshilfe für andere Behörden.
- Zuweisung weiterer Zuständigkeiten an Polizeibehörden, soweit durch andere Gesetze Aufgaben an sie übertragen werden.

- Differenzierung zwischen Zuständigkeit (§ 1) und Befugnissen der Polizei (§§ 8 ff., §§ 50 ff.).
- Grundsatz: Grundrechtseingriffe, auch die Verarbeitung von personenbezogen Daten, erfordern immer eine Befugnis.

Voraussetzungen

- Die sachliche Zuständigkeit setzt ein, wenn die öffentliche Sicherheit oder Ordnung betroffen ist. Dann erlauben Tatsachen die Annahme, dass Schutzgüter beeinträchtigt sein könnten. Eine konkrete Gefahr braucht noch nicht vorzuliegen. Da § 1 den Begriff der Gefahr verwendet, geht die h. M. davon aus, dass hier eine „allgemeine Gefahr" (vgl. § 8, S. 36) gemeint ist.
- „Öffentliche Sicherheit" umfasst die Summe geschützter Rechtsgüter, namentlich die Unverletzlichkeit der Rechte des Einzelnen, insbesondere Leben Gesundheit, Freiheit und Eigentum, RiS, Allgemeine Handlungsfreiheit etc. (vgl. § 7) und den Bestand und die Funktionsfähigkeit des Staates, seiner Einrichtungen und Veranstaltungen sowie sonstiger Träger hoheitlicher Gewalt (Eigensicherung etc.). Der Schutz der Rechtsordnung und der Bestand des Staates sind Kollektivgüter. Bei den Individualgütern ist im Einzelfall das öffentliche Interesse zu berücksichtigen (z. B.: Teilnahme am Preisboxen einer Kirmes: Die erlittenen Verletzungen liegen nicht im öffentlichen Interesse – der Betroffene hat sich freiwillig in den Ring begeben).
- „Öffentliche Ordnung" umfasst die Summe ungeschriebener Normen, deren Befolgung als unentbehrliche Voraussetzung eines geordneten menschlichen Zusammenlebens angesehen wird. Diese Normen müssen mit den jeweils herrschenden sozialen und ethischen Anschauungen und mit dem Wertgehalt des Grundgesetzes vereinbar sein, z. B. unschickliche, als störend empfundene Verhaltensweisen, wie nackt durch die Innenstadt laufen, Ausstoß obszöner Laute in der U-Bahn durch Jugendliche, Provozieren durch Zeigen bestimmter Fahnen/ Gegenstände. Soweit die Handlung durch gesetzliche Regelungen erfasst wird (z. B. §§ 118, 119 OWiG), ist die öffentliche Sicherheit (Integrität der Rechtsordnung) betroffen. Aufgrund

der Normendichte (z. B. kommunale Verordnungen, die z. B. Alkoholkonsum, Urinieren in der Öffentlichkeit verbieten – i. d. R. Ordnungswidrigkeiten) ist der Anwendungsbereich eher gering. Dem Schutzgut der öffentlichen Ordnung kommt im Versammlungsrecht besondere Bedeutung zu, z. B. wenn Gruppierungen im Gleichschritt und mit Trommeln ausgestattet durch die Innenstadt marschieren und damit Verbindungen zur NS-Diktatur herstellen und Einschüchterungen verursachen.

- Bei der allgemeinen Gefahrenabwehr ist die Polizei neben anderen Behörden zuständig. Die jeweiligen Ordnungsbehörden verfügen i. d. R. über entsprechende Fachkräfte. Polizeiliches Handeln kommt nur in Betracht, wenn ein Eil-(zeitliche Dringlichkeit) oder Verhinderungsfall (Ordnungsbehörde ist nicht/nicht zeitgerecht in der Lage, die Gefahr abzuwehren, z. B. Durchsuchung eines [Wald-]Gebietes, Fahndungsmaßnahmen nach Vermissten) vorliegt. Als Verhinderungsfall gilt auch das Ende der Service-/Geschäfts- oder Bereitschaftszeiten.
- Ordnungsbehörden verfügen über Außendienste, die entsprechende Einsätze übernehmen: z. B. Ruhestörungen, Verkehrsbehinderung, Todesfälle (außerhalb § 159 StPO) etc. Die Kräfte der Ordnungsbehörden treffen ihre Maßnahmen gem. § 24 OBG auf der Grundlage des PolG, z. B. Ingewahrsamnahme von Personen gem. § 35. Können Polizei- und die Ordnungsbehörde zugleich tätig werden, ist die Polizei verpflichtet, sich vorher mit der Ordnungsbehörde abzustimmen. Das VG Köln hat in zwei Fällen das polizeiliche Öffnen einer Wohnungstür zur Beseitigung einer Ruhestörung und Abschleppen eines Pkw zur Gefahrenabwehr als rechtswidrig eingestuft, weil die Abstimmung darüber unterblieben ist, ob die Ordnungsbehörde selbst hätte tätig werden können (VG Köln, Urt. v. 28.01.2010, 20 K 6419/08; Urt. v. 05.07.2010, 20 K 1853/09).
- Bei der Verhinderung drohender Straftaten und der Vorsorge zur Verhütung zukünftiger Straftaten (vorbeugende Bekämpfung von Straftaten – oft als Verhinderungsvorsorge bezeichnet) gilt die Alleinzuständigkeit der Polizei, z. B. Sammeln (Datenspeicherung) und Auswerten von Informationen, um frühzeitig

mögliche Straftaten zu erkennen und diese dann zu verhindern (SKALA), bei Veranstaltungen (Fußball, Konzert), aber auch zur Verhinderung häuslicher Gewalt oder von Angriffen auf Polizeibeamte. Die Verfolgungsvorsorge, d. h., das Vorhalten von Daten, um zukünftige Straftaten zu verfolgen (ED-Unterlagen – § 81b, 2. Alt. StPO), fallen nicht mehr unter die vorbeugende Verbrechensbekämpfung und damit nicht unter § 1 Abs. 1, sondern unter § 1 Abs. 4 PolG i. V. m. § 81b, 2. Alt. StPO.

Alleinzuständigkeit der Polizei	→	Verhinderung/Verhütung von Straftaten
	→	Vorsorge für die Verhütung künftiger Straftaten (Verhütungsvorsorge)
		Vorsorge für die Verfolgung künftiger Straftaten § 1 Abs. 4 PolG i.V.m. § 81b, 2. Alt. StPO
Zuständigkeit der Polizei neben anderen Behörden	→	Abwehr von Gefahren für die öffentliche Sicherheit oder Ordnung
	↓	
		Vorliegen eines Eil- oder Verhinderungsfalles

– Die Polizei hat auch Vorbereitungen für die Hilfeleistung und das Handeln in Gefahrenfällen zu treffen (Abs. 1 S. 2, 2. Halbsatz), i. d. R. interne Angelegenheiten, z. B. Erstellen von Einsatzakten/Konzepten, Strukturkatalog, Erfassen personenbezogener Daten über „Unterstützungskräfte“ (z. B. Erreichbarkeit von Schlüsseldiensten, Abschleppfirmen, Bestattern, Verantwortlichen bestimmter Objekte, etc.). § 1 Abs. 1 schafft dazu die Aufgabenzuweisung (sachliche Zuständigkeit). Die Datenverarbeitung erfolgt auf der Basis von § 22.

- Beim Schutz privater Rechte ist die polizeiliche Zuständigkeit auf vorläufige Sicherung von Rechtspositionen beschränkt. Die Polizei trifft keine Entscheidung hinsichtlich der Rechtslage (z. B. wer den Verkehrsunfall verschuldet hat, wer Eigentümer einer Sache ist). Die Polizei trifft nur Maßnahmen zur Sicherung, z. B. Personalienaustausch (§ 12 Abs. 1 Nr. 1) oder vorübergehende Sicherstellung einer Sache gem. § 43 Nr. 2. Ein Einschreiten nach § 1 Abs. 2 erfordert vier Kriterien:
  - Antrag/Ersuchen eines Berechtigten
  - Offenbaren/Glaubhaftmachen eines Anspruchs (Antrag muss plausibel sein – Plausibilitätsprüfung durch die Polizei ist zwingend)
  - gerichtliche Durchsetzbarkeit ist nicht sofort möglich (Gericht kann nicht erreicht werden oder eine gerichtliche Entscheidung bzw. Klärung der Streitfrage würde zu spät erfolgen)
  - keine Vorwegnahme der endgültigen Verwirklichung des Anspruchs (nur vorübergehende polizeiliche Maßnahmen – also Sicherstellung, nicht Übergabe der strittigen Sache, weil die Partei den Vorteil des Besitzes hat).
- Die Zuständigkeit zur Vollzugshilfe (Abs. 3) ist in den Möglichkeiten der Polizei begründet, unmittelbaren Zwang anzuwenden und damit die Anordnung der ersuchenden Behörde durchzusetzen; vgl. § 47.
- Die sonstigen Aufgaben sind in anderen Gesetzen geregelt; § 1 Abs. 4 stellt die Verbindung/Legitimation des Gesetzgebers NRW dar, in anderen Gesetzen genannte Aufgaben der Polizei zu übernehmen. Die wesentlichen Aufgaben sind:
  - Strafverfolgung – § 163 Abs. 1 S. 1 StPO
  - Mitwirkung am Todesermittlungsverfahren – § 159 StPO

- Verfolgung von Ordnungswidrigkeiten – §§ 35, 36 (z. B. Verkehrsordnungswidrigkeiten i. S. v. § 24 StVG), § 53 OWiG
- Verkehrsüberwachung – § 11 Abs. 1 Nr. 3 POG, § 36 Abs. 5 StVO
- Verkehrsregelung/-lenkung – § 44 Abs. 2 StVO
- Versammlungswesen – §§ 12, 12a VersG, ZustVO VersG vom 02.02.1987
- Waffenwesen – § 38 WaffG, § 1 der Verordnung zur Durchführung des Waffengesetzes
- Aufenthaltsrecht – § 71 Abs. 4 AufenthG, § 19 AsylG, Erlass „Aufgaben der Polizei im Rahmen der Einleitung des Asylverfahrens“, RdErl. d. IM vom 18.03.2002 (MBl. NRW. S. 389).

§ 2 Grundsatz der Verhältnismäßigkeit

(1) Von mehreren möglichen und geeigneten Maßnahmen hat die Polizei diejenige zu treffen, die den einzelnen und die Allgemeinheit voraussichtlich am wenigsten beeinträchtigt.
(2) Eine Maßnahme darf nicht zu einem Nachteil führen, der zu dem erstrebten Erfolg erkennbar außer Verhältnis steht.
(3) Eine Maßnahme ist nur solange zulässig, bis ihr Zweck erreicht ist oder sich zeigt, dass er nicht erreicht werden kann.

VV zu § 2
2.0 Der Grundsatz der Verhältnismäßigkeit hat Verfassungsrang. Er ist bei jeder Maßnahme zu beachten.

Zweck
- Resultiert aus dem Rechtsstaatsprinzip – Art. 20 Abs. 3 GG.
- Grundsätze der Geeignetheit und Erforderlichkeit bei der Auswahl polizeilicher Maßnahmen (Abs. 1).
- Grundsatz der Angemessenheit (Verhältnismäßigkeit im engeren Sinne) polizeilicher Maßnahmen (Abs. 2).
- Zeitliche Begrenzung von Maßnahmen (Abs. 3).

Voraussetzungen

- Grundsatz der Geeignetheit: Die Polizeimaßnahme muss tauglich sein, das Ziel zu erreichen, zumindest aber die Zweckerreichung fördern (auch die achte Wohnungsverweisung kann den Schutzzweck „aktueller Schutz vor häuslicher Gewalt" erfüllen, auch wenn das Opfer nicht die Absicht hat, gerichtliche Maßnahmen zu beantragen).
- Grundsatz der Erforderlichkeit: Eine mildere Maßnahme zur Zielerreichung steht nicht zur Verfügung. Bei gleicher Wirkung ist *das* Mittel zu wählen, das den Betroffenen weniger belastet. Die Erforderlichkeit ist stets aus ex-ante-Sicht (Zeitpunkt des polizeilichen Einschreitens) – nicht eines späteren Zeitpunkts (ex post) zu beurteilen: Wird der Platzverweis (§ 34 Abs. 1) vom Betroffenen nicht beachtet, kann nicht im Nachhinein (expost) gesagt werden, er sei ungeeignet gewesen und hätte daher nicht zur Verfügung gestanden.
- Grundsatz der Angemessenheit: Die Maßnahme darf nicht erkennbar außer Verhältnis zum angestrebten Erfolg stehen. Es soll nicht mit „Kanonen auf Spatzen geschossen werden". Es ist eine Mittel-Zweck-Relation zu prüfen zwischen den zu schützenden Rechtsgütern (Grundrechtseingriffe des Betroffenen) und den Zielen des Einschreitens (Zuständigkeiten). Dabei stellt nur ein deutliches Missverhältnis – nach der Werteordnung des Grundgesetzes – die Angemessenheit der Maßnahme in Frage. Nicht selten sind wichtige Positionen abzuwägen (z. B. Entziehung der Freiheit eines Randalierers – Art. 2 Abs. 2 S. 2 GG), um die nächtliche Ruhe (Art. 2 Abs. 2 S. 1 GG) zu gewährleisten). Die Abwägung im Einzelfall ist schwierig. Daher hat der Gesetzgeber grenzwertige Ergebnisse als angemessen zugelassen, sofern nicht nach der Werteordnung des GG ein „Missverhältnis" besteht.
- Die zeitliche Bemessung der Maßnahmen erfordert eine fortlaufende Prüfung, ob noch die Notwendigkeit besteht, die Maßnahme aufrecht zu erhalten, z. B. die Gewahrsamsdauer zur Ausnüchterung, Zeitraum des Platzverweises. Die Belastung des Betroffenen soll so kurz wie möglich sein (vgl. Abs. 1).

- Kann der Zweck nicht erreicht werden, ist die Maßnahme zu beenden. Der demokratische Rechtsstaat (Art. 20 Abs. 3 GG) erlaubt keine polizeilichen Maßnahmen „um jeden Preis“.
- Gerichte können die Einhaltung der Grundsätze prüfen; ein Verstoß gegen § 2 führt zur Rechtswidrigkeit des Handelns.

§ 3 Ermessen, Wahl der Mittel

(1) Die Polizei trifft ihre Maßnahmen nach pflichtgemäßem Ermessen.
(2) Kommen zur Abwehr einer Gefahr mehrere Mittel in Betracht, so genügt es, wenn eines davon bestimmt wird. Der betroffenen Person ist auf Antrag zu gestatten, ein anderes ebenso wirksames Mittel anzuwenden, sofern die Allgemeinheit dadurch nicht stärker beeinträchtigt wird.

Zweck
- Grundsatz der Ausübung des Ermessens (Abs. 1).
- Grundsatz der Bestimmtheit bei mehreren Mitteln/Maßnahmen (Formvorschrift – Abs. 2).
- Möglichkeit des Betroffenen, ein Austauschmittel anstelle der Polizeimaßnahme anzubieten, und Option der Polizei, dieses anzunehmen (Abs. 2).

Voraussetzungen
- Das PolG differenziert nach Entschließungs- (schreitet die Polizei überhaupt ein) und Auswahlermessen (welche Maßnahme wird eingesetzt).
- Das Ermessen betrifft die Rechtsfolge/zulässige Maßnahme.
- Keine Ermessensentscheidung ist die Frage, ob ein Eingriffstatbestand, also bei häuslicher Gewalt eine gegenwärtige Gefahr, vorliegt. Das ist die Bewertung der Rechtslage.
- Das Ermessen kann eingeschränkt sein, ggf. mehrfach:
  - Die Ausübung des pflichtgemäßen Ermessens muss auf einer sachlichen Grundlage erfolgen. Emotionale Entscheidungen (Rache, Sympathie/Antipathie u. Ä.) stellen einen Verstoß dar. Polizeibeamte sind zur Neutralität verpflichtet
  - Bindung durch den Grundsatz der Verhältnismäßigkeit – § 2.

  - Bindung durch Gesetze, Erlasse, Richtlinien vorgesetzter Stellen (IM, Leitstelle) oder Personen (DGL, KK-Leiter).
- Bei der Gefährdung hoher Rechtsgüter kann das Ermessen eingeschränkt, ggf. bis null reduziert sein. Dann besteht eine Handlungspflicht/der Bürger hat Anspruch auf die Maßnahme.

Beispiele:
- Zulässige Ermessensentscheidung:
  - Einsatzvergabe durch die Leitstelle nach Dringlichkeit
  - Einschreiten nach Vorgabe der PDV 100 VS-NfD, des LF 371 oder des Erlasses „Häusliche Gewalt"
  - statt Ingewahrsamnahme wird nochmals der Platzverweis, aber mit Zwangsandrohung, angeordnet
  - bewusstes „Nichtbeachten von Verfahrensvorschriften, z. B. beim Umgang mit personenbezogenen Daten.
- Ermessensfehler/Ermessensfehlgebrauch:
  - Verlängerung der Ingewahrsamnahme/späte Freilassung
  - bewusste Bagatellisierung einer nächtlichen Ruhestörung, um nicht einschreiten zu müssen
  - Nichteinschreiten gegen Störer aus persönlichen Gründen
  - Identitätsfeststellung, um Kontaktdaten zu erhalten.

§ 4 Verantwortlichkeit für das Verhalten von Personen

(1) Verursacht eine Person eine Gefahr, so sind die Maßnahmen gegen diese Person zu richten.
(2) Ist die Person noch nicht 14 Jahre alt oder ist für sie zur Besorgung aller ihrer Angelegenheiten ein Betreuer bestellt, können Maßnahmen auch gegen die Person gerichtet werden, die zur Aufsicht über sie verpflichtet ist. Dies gilt auch, wenn der Aufgabenkreis des Betreuers die in § 1896 Abs. 4 und § 1905 des Bürgerlichen Gesetzbuchs bezeichneten Angelegenheiten nicht erfasst.
(3) Verursacht eine Person, die zu einer Verrichtung bestellt ist, die Gefahr in Ausführung der Verrichtung, so können Maßnahmen auch gegen die Person gerichtet werden, die die andere zu der Verrichtung bestellt hat.

(4) Die Absätze 1 bis 3 sind nicht anzuwenden, soweit andere Vorschriften dieses Gesetzes oder andere Rechtsvorschriften bestimmen, gegen wen eine Maßnahme zu richten ist.

VV zu § 4

4.0 Wird eine Gefahr durch die hoheitliche Tätigkeit einer Behörde verursacht, hat die Polizei die Behörde oder deren Aufsichtsbehörde zu unterrichten. Führt dies nicht zum Ziel, kann die Polizei ihre Aufsichtsbehörde unterrichten mit der Bitte, auf eine einvernehmliche Lösung hinzuwirken. Eingriffsmaßnahmen gegen Behörden sind unzulässig; allerdings kann bei Gefahr im Vorzug, wenn die Behörde nicht sofort erreichbar ist, die Polizei zur Abwehr einer gegenwärtigen erheblichen Gefahr vorläufige Maßnahmen treffen. (...)

4.2 Da durch § 4 Abs. 2 Satz 2 sämtliche Fälle der Betreuung erfasst werden, braucht bei einer Inanspruchnahme nach § 4 Abs. 2 Satz 1 nicht geprüft zu werden, für welche Aufgabenbereiche die Betreuung gilt.

Zweck

- Inanspruchnahme einer Person als Verhaltensstörer (Abs. 1).
- Erziehungsberechtigte und Betreuer als Verhaltensverantwortliche für Kinder (§§ 1671 bis 1681 BGB – Eltern, § 1773 BGB – Vormund) und betreute Personen (Abs. 2).
- Geschäftsherr als Verantwortlicher für Verrichtungsgehilfen i. S. v. § 831 BGB (Hausbesitzer lässt Dacharbeiten ausführen, die Dachziegel werden heruntergeworfen und könnten Passanten verletzen: Verhaltensstörer sind die Arbeiter (Adressaten einer Unterlassungsverfügung), aber auch der Auftraggeber (kann ebenfalls in Anspruch genommen werden, z. B. für eine Rutsche zu sorgen oder den Bereich abzusperren).
- Grundsatz. Inanspruchnahme in Spezialregelungen haben Vorrang (Abs. 4).

Voraussetzungen

- Verhaltensstörer können juristische (Firmen, Vereine u. a.) und natürliche Personen sein. Verursachen bedeutet, dass das Verhalten kausal für die Gefahr ist. Literatur und Rechtsprechung haben unterschiedliche Kausalitätstheorien entwickelt. Die h. M. vertritt die „Theorie der unmittelbaren Verursachung“: Verursacher ist, wer die Schwelle zur Gefahrengrenze überschreitet, unmittelbar eine Ursache für den Eintritt der Gefahr setzt. Mitursächliches Verhalten lässt sich durch die Klärung der letzten Ursache abgrenzen.

- Umstritten ist die Rechtsfigur des Zweckveranlassers. Er verhält sich konform, bewirkt aber, dass andere die Schwelle zur Gefahr überschreiten (Provokateur, z. B. Zeigen einer provozierenden Fahne, Aufwiegeln einer Menschenmenge zur Gewalt). Verhaltensstörer ist jeder Teilnehmer an Gewalttaten und derjenige, der die Fahne aufhängt, zeigt oder andere instrumentalisiert.
- § 4 ist zu prüfen, wenn der Adressat in der Befugnis nicht geregelt ist: § 8 Abs. 1 stellt auf die Abwehr konkreter oder gegenwärtiger Gefahren ab und knüpft an die Adressatenfrage gem. §§ 5 bis 6 an.
- In der Mehrzahl der neueren Befugnisse ist Adressatenregelung durch besondere Hervorhebung enthalten (Spezialität).

Beispiele:

- § 34a beschreibt die Handlungsverantwortlichkeit entsprechend § 4. Ein Rückgriff auf § 4 ist damit nicht erforderlich.
- Aggressive und gewaltbereite Fußballfans sind Verhaltensstörer (§ 4 Abs. 1) eines Platzverweises gem. § 34 Abs. 1.
- Der Umgang mit personenbezogenen Daten gem. §§ 22 ff. und der Datenabgleich (§ 25) legen den Adressaten jeweils fest. Der Rückgriff auf § 4 Abs. 1 ist entbehrlich (§ 4 Abs. 4).

§ 5 Verantwortlichkeit für den Zustand von Sachen

(1) Geht von einer Sache oder einem Tier eine Gefahr aus, so sind die Maßnahmen gegen den Inhaber der tatsächlichen Gewalt zu richten. Soweit nichts anderes bestimmt ist, sind die nachfolgenden für Sachen geltenden Vorschriften entsprechend auf Tiere anzuwenden.

(2) Maßnahmen können auch gegen den Eigentümer oder einen anderen Berechtigten gerichtet werden. Das gilt nicht, wenn der Inhaber der tatsächlichen Gewalt diese ohne den Willen des Eigentümers oder Berechtigten ausübt.
(3) Geht die Gefahr von einer herrenlosen Sache aus, so können die Maßnahmen gegen denjenigen gerichtet werden, der das Eigentum an der Sache aufgegeben hat.
(4) § 4 Abs. 4 gilt entsprechend.

VV zu § 5

5.0 Wird im hoheitlichen Tätigkeitsbereich einer Behörde eine Gefahr durch eine Sache verursacht, hat die Polizei die Behörde oder deren Aufsichtsbehörde zu unterrichten. RdNr. 4.0 Sätze 2 und 3 gelten entsprechend.

5.1 Wirken sich Maßnahmen auf Tiere aus (z. B. bei Sicherstellung, Ersatzvornahme oder Anwendung unmittelbaren Zwanges), sind insbesondere die Vorschriften des Tierschutzgesetzes zu beachten. Der Schutz von Menschen hat Vorrang vor dem Schutz des Tieres.

Zweck

- Der Besitzer einer Sache übt die tatsächliche Verfügungsgewalt aus (erster Zustandsstörer – Abs. 1).
- Eigentümer (rechtliche Verfügungsgewalt) und sonstige Berechtigte (Besitzer) können Zustandsstörer sein; Sonderregelung bei widerrechtlichem Entzug, z. B. durch Diebstahl (Abs. 2).
- Sonderregelung bei Eigentumsaufgabe; Maßnahmen können sich gegen den letzten Eigentümer richten (Abs. 3).
- Regelung über die Inanspruchnahme in Spezialregelungen haben Vorrang (Abs. 4).

Voraussetzungen

- Zustandsstörer tragen die Verantwortung für ein Tier oder eine Sache, sofern davon eine Gefahr ausgeht.
- Sind Verhaltens- und Zustandsstörer vorhanden, entscheidet die Polizei nach pflichtgemäßem Ermessen, wer in Anspruch zu nehmen ist.

Beispiele:
- Der verkehrsbehindernd abgestellte Pkw betrifft gleichzeitig Fahrer (§ 4 Abs. 1) und Halter/Eigentümer (§ 5 Abs. 1).
- Der Halter des gefährlichen Hundes kann als Verhaltensstörer (Unterlassen der Aufsicht) oder als Zustandsstörer (Erschießen des Hundes) in Anspruch genommen werden.
- Bei der Sicherstellung von Sachen und deren Verwertung bzw. Vernichtung (§§ 43 bis 46) bestehen Spezialregelungen i. S. v. § 4 Abs. 4 i. V. m. § 6 Abs. 3.
- Verkehrssicherungspflicht bei Sperrmüll.

§ 6 Inanspruchnahme nicht verantwortlicher Personen

(1) Die Polizei kann Maßnahmen gegen andere Personen als die nach den §§ 4 oder 5 Verantwortlichen richten, wenn
1. eine gegenwärtige erhebliche Gefahr abzuwehren ist,
2. Maßnahmen gegen die nach den §§ 4 oder 5 Verantwortlichen nicht oder nicht rechtzeitig möglich sind oder keinen Erfolg versprechen,
3. die Polizei die Gefahr nicht oder nicht rechtzeitig selbst oder durch Beauftragte abwehren kann und
4. die Personen ohne erhebliche eigene Gefährdung und ohne Verletzung höherwertiger Pflichten in Anspruch genommen werden können.

(2) Die Maßnahmen nach Absatz 1 dürfen nur aufrechterhalten werden, solange die Abwehr der Gefahr nicht auf andere Weise möglich ist.

(3) § 4 Abs. 4 gilt entsprechend.

VV zu § 6

6.2 Eine Maßnahme gegen eine nicht verantwortliche Person darf nur für den Zeitraum getroffen werden, bis die Polizei mit eigenen oder anderen Kräften und Mitteln die Gefahr beseitigen kann. Hat die Anordnung Dauerwirkung, muss die Polizei das Geschehen fortlaufend überwachen, damit die Inanspruchnahme des Nichtstörers zum frühestmöglichen Zeitpunkt beendet werden kann.

Zweck
- Können Maßnahmen weder gegen einen speziellen noch gegen einen Verhaltens- oder Zustandsstörer getroffen werden, kann

ausnahmeweise ein Nichtstörer in Anspruch genommen werden (polizeilicher Notstand – Abs. 1).
- Konkretisierung des Übermaßverbotes (Abs. 2).
- Vorrang von Spezialregelung (Abs. 3).

Voraussetzungen
- Für die Inanspruchnahme des Nichtstörers müssen alle Voraussetzungen gem. Abs. 1 vorliegen.
- Freiwillige Handlungen stellen keine Inanspruchnahme dar (vgl. Tetsch/Baldarelli, PolG NRW, S. 165, 209, 212 ff.).
- Spezialregelung: z. B. § 9 Abs. 4 (Befragung), § 10 Abs. 1 Nr. 1 (Vorladung), § 11 Nr. 1 (Erhebung von Personaldaten) und § 12 Abs. 1 Nr. 2 bis 4 (Identitätsfeststellung).
- Nichtstörer haben Anspruch auf Entschädigung (§ 67 i. V. m. § 39 Abs. 1 lit. a OBG NRW). Daher ist die zuständige Verwaltungsstelle über die Inanspruchnahme zu unterrichten.

Beispiele:
- Polizeibeamte nehmen ein Boot, um ein ertrinkendes Kind zu retten; Entschädigung für Treibstoff oder Beschädigung.
- Nach Aufbrechen der Tür wird eine Gaststätte vorübergehend für evakuierte Senioren genutzt (Schutz vor Kälte).
- Aufforderung an einen Arbeiter, mit seinem Bagger die Straße zu blockieren, da ein Amok-Fahrer den nahe gelegenen Spielplatz mit Kindern angreifen will. Der Täter wird gestoppt, aber der Bagger erheblich beschädigt (Entschädigungsanspruch).
- Mobile Sperren auf BAB/Kraftfahrstraßen.

§ 7 Einschränkung von Grundrechten

Durch dieses Gesetz werden die Grundrechte auf

informationelle Selbstbestimmung (Artikel 2 Absatz 1 in Verbindung mit Artikel 1 Absatz 1 des Grundgesetzes),

Leben und körperliche Unversehrtheit (Artikel 2 Abs. 2 Satz 1 des Grundgesetzes),

Freiheit der Person (Artikel 2 Abs. 2 des Grundgesetzes),

Fernmeldegeheimnis (Artikel 10 Absatz 1 des Grundgesetzes),
Freizügigkeit (Artikel 11 des Grundgesetzes) und
Unverletzlichkeit der Wohnung (Artikel 13 des Grundgesetzes)
eingeschränkt.

Zweck
- Umsetzung des verfassungsrechtlichen Zitiergebotes (Art. 19 Abs. 1 S. 2 GG) bei der Einschränkung von Grundrechten durch den Gesetzgeber.

Voraussetzungen
- Vom Zitiergebot nicht erfasst sind:
  - die Menschenwürde Art. 1 Abs. 1 GG, da deren Einschränkung durch Polizeimaßnahmen niemals zulässig ist
  - die Versammlungsfreiheit (Art. 8 GG), sie unterliegt den speziellen Regelungen des VersG
  - Art. 5 GG (vgl. Tetsch/Baldarelli, PolG NRW, S. 218 f.).

§ 8 Allgemeine Befugnisse, Begriffsbestimmung

(1) Die Polizei kann die notwendigen Maßnahmen treffen, um eine im einzelnen Falle bestehende, konkrete Gefahr für die öffentliche Sicherheit oder Ordnung (Gefahr) abzuwehren, soweit nicht die §§ 9 bis 46 die Befugnisse der Polizei besonders regeln.

(2) Zur Erfüllung der Aufgaben, die der Polizei durch andere Rechtsvorschriften zugewiesen sind (§ 1 Abs. 4), hat sie die dort vorgesehenen Befugnisse. Soweit solche Rechtsvorschriften Befugnisse der Polizei nicht regeln, hat sie die Befugnisse, die ihr nach diesem Gesetz zustehen.

(3) Straftaten von erheblicher Bedeutung sind insbesondere Verbrechen sowie die in § 138 des Strafgesetzbuches genannten Vergehen, Vergehen nach § 129 des Strafgesetzbuches und gewerbs- oder bandenmäßig begangene Vergehen nach

1. den §§ 243, 244, 260, 261, 263 bis 264a, 265b, 266, 283, 283a, 291 oder 324 bis 330 des Strafgesetzbuches,
2. § 52 Abs. 1 Satz 1 Nr. 2 Buchstabe c) oder d) des Waffengesetzes,
3. §§ 29 Abs. 3 Satz 2 Nr. 1 oder 29a Abs. 1 Nr. 2 des Betäubungsmittelgesetzes,

4. §§ 96 und 97 des Aufenthaltsgesetzes.

(4) Straftaten nach

1. § 211, § 212, § 226, § 227, § 239a, § 239b, § 303b, § 305, § 305a, §§ 306 bis 306c, § 307 Absatz 1 bis 3, § 308 Absatz 1 bis 4, § 309 Absatz 1 bis 5, § 313, § 314, § 315 Absatz 1, 3 oder 4, § 316b Absatz 1 oder 3, § 316c Absatz 1 bis 3, § 317 Absatz 1, § 328 Absatz 1 oder 2, § 330 Absatz 1 oder 2 oder § 330a Absatz 1 bis 3 des Strafgesetzbuchs,
2. den §§ 6 bis 12 des Völkerstrafgesetzbuchs vom 26. Juni 2002 (BGBl. I S. 2254), das durch Artikel 1 des Gesetzes vom 22. Dezember 2016 (BGBl. I S. 3150) geändert worden ist,
3. § 19 Absatz 1 bis 3, § 20 Absatz 1 oder 2, § 20a Absatz 1 bis 3, § 19 Absatz 2 Nummer 2 oder Absatz 3 Nummer 2, § 20 Absatz 1 oder 2, § 20a Absatz 1 bis 3, jeweils auch in Verbindung mit § 21, oder § 22a Absatz 1 bis 3 des Gesetzes über die Kontrolle von Kriegswaffen in der Fassung der Bekanntmachung vom 22. November 1990 (BGBl. I S. 2506), das zuletzt durch Artikel 6 Absatz 2 des Gesetzes vom 13. April 2017 (BGBl. I S. 872) geändert worden ist, und
4. § 51 Absatz 1 bis 3 des Waffengesetzes vom 11. Oktober 2002 (BGBl. I S. 3970, 4592; 2003 I S. 1957), das zuletzt durch Artikel 1 des Gesetzes vom 30. Juni 2017 (BGBl. I S. 2133) geändert worden ist,

sind terroristische Straftaten im Sinne dieses Gesetzes, wenn und soweit sie dazu bestimmt sind, die Bevölkerung auf erhebliche Weise einzuschüchtern, eine Behörde oder eine internationale Organisation rechtswidrig mit Gewalt oder durch Drohung mit Gewalt zu nötigen oder die politischen, verfassungsrechtlichen, wirtschaftlichen oder sozialen Grundstrukturen eines Staates oder einer internationalen Organisation zu beseitigen oder erheblich zu beeinträchtigen, und sie durch die Art ihrer Begehung oder ihre Auswirkungen einen Staat oder eine internationale Organisation erheblich schädigen können.

VV zu § 8

8.0 Auf die Generalklausel des § 8 Abs. 1 darf nicht zurückgegriffen werden, wenn es sich um Maßnahmen zur Gefahrenabwehr nach den §§ 9 bis 46 handelt. Die Voraussetzungen für diese Maßnahmen sowie deren Art und Umfang sind in den genannten Vorschriften abschließend geregelt.

8.11 Zur konkreten Gefahr gehört auch die Anscheinsgefahr, also eine Sachlage, die bei verständiger Würdigung eines objektiven Betrachters den Anschein einer konkreten Gefahr erweckt.

8.12 Die Polizei kann auch die zur Beseitigung einer bereits eingetretenen Störung der öffentlichen Sicherheit oder Ordnung erforderlichen Maßnahmen treffen, wenn von der Störung eine fortwirkende Gefährdung ausgeht (z. B. bei Dauerdelikten).

8.2 Von den Vorschriften dieses Gesetzes haben im Bereich der Strafverfolgung nur die Bestimmungen über die Anwendung unmittelbaren Zwanges Gültigkeit, soweit keine speziellen Regelungen in der StPO enthalten sind.

8.3 Hierzu können auch andere Straftaten zählen, soweit sie gewerbs- oder bandenmäßig oder in anderer Weise organisiert begangen werden und dementsprechend einen erheblichen materiellen oder immateriellen (Gesamt-)Schaden verursachen.

Zweck

- Generalklausel für die polizeiliche Gefahrenabwehr (Abs. 1).
- Subsidiarität gegenüber Standardmaßnahmen.
- Definition „Gefahr": konkrete Gefahr für die öffentliche Sicherheit oder Ordnung.
- Definition „Straftat von erheblicher Bedeutung": Katalog (Abs. 3).
- Definition „terroristische Straftaten": Katalog (Abs. 4):
  - Katalogtat (abschließende Regelung).
    - Bestimmte Zielrichtung (das in § 8 Abs. 4 zitierte Schutzgut ist gefährdet oder erheblich zu beeinträchtigt)
    - Schadenseignung der Straftat (durch Art der Begehung oder Auswirkung)
  - Anwendungsbereich: § 12a Abs. 1 (Strategische Fahndung), § 20c (Telefonüberwachung), § 34b (Aufenthaltsvorgabe), § 34c (Elektronische Aufenthaltsüberwachung).

Tatbestandsvoraussetzungen

- Polizei (Polizeibeamte).
- Konkrete Gefahr für die öffentliche Sicherheit oder Ordnung:
  - konkrete Gefahr: der im Einzelfall bei verständiger Würdigung des Sachverhalts in naher Zukunft oder absehbarer Zeit mit hinreichender Wahrscheinlichkeit eintretende Scha-

den für ein Sicherheitsgut der öffentlichen Sicherheit oder Ordnung
- die Anscheinsgefahr (VV 8.11) gehört zur konkreten Gefahr
- Öffentliche Sicherheit: Schutz des Bestandes an Rechten, Rechtsgütern und Rechtsnormen, insbesondere
  - Individual-Sicherheitsgüter: Menschenwürde, Leben, Gesundheit, Freiheit, Eigentum, Ehre, Persönlichkeits-/Intimsphäre, RiS, Handlungs-, Meinungsäußerungsfreiheit etc.
  - Kollektiv-Sicherheitsgüter: Bestands- und Funktionsfähigkeit des Staates, seiner Organe/Organisation, Rechtsordnung, auch Eigensicherung, Verkehrssicherheit (vgl. § 1)
- öffentliche Ordnung: Schutz der Normen, die nach den jeweils herrschenden sozialen und ethischen Anschauungen als unentbehrliche Voraussetzung für ein gedeihliches Miteinander der dort lebenden Menschen gelten (vgl. § 1).

Zulässige Maßnahmen
- Alle Maßnahmen zur Gefahrenabwehr (Verwaltungsakte, Realakte mit Eingriffsqualität), die sich nicht auf spezielle Rechtsgrundlagen (§§ 9 ff.) oder Zwangsanwendungen (§ 50) stützen.
- Notwendigkeit der Maßnahme (i. S. v. § 2), d. h., die Maßnahme muss geeignet, erforderlich und angemessen sein. Eine andere Auffassung sieht darin einen Aspekt der Erforderlichkeit/Unabdingbarkeit, ohne die der Maßnahmenerfolg gefährdet ist.
- Adressat (Allgemeine Regelung [§§ 4 bis 6]).
- Formvorschriften (Anordnung/Durchführung: jeder Polizeivollzugsbeamte).
- Ermessen (Entschließungs-/Auswahlermessen [§ 3]).
- Übermaßverbot (Geeignetheit, Erforderlichkeit, Verhältnismäßigkeit).

Beispiele:
- Aufforderung/Weisung an Bürger, bestimmte Handlungen
  - zu tun, zu unterlassen, zu dulden oder

  - in bestimmter Art und Weise zu tun/zu unterlassen, zu dulden.
- Gefährderansprachen/-anschreiben, sofern diese Eingriffsqualität/Anordnungscharakter haben, nicht der bloße Hinweis auf die Strafbarkeit bestimmten Verhaltens (Eingriffsqualität fehlt).
- Untersagen des Fotografierens an Unfall-/Einsatzstellen.
- Erzeugen eines Verkehrsstaus, um eine besondere Gefahrenlage zu bewältigen, z. B. für Festnahme bei Flucht, mobiler Geiselnahme etc. (LG Bückeburg NJW 2005, 3014; vgl. § 6).
- Realakte, wie Sperrung einer Fläche (anders: Errichten einer Straßensperre nach Flucht/Verfolgung stellt Zwangsanwendung dar – § 50), Verursachen eines künstlichen Staus.
- Zur Verhinderung nicht versammlungsspezifischer Gefahren (Einsturzgefahr eines Gebäudes) wird Versammlung aufgelöst.
- Anordnung einer körperlichen Untersuchung zur Gefahrenabwehr (Verletzung, z. B. Biss, durch HIV-/Hepatitis-Kranken).
- Strittig z. B. Verfügung an Fußgänger, den Gehweg zu nutzen.

Übersicht Gefahrenbegriffe

Begriff	Normen
Allgemeine Gefahr: Aufgrund von Tatsachen führt die Prognose zur Möglichkeit eines Schadens (anders konkrete Gefahr: hinreichende Wahrscheinlichkeit des Schadens).	§ 1 Abs. 1 PolG
Abstrakte Gefahr: Schaden für Rechtsgüter ist mit hinreichender Wahrscheinlichkeit generell zu erwarten; anders bei konkreter Gefahr (kein Einzelfall, sondern Vielzahl von erwarteten Gefahren-/Schadensfällen, z. B. Gefährlichkeit bestimmter Hunderassen).	§ 25 OBG führt zum Erlass von RO; keine polizeiliche Gefahr; VV 1.12 ist missverständlich; entspricht nicht h. M.
Konkrete Gefahr: Im Einzelfall ist ein Schaden mit hinreichender Wahrscheinlichkeit zu erwarten.	§ 8 Abs. 1, § 12 Abs. 1 Nr. 1
Dringende Gefahr: Konkrete Gefahr für bedeutende Rechtsgüter, keine zeitliche Dringlichkeit. Bei Integrität der Rechtsordnung ab bedeutende	§ 41 Abs. 3

Begriff	Normen
Owi, Sicherheitsgüter Freiheit, Gesundheit, Leben, Vermögenswerte.	
Gegenwärtige Gefahr: Schaden steht unmittelbar bevor (Zeitkomponente, z. B. Ehemann setzt gerade an, seine Frau zu schlagen) oder ist bereits eingetreten und dauert an (Schadenskomponente, z. B. Ruhestörung oder Verkehrsbehinderung dauern an) oder er wird mit hoher Wahrscheinlichkeit zu einem noch nicht eindeutig bestimmbaren Zeitraum eintreten (Wahrscheinlichkeitskomponente, z. B. Ehemann wird in den nächsten Tagen seine Frau erneut angreifen; Politiker sind hoch gefährdet – nur Zeitpunkt des Anschlags ist unklar).	§ 34a Abs. 1, § 41 Abs. 1 Nr. 4, § 43 Nr. 1
Gegenwärtige Gefahr für Leib oder Leben: die gegenwärtige Gefahr besteht für das Leben eines Menschen, die körperliche Unversehrtheit/Gesundheit; nicht die lediglich einfache Körperverletzung (z. B. Ohrfeige).	§ 34a Abs. 1, § 64 Abs. 1 Nr. 1
Erhebliche Gefahr: der Schaden droht für bedeutsame Rechtsgüter (Leben, Gesundheit von Menschen, hohe Sachschäden) oder Kollektivgüter (z. B. Bestand des Staates und seiner Einrichtungen – hinreichende Wahrscheinlichkeit reicht aus).	§ 6 Abs. 1, § 11 Nr. 2, § 29 Abs. 1, § 33a Abs. 1, 3, 4, 5
Intensive Gefahr: hohe Wahrscheinlichkeit des Todes, nicht unbedeutender Schäden für Gesundheit oder Freiheit einer Person	§§ 20a, 20b
Gegenwärtige erheblich Gefahr: gegenwärtige Gefahr für die bedeutsame Rechtsgüter	§ 6 Abs. 1
Gemeine Gefahr: Gefahr für bedeutende Rechtsgüter einer Vielzahl von Personen (Leben, Gesundheit, Eigentum, große Schadensfälle)	§ 20a Abs. 1 Satz 2 Nr. 2

Begriff	Normen
Anscheinsgefahr: Erkenntnisse führen zur Prognose/zu dem Ergebnis, dass die (konkrete/gegenwärtige) Gefahr zum Zeitpunkt des Einschreitens (ex ante) vorliegt, sich jedoch im Nachhinein herausstellt, dass keine Gefahr vorlag.	Keine gesetzliche Regelung; Anscheinsgefahr rechtfertigt getroffene Maßnahme!
Scheingefahr: Beamter nimmt subjektiv eine Gefahr an, die tatsächlich nicht vorliegt; Fehlbewertung oder Irrtum des Amtsträgers.	Keine gesetzliche Regelung; führt zur Rechtswidrigkeit der Maßnahme
Gefahrenverdacht: bestimmte Tatsachen lassen eine Gefahr vermuten; es ist nicht eindeutig zu prognostizieren, ob eine Gefahr vorliegt oder nicht.	Keine gesetzliche Regelung; rechtfertigt Maßnahmen der Gefahrenerforschung (z. B. IDF, Datenabgleich, auch vorübergehende geringfügige Eingriffe, z. B. kurze Sicherstellung eines Baseballschlägers)
Gefahr im Verzug: der Erfolg der Durchsuchung würde durch die vorherige Einholung der richterlichen Durchsuchungsanordnung gefährdet.	§ 17 Abs. 2, § 18 Abs. 2, § 20a Abs. 3, § 34b Abs. 2, § 34c Abs. 6, § 42 Abs. 1

§ 9 Allgemeine Regeln, Befragung, Auskunftspflicht

(1) Die Polizei kann personenbezogene Daten erheben, wenn

1. ihre Kenntnis zur Erfüllung der ihr durch dieses Gesetz oder andere Rechtsvorschriften übertragenen Aufgaben erforderlich ist, soweit nicht die §§ 9 bis 46 die Erhebung besonders regeln. Dies gilt auch für personenbezogene Daten, die von der betroffenen Person offensichtlich öffentlich gemacht wurden oder
2. die betroffene Person wirksam im Sinne des § 38 des Datenschutzgesetzes Nordrhein-Westfalen vom 17. Mai 2018 (GV. NRW. S. 244, ber. S. 278 und 404) eingewilligt hat.

Die Erhebung von besonderen Kategorien personenbezogener Daten richtet sich nach § 22a.

(2) Die Polizei kann jede Person befragen, wenn Tatsachen die Annahme rechtfertigen, dass sie sachdienliche Angaben machen kann, die für die Erfüllung

einer bestimmten polizeilichen Aufgabe erforderlich sind. Für die Dauer der Befragung kann die Person angehalten werden.
(3) Eine Person, deren Befragung nach Absatz 2 zulässig ist, ist verpflichtet, auf Frage Namen, Vornamen, Tag und Ort der Geburt, Wohnanschrift und Staatsangehörigkeit anzugeben. Sie ist zu weiteren Auskünften verpflichtet, soweit gesetzliche Handlungspflichten bestehen.
(4) Die Befragung richtet sich an die betroffene Person. Ist deren Befragung nicht oder nicht rechtzeitig möglich oder würde sie die Erfüllung der polizeilichen Aufgabe erheblich erschweren oder gefährden, können die Daten auch ohne Kenntnis der betroffenen Person erhoben werden, wenn dies zur Aufgabenwahrnehmung gemäß Absatz 2 erforderlich ist.
(5) Befragung und Datenerhebung sind offen durchzuführen; eine verdeckte Datenerhebung ist nur zulässig, wenn dies durch Gesetz zugelassen ist.
(6) Werden durch Befragung Daten bei der betroffenen Person oder bei Personen oder Stellen außerhalb des öffentlichen Bereichs erhoben, sind diese in geeigneter Weise über die Rechtsvorschriften für die Datenerhebung sowie entweder über die bestehende Auskunftspflicht oder über die Freiwilligkeit der Auskunft aufzuklären, es sei denn, dies ist wegen besonderer Umstände offenkundig nicht angemessen oder die Erfüllung der polizeilichen Aufgaben wird hierdurch erheblich erschwert oder gefährdet.
(7) Die Erhebung personenbezogener Daten zu unbestimmten oder noch nicht bestimmbaren Zwecken ist unzulässig.

VV zu § 9

9.0 § 9 gilt für die Erhebung von Daten durch die Polizei für die in § 1 genannten Aufgaben, falls nicht bereichsspezifische Regelungen bestehen. Die in § 9 geregelten Grundsätze wirken sich auch auf die §§ 11 bis 21 aus, soweit sich aus den letztgenannten Vorschriften keine Besonderheiten ergeben. Gem. § 3 Abs. 2 Satz 2 Nr. 1 des Datenschutzgesetzes Nordrhein-Westfalen (DSG NRW) ist unter Datenerhebung das Beschaffen von Daten über die betroffene Person zu verstehen. Nach § 3 Abs. 1 DSG NRW sind personenbezogene Daten Einzelangaben über persönliche oder sachliche Verhältnisse einer bestimmten oder bestimmbaren natürlichen Person (betroffene Person).

9.11 Eine Person kann unabhängig davon befragt werden, ob die Voraussetzungen der §§ 4 bis 6 vorliegen. Eine Befragung ist für die Erfüllung der Aufgabe erforderlich, wenn ohne Kenntnisse der zu erhebenden Daten die Aufgabe nicht oder zumindest nicht mehr zeit- oder sachgerecht wahrgenommen werden kann.

9.12 Die Dauer der Befragung ist auf das notwendige Maß zu beschränken.

9.21 Angaben zur Person sollten nur erfragt werden, wenn Gründe vorliegen, die eine spätere erneute Kontaktaufnahme möglich erscheinen lassen. Aus dem Sinn des § 9 Abs. 2 Satz 1 ergibt sich, dass unter den Begriff „Namen" nicht nur Familiennamen fallen, sondern auch Geburtsnamen, Künstlernamen und sonstige Namen. Da § 9 Abs. 2 Satz 1 nicht auf eine Identitätsfeststellung abzielt, sind Maßnahmen nach § 12 Abs. 2 und § 14 nicht zulässig. Verweigert die betroffene Person die Angaben, bedarf es einer besonders sorgfältigen Prüfung, ob der Verstoß gegen § 111 OWiG verfolgt werden soll und deshalb eine Identitätsfeststellung gem. § 46 OWiG in Verbindung mit § 163 StPO notwendig ist.

9.22 Gesetzliche Handlungspflichten i. S. d. § 9 Abs. 2 Satz 2 sind nur Offenbarungspflichten, die sich direkt aus einem Gesetz ergeben (z. B. § 138 StGB). Aus § 8 in Verbindung mit den §§ 4 bis 6 lassen sich keine Handlungspflichten i. S. d. § 9 Abs. 2 Satz 2 herleiten.

9.3 Eine Datenerhebung kann ohne Kenntnis der betroffenen Person u. a. bei öffentlichen Stellen oder Dritten sowie aus allgemein zugänglichen Quellen erfolgen. Eine Datenerhebung durch Befragung Dritter oder durch Auskunftsersuchen bei einer anderen Behörde ist nicht schon deshalb eine verdeckte Maßnahme, weil sie ohne Kenntnis der betroffenen Person erfolgt.

9.4 Eine verdeckte Datenerhebung liegt vor, wenn getarnte Maßnahmen zur Datenerhebung vorgenommen werden, insbesondere die Zugehörigkeit zur Polizei bewusst verschleiert wird. Um ein verdecktes Vorgehen handelt es sich nicht schon, wenn Polizeivollzugsbeamtinnen oder Polizeivollzugsbeamte Dienst in Zivilkleidung verrichten oder ein äußerlich nicht als solches zu erkennendes Dienstfahrzeug benutzen.

9.5 Für die Datenerhebung gilt der Zweckbindungsgrundsatz. Eine Datenerhebung auf Vorrat ist unzulässig, soweit sie nicht ausdrücklich geregelt ist. Die Erhebung der abschließend in Satz 2 aufgezählten Daten ist nur ausnahmsweise zulässig.

9.6 Der Hinweis auf die Rechtsvorschriften sowie über die Freiwilligkeit oder Auskunftspflicht bzw. auf ein eventuell bestehendes Aussage- oder Auskunftsverweigerungsrecht ist nur dann verzichtbar, wenn die Aufklärung im Einzelfall aufgrund bestimmter Umstände offenkundig entbehrlich ist (z. B. Befragung eines Spaziergängers nach einem vermissten Kind) oder dadurch die polizeiliche Aufgabenerfüllung erheblich erschwert oder gefährdet wird.

Zweck
- Generalklausel für die Datenerhebung (Abs. 1).
- Datenerhebung bei Personen mit deren Einwilligung (Abs. 1).
- Datenerhebung bei Dritten (Abs. 4).
- Befugnis zur Befragung/Informationsgewinnung durch Befragen.
- Allgemeine Grundsätze der Datenerhebung (Abs. 3–7).

Voraussetzungen
- Befugnis zur Datenerhebung, wenn die Daten zur Erfüllung der Aufgaben (§ 1 oder Spezialregelungen, z. B. Waffenrecht) erforderlich sind oder die Person wirksam in die Datenerhebung einwilligt (Abs. 1) – eine konkrete Gefahr ist nicht erforderlich.
- Befugnis zur Befragung, wenn Tatsachen die Annahme rechtfertigen, dass die befragte Person sachdienliche Angaben machen kann, die zur Erfüllung polizeilicher Aufgaben erforderlich sind (Abs. 2).
- Erforderlichkeit (ohne die Datenerhebung kann die Aufgabe nicht oder nicht zeit- oder sachgerecht erfüllt werden).

Zulässige Maßnahmen
- Offene Datenerhebung bei Personen und öffentlichen Stellen.
- Anhalten und Befragen einer (Auskunfts-)Person.

- Offene Befragung Dritter (ggf. ohne Kenntnis des Betroffenen).
- Erhebung von allgemeinen/allgemein zugänglichen Daten.

Adressat
- Auskunftsperson: Person, die sachdienliche Angaben machen kann (§ 4 Abs. 4).
- Formvorschriften:
  - Hinweis an die betroffene Person, dass ihre Entscheidung freiwillig ist (§ 38 Abs. 1 DSG NRW)
  - Aufklärungspflicht zum Zweck der Datenerhebung, zur Freiwilligkeit, Bedeutung und evtl. deren Übermittlung an Dritte.
- Erhebung besonderer Kategorien von personenbezogenen Daten richtet sich nach § 22a.
- Grundsatz der Unmittelbarkeit: Auskunftsperson ist unmittelbar zu befragen (Abs. 2).
- Ausnahmeregelung bei tatsächlicher oder zeitlicher Unmöglichkeit; Datenerhebung ohne Kenntnis des Betroffenen (Abs. 4).
- Grundsatz der Offenheit (Abs. 5).
- Verbot heimlicher oder getarnter Datenerhebung (Abs. 5), §§ 17 ff. erlauben heimliche/verdeckte Maßnahme.
- Grundsatz der Aufklärungspflicht (Abs. 6).
- Grundsatz der Zweckbindung; Verbot, Daten zu unbestimmten oder noch nicht bestimmten Zwecken zu erheben (Abs. 7).
- Alle notwendigen Maßnahmen, die nicht auf spezielle Rechtsgrundlagen (§§ 9 ff.) zu stützen sind.

Übermaßverbot
- Geeignetheit, Erforderlichkeit, Verhältnismäßigkeit.

Beispiele:
- Wahrnehmung (Hören) des Verhaltens/von Stimmen.
- Befragung von Nachbarn zu einem möglicherweise gefährlichen Verhalten (Lagern von Brennspiritus im Keller).
- Horchen an der Wohnungstür (vor dem Klingeln).
- Einholen von Auskünften, z. B. bei einer Schule oder Nachbarn.
- Ablesen von amtlichen Kennzeichen, Telefonbuch.

– Lesen/Verwerten von Informationen in sozialen Medien.
– Befragung einer dritten Person zur Gefährlichkeit eines Hundes.

§ 10 Vorladung

(1) Die Polizei kann eine Person schriftlich oder mündlich vorladen, wenn
1. Tatsachen die Annahme rechtfertigen, dass die Person sachdienliche Angaben machen kann, die für die Erfüllung einer bestimmten polizeilichen Aufgabe erforderlich sind,
2. das zur Durchführung erkennungsdienstlicher Maßnahmen erforderlich ist.

(2) Bei der Vorladung soll deren Grund angegeben werden. Bei der Festsetzung des Zeitpunkts soll auf den Beruf und die sonstigen Lebensverhältnisse der betroffenen Person Rücksicht genommen werden.

(3) Leistet eine betroffene Person der Vorladung ohne hinreichenden Grund keine Folge, so kann sie zwangsweise durchgesetzt werden,
1. wenn die Angaben zur Abwehr einer Gefahr für Leib, Leben oder Freiheit einer Person erforderlich sind,
2. zur Durchführung erkennungsdienstlicher Maßnahmen.

Die zwangsweise Vorführung darf nur auf Grund richterlicher Anordnung erfolgen, es sei denn, dass Gefahr im Verzug vorliegt.

(4) § 136a der Strafprozessordnung gilt entsprechend.

(5) Für die Entschädigung von Personen, die auf Vorladung als Zeugen erscheinen, und für die Vergütung von Personen, die als Sachverständige herangezogen werden, gilt das Justizvergütungs- und -entschädigungsgesetz entsprechend.

VV zu § 10

10.0 § 10 regelt die Vorladung zum Zwecke der Gefahrenabwehr. Die Vorladung durch die Polizei in Straf- oder Bußgeldverfahren richtet sich nach § 163a StPO.

10.1 Die Vorladung ist unzulässig, wenn die erforderliche Aufklärung auf anderem Wege ohne unverhältnismäßigen Aufwand rechtzeitig erreicht werden kann oder die Personalien der betroffenen Person bekannt sind und nach den Umständen zu erwarten ist, dass sie zur Sache keine Angaben macht.

10.3 Mittel zur Durchsetzung der Vorladung sind das Zwangsgeld und die Vorführung. Soweit zur Durchsetzung der Vorführung unmittelbarer Zwang angewendet werden soll, ist eine richterliche Entscheidung im Rahmen des § 10 Abs. 3 Satz 2 erforderlich. Unmittelbarer Zwang zur Abgabe einer Erklärung ist gem. § 55 Abs. 2 ausgeschlossen.

10.5 Eine Entschädigung gem. § 10 Abs. 5 PolG NRW bzw. § 59 OWiG oder § 26 Abs. 3 VwVfG NRW i. V. m. JVEG darf nur gezahlt werden, wenn die Zeugin oder der Zeuge auf Vorladung bei der Polizei erscheint. Bei einer Anhörung an Ort und Stelle (z. B. bei Verkehrsverstößen) und bei einer schriftlichen Anhörung kommt die Zahlung einer Entschädigung grundsätzlich nicht in Betracht.

Zweck

- Ermöglichen der
  - Befragung einer Auskunftsperson (§ 9 Abs. 2)
  - erkennungsdienstlichen Maßnahme (§ 14 Abs. 1).

Voraussetzungen

- Grundmaßnahme (§ 9 Abs. 2, § 14 Abs. 1) ist zulässig und
  - Tatsachen (mit an Sicherheit grenzender Wahrscheinlichkeit) rechtfertigen die Annahme, dass die Person sachdienliche Angaben machen kann, die zur Erfüllung einer bestimmten polizeilichen Aufgabe erforderlich sind
  - zur Durchführung der erkennungsdienstlichen Maßnahme.
- Erforderlichkeit.

Zulässige Maßnahmen

- Zwangsweise Durchsetzung (§ 10 Abs. 3, VV 10.3 – also Vorführung (Freiheitsbeschränkung [!]) oder Zwangsgeld) nur
  - wenn der Vorladung ohne hinreichenden Grund keine Folge geleistet wurde und
    - Angaben zur Abwehr der Gefahr für Leben, Gesundheit oder Freiheit einer Person erforderlich
    - zur Durchführung einer erkennungsdienstlichen Maßnahme

- die aufschiebende Wirkung von Rechtsbehelfen (§ 80 Abs. 2 Nr. 2 VwGO) entfällt oder bei Anordnung der sofortigen Vollziehung (oft bei ED-Maßnahmen § 80 Abs. 2 Nr. 4 VwGO).

Adressat
- Grundmaßnahme, also Person, die befragt (§ 9 Abs. 4) oder erkennungsdienstlich behandelt (§ 14 Abs. 1) werden soll/darf.

Formvorschriften
- Mündlich oder schriftlich.
- Pflicht zur Belehrung über Grund der Vorladung.
- Anordnung/Durchführung: jeder Polizeivollzugsbeamte.
- Zwangsweise Durchsetzung: Anordnung nur durch Richter, bei G.i.V. Polizeibeamte.
- § 136a StPO (verbotene Vernehmungsmethoden) gilt entsprechend.
- Ggf. Entschädigung bei Befragung (vgl. §§ 1–5 JVEG).
- Vorladung ist unzulässig, wenn die erforderliche Auskunft auf anderem Weg bzw. nur mit unverhältnismäßigem Aufwand rechtzeitig möglich oder zu erwarten ist, dass die vorgeladene Person keine Aussage machen wird.

Übermaßverbot
- Geeignetheit, Erforderlichkeit, Verhältnismäßigkeit. Die Vorführung ist ein schwerwiegender Eingriff. Daher ist die Mittel-Zweck-Relation besonders zu würdigen.

Beispiele:
- Befragung in Vermisstensachen (Kind, Alten-/Pflegeheim) nach Erfolglosigkeit der ersten Suchmaßnahmen.
- Vorladung zur ED-Behandlung, z. B. nach Haftentlassung, bei strafunmündigen „Straftätern“ (Kinderbande etc.), Entwichenen, ggf. besonders Gefährdeten.

§ 11 Erhebung von Personaldaten zur Vorbereitung für die Hilfeleistung und das Handeln in Gefahrenfällen

Die Polizei kann über
1. Personen, deren Kenntnisse oder Fähigkeiten zur Gefahrenabwehr benötigt werden,
2. Verantwortliche für Anlagen oder Einrichtungen, von denen eine erhebliche Gefahr ausgehen kann,
3. Verantwortliche für gefährdete Anlagen oder Einrichtungen

Namen, Vornamen, akademische Grade, Anschriften, Telefonnummern und andere Daten über die Erreichbarkeit sowie nähere Angaben über die Zugehörigkeit zu einer der genannten Personengruppen erheben, soweit dies zur Vorbereitung für die Hilfeleistung und das Handeln in Gefahrenfällen erforderlich ist.

VV zu § 11

11.01 Die Polizei soll auf die freiwillige Mitarbeit der betroffenen Personen und damit auf das Einverständnis zur Speicherung der in § 11 genannten Daten hinwirken. § 4 DSG NRW ist zu beachten.

11.02 Die Anwendung des § 11 ist auf die Fälle beschränkt, in denen das Einverständnis der betroffenen Person zur Datenerhebung nicht oder nicht rechtzeitig erlangt werden kann. § 11 begründet keine Auskunftspflicht für die Betroffenen. Ggf. ist darauf hinzuweisen, dass die Daten auch ohne ihre Einwilligung erhoben werden können. Die §§ 23 Abs. 1 und 27 Abs. 1 sind zu beachten.

Zweck

– Vorbereitung zur Hilfeleistung, Gefahrenabwehr/-verhütung.

Voraussetzungen

– Sachliche Zuständigkeiten (§ 1 Abs. 1, 2, ggf. 4).
– Zur Aufgabenerfüllung notwendig.

Zulässige Maßnahmen

– Erheben/speichern, ggf. übermitteln erforderlicher Daten.
– Zweckbindung (§ 24 Abs. 1), Zweckänderung nicht zulässig (§ 29 Abs. 2).

Adressat

- Personen, deren Kenntnisse oder Fähigkeiten zur Gefahrenabwehr benötigt werden.

Übermaßverbot

- Geeignetheit, Erforderlichkeit, Verhältnismäßigkeit.

Beispiele:

- Strukturkatalog, z. B. heute in Cebius/Leitstellenprogramm (Verantwortliche für Firmen, Objekte, Einrichtungen etc.).
- Liste/Datei Schlüsseldienste, Dolmetscher, Abschlepp-/Beerdigungsunternehmer, Halter von Mantrailerhunden, Jagdaufsichtsberechtigte, Schlüssel-/Verfügungsberechtigte von Firmen, Einrichtungen etc.
- Szenekundige Beamte: Fan-Infos (B-, C-Fans).

§ 12 Identitätsfeststellung

(1) Die Polizei kann die Identität einer Person feststellen,

1. zur Abwehr einer Gefahr,
2. wenn sie sich an einem Ort aufhält, von dem Tatsachen die Annahme rechtfertigen, dass
   a) dort Personen Straftaten von erheblicher Bedeutung verabreden, vorbereiten oder verüben,
   b) sich dort Personen treffen, die gegen aufenthaltsrechtliche Strafvorschriften verstoßen,
   c) sich dort gesuchte Straftäter verbergen,
3. wenn sie sich in einer Verkehrs- oder Versorgungsanlage oder -einrichtung, einem öffentlichen Verkehrsmittel, Amtsgebäude oder einem anderen besonders gefährdeten Objekt oder in dessen unmittelbarer Nähe aufhält und Tatsachen die Annahme rechtfertigen, dass in oder an Objekten dieser Art Straftaten begangen werden sollen, durch die Personen oder diese Objekte gefährdet sind, und dies auf Grund der Gefährdungslage oder auf die Person bezogener Anhaltspunkte erforderlich ist,
4. an einer Kontrollstelle, die von der Polizei eingerichtet worden ist, um eine Straftat nach § 129a des Strafgesetzbuches, eine der in dieser Vorschrift genannten Straftaten oder eine Straftat nach § 250 Abs. 1 Nr. 1 Buch-

stabe a) oder b), Abs. 2 Nr. 1, nach § 255 des Strafgesetzbuches in den vorgenannten Begehungsformen oder nach § 27 des Versammlungsgesetzes zu verhüten. Die Einrichtung der Kontrollstelle ist nur mit Zustimmung des Innenministeriums oder einer von diesem beauftragten Stelle zulässig, es sei denn, dass Gefahr im Verzug vorliegt.

(2) Die Polizei kann die zur Feststellung der Identität erforderlichen Maßnahmen treffen. Sie kann die betroffene Person insbesondere anhalten, sie nach ihren Personalien befragen und verlangen, dass sie Angaben zur Feststellung ihrer Identität macht und mitgeführte Ausweispapiere zur Prüfung aushändigt. Die betroffene Person kann festgehalten werden, wenn die Identität auf andere Weise nicht oder nur unter erheblichen Schwierigkeiten festgestellt werden kann. Unter den Voraussetzungen des Satzes 3 können die betroffene Person sowie die von ihr mitgeführten Sachen durchsucht werden.

VV zu § 12

12.0 § 12 regelt die Identitätsfeststellung zur Gefahrenabwehr. Die Identitätsfeststellung in Straf- oder Bußgeldverfahren richtet sich nach den §§ 163b f. StPO.

12.11 § 12 Abs. 1 Nr. 1 setzt eine konkrete Gefahr i. S. d. § 8 Abs. 1 voraus.

12.12 Identitätsfeststellungen nach § 12 Abs. 1 Nrn. 2 bis 4 sind bei Personen, die offensichtlich in keiner Beziehung zu dem mit der Maßnahme verfolgten Zweck stehen, nicht vorzunehmen.

12.13 In § 12 Abs. 1 Nr. 2 Buchstabe a) ist der Kreis der Anlassstraftaten auf solche von „erheblicher Bedeutung" i. S. d. § 8 Abs. 3 begrenzt, so dass der Verhältnismäßigkeitsgrundsatz jetzt unmittelbar zum Ausdruck kommt.

12.14 § 12 Abs. 1 Nr. 2 Buchstabe c) setzt voraus, dass Tatsachen die Annahme rechtfertigen, dass sich an dem Ort Personen verbergen, die wegen einer Straftat verurteilt wurden und aus diesem Grunde zur Strafvollstreckung gesucht werden.

12.15 § 12 Abs. 1 Nr. 4 regelt die Einrichtung von Kontrollstellen zur Gefahrenabwehr. Für den Bereich der Strafverfolgung gilt § 111 StPO. Kontrollstellen nach Nummer 4 sind auf das notwendige Maß zu beschränken. Sie sollen nur eingerichtet werden, wenn eine durch hinreichende Tatsachen begründete Wahr-

scheinlichkeit besteht, dass die genannten Straftaten durch die Identitätsfeststellung, evtl. in Verbindung mit sonstigen polizeilichen Maßnahmen, verhütet werden können.

12.16 Beauftragte Stelle i. S. d. § 12 Abs. 1 Nr. 4 Satz 2 ist das Landesamt für Zentrale Polizeiliche Dienste (LZPD). Bei Gefahr im Verzug können Kreispolizeibehörden Kontrollstellen ohne Zustimmung einrichten; hierüber haben sie dem LZPD unverzüglich zu berichten.

12.21 Bei der Entscheidung, ob die betroffene Person zur Dienststelle gebracht werden soll, ist zu prüfen, ob dies zu dem beabsichtigten Erfolg nicht außer Verhältnis steht.

12.22 Die Durchsuchung nach § 12 Abs. 2 Satz 4 hat sich darauf zu beschränken, die Identität einer Person festzustellen; liegen jedoch die Voraussetzungen des § 39 oder des § 40 vor, kann sich die Durchsuchung auch auf die dort angegebenen Zwecke erstrecken.

Zweck

- Abwehr/Verhütung einer Gefahr durch Feststellung der Identität.
- Überwachung:
  - kriminogener Orte (Abs. 1 Nr. 2 Buchstabe a: Brennpunkte/Häufungsstellen etc., Abs. 1 Nr. 2 Buchstabe c: Szenekneipe, Rockerclub, sonstige gefährliche Orte gem. Lagebild, SKALA, etc.)
  - der Aufenthaltsvorschriften (Abs. 1 Nr. 2 Buchstabe b).
- Schutz gefährdeter Orte, Objekte, Einrichtungen (Abs. 1 Nr. 3).
- Verhütung von Straftaten gem. § 129a StGB, dort genannter Straftaten, § 250 Abs. 1 Nr. 1 Buchstabe a, b, Abs. 2 Nr. 1, § 255 StGB, § 27 VersG.

Voraussetzungen

- Abs. 1 Nr. 1:
  konkrete Gefahr für die öffentliche Sicherheit oder Ordnung.
- Abs. 1 Nr. 2 Buchstabe a, b, Nr. 3: Person hält sich dort auf.

- Abs. 1 Nr. 4:
  Person wurde an Kontrollstelle zur Verhütung der Katalogdelikte angehalten.

Zulässige Maßnahmen
- Maßnahmen zur Feststellung der Identität:
  - Befragen, Anhalten der Person (Freiheitsbeschränkung)
  - Verlangen, dass mitgeführte Ausweisdokumente vorgezeigt/aushändigt werden
  - Sistieren (Freiheitsentziehung), wenn Identität nicht/nur unter erheblichen Schwierigkeiten festgestellt werden kann
  - erkennungsdienstliche Maßnahmen (§ 14 Abs. 1 Nr. 1) oder
  - Durchsuchen der Person und ggf. mitgeführter Sachen ausschließlich nach Personaldokumenten (sonst: §§ 39 ff.)
  - Fast-ID (Abgleich mit geeigneten Dateien)
  - Befragen von Auskunftspersonen (Nachbarn, Beifahrer etc.).
- Erforderlichkeit.

Adressat
- Abs. 1 Nr. 1:
  Gefahrenverursacher (§§ 4 ff.).
- Abs. 1 Nr. 2, 3, 4: Person, die sich dort aufhält oder dort angetroffen wird (vgl. § 4 Abs. 4).

Formvorschriften
- Anordnung/Durchführung: jeder Polizeivollzugsbeamte.
  Ausnahme: Kontrollstellen: Innenministerium, gem. VV12.16: LZPD, bei GiV: KPB; unverzügliche Kenntnisgabe. Im Einzelfall kann die Anordnung der Führungsstelle vorbehalten sein, weil nur dort zuverlässig und nachvollziehbar die Gefährlichkeit eines Ortes (§ 12 Abs. 1 Nr. 2 Buchstabe a) festgestellt werden kann. Wegen der Intensität der Eingriffe soll diese Entscheidung dann nicht dem einzelnen Beamten obliegen.
- Durchsuchung muss sich auf die Feststellung der Identität beschränken (Abs. 1); unter Voraussetzungen der §§ 39, 40

kann die Maßnahme auf die dort benannten Zwecke erfolgen (Achtung: dann gilt ggf. ein Richtervorbehalt).
- Bei Freiheitsbeschränkungen/-entziehungen gem. § 36 Abs. 1 Richterentscheid, außer, das Einholen würde länger dauern als die Maßnahme selbst.
- Belehrung über den Grund des Festhaltens (§ 37 Abs. 1).
- Höchstdauer 12 Stunden (§ 38 Abs. 2), bei Erschwerung der Identitätsfeststellung bis zu 7 Tage (§ 38 Abs. 2 Nr. 5!!).
- Benachrichtigung: Angehörige, Vertrauensperson, Anwalt.
- Unterbringung gem. § 37 Abs. 3 (vgl. Gewahrsamsordnung).
- Vernichtung erkennungsdienstlicher Unterlagen nach erfolgreicher Identitätsfeststellung.
- Belehrung über Möglichkeit der Vernichtung der Unterlagen.

Ermessen
- Entschließungs-/Auswahlermessen ohne Beschränkung (beachte PDV 100, LF 371).

Übermaßverbot
- Geeignetheit, Erforderlichkeit, Verhältnismäßigkeit.
- Besondere Beachtung des Übermaßverbotes bei freiheitsentziehenden Maßnahmen.
- Maßnahme ggf. nicht zulässig, wenn anwesende Person zur Beseitigung der Gefahr nichts beitragen kann (z. B. Kind am gefährdeten Ort).

Beispiele:
- Jugendliche auf Autobahnbrücke mit einer Kiste Bier.
- Verdächtige Person vor Tankstelle/Bank.
- Hilflose, Angetrunkene, Demente, Kinder zur Schul-/Nachtzeit.
- Auffällige Person im Nahbereich eines Kindergartens/einer Schule.
- „Rechte“ vor Moschee oder Synagoge.
- Nachbarn zur Abklärung von Wohnort oder der Identität einer Person, wenn nur EMA-Daten bekannt sind (es wird nur Führerschein, Reisepass, Aufenthaltsgestattung o. Ä. vorgezeigt).

- Razzia in Szenekneipe, Rockerclub etc.
- Fußball-/auffällige Sportfans am Veranstaltungstag.
- Vermeintliche Aktivisten trotz Versammlungsverbots.

§ 12a Polizeiliche Anhalte- und Sichtkontrollen (strategische Fahndung)

(1) Die Polizei darf im öffentlichen Verkehrsraum

1. zur Verhütung von Straftaten von erheblicher Bedeutung im Sinne des § 8 Absatz 3 und zur Verhütung von terroristischen Straftaten nach § 8 Absatz 4,
2. zur Verhütung gewerbs- oder bandenmäßig begangener grenzüberschreitender Kriminalität oder
3. zur Unterbindung des unerlaubten Aufenthalts

Personen anhalten und befragen sowie die zur Feststellung der Identität erforderlichen Maßnahmen nach § 12 Absatz 2 treffen. Fahrzeuge und mitgeführte Sachen dürfen in Augenschein genommen werden. Die Polizei darf verlangen, dass mitgeführte Sachen sowie Fahrzeuge einschließlich an und in ihnen befindlicher Räume und Behältnisse geöffnet werden; im Übrigen ist die Durchsuchung von Personen, mitgeführten Sachen und Fahrzeugen unter den Voraussetzungen der §§ 39 und 40 zulässig. Die Maßnahme ist nur zulässig, wenn Tatsachen die Annahme rechtfertigen, dass in diesem Gebiet Straftaten der in Satz 1 bezeichneten Art begangen werden sollen und die Maßnahme zur Verhütung dieser Straftaten erforderlich und verhältnismäßig im Sinne von § 2 ist.
(2) Die Maßnahme ist schriftlich zu beantragen und bedarf der schriftlichen Anordnung durch die Behördenleitung oder deren Vertretung. Umfasst das festgelegte Gebiet die Zuständigkeit mehrerer Behörden, so trifft die Anordnung das Landesamt für Zentrale Polizeiliche Dienste. Die Anordnung ist zeitlich und örtlich auf den in Absatz 1 genannten Zweck zu beschränken. Sie darf die Dauer von 28 Tagen nicht überschreiten. Eine Verlängerung um jeweils bis zu weiteren 28 Tagen ist zulässig, soweit die Voraussetzungen für eine Anordnung weiterhin vorliegen. In der Anordnung sind

1. die tragenden Erkenntnisse für das Vorliegen der Voraussetzungen nach Absatz 1 Satz 1,
2. die Art der Maßnahme einschließlich zeitlicher und örtlicher Beschränkung und
3. die Begründung der Verhältnismäßigkeit der Maßnahme nach Absatz 1 Satz 4

anzugeben.

Zweck

- Anhalte- und Sichtkontrollen zur Verhütung der Katalogstraftaten (§ 8 Abs. 3 oder 4), auch Vorsorge zur Verhütung von Straftaten, z. B. Gruppenzugehörigkeit, Vernetzung etc. und mitgeführter Kfz als Ergänzung zu § 12 Abs. 1, insbesondere die genannten Sammelkontrollen (an gefährlichen Orten, gefährdeten Einrichtungen, Razzien und besonderen Kontrollstellen).
- Gewinnen von Erkenntnissen (Auffälligkeiten, Zusammenhänge etc.) über Personen, mitgeführte Kfz und Sachen an den o. a. Örtlichkeiten, um diese mit Fahndungssystemen und sonstigen Dateien abzugleichen (Abs. 1).
- Gefahrenabwehr durch Beseitigung der Anonymität von Personen (Abschreckungseffekt/generalpräventive Wirkungen).

Voraussetzungen

- Tatsachen rechtfertigen die Annahme, dass in einem Gebiet Katalogtaten (§ 8 Abs. 3 oder 4) begangen werden sollen und die Maßnahme zur Verhütung dieser Straftaten erforderlich und verhältnismäßig ist. Tatsachen sind Begebenheiten in der Vergangenheit oder Gegenwart, die einem Beweis zugänglich sind. Es müssen Fakten vorliegen; Vermutungen reichen nicht. Die Lagebilder, Beobachtungen von Polizeibeamten oder Ergebnisse anderer Kontrollmaßnahmen sind solche Tatsachen – nicht aber algorithmische Prognosen (SKALA, Wohnungseinbruchsradar etc.).
- Entgegen des Wortlautes wird der Begriff weiter gesehen als der öffentlich-rechtliche Verkehrsraum. Erfasst sind alle Verkehrsflächen, die tatsächlich „öffentlich zugänglich" sind, u. a. Bahnhofshallen, öffentliche Verkehrsmittel (Straßenbahnen, Busse), Parks, Einkaufspassagen, Parkplätze, Gewerbeparks oder Lagerhallen (vgl. LT-Drucks. 17/ 2351, S. 32). Häuser und umfriedete Grundstücke werden grds. nicht erfasst (vgl. § 41).
- Verhinderung von Katalog-Straftaten gem. § 8 Abs. 3 oder 4 sowie zur Unterbindung des unerlaubten Aufenthalts.

Zulässige Maßnahmen

- Anhalten von Fahrzeugen, Kraftfahrzeugen und Personen.
- Befragen der Personen (Spezialreglung gegenüber § 9 Abs. 1).
- Identitätsfeststellung aller Personen (§ 12 ist anwendbar).
- Inaugenscheinnahme (Wahrnehmung der Eigenschaften des Objekts und des Vorhandenseins von Gegenständen – nicht jedoch die zielgerichtete Suche) der Fahrzeuge und mitgeführter Gegenstände/Behältnisse, auch Handschuhfach; Kofferraum, Rucksack, nicht aber Briefumschlag, Postsendung etc.
- Anordnungen zur Durchführung der Inaugenscheinnahme, z. B. den Kofferraum oder die Tasche zu öffnen.

Adressat

- Angehaltene Person (§ 4 Abs. 4).

Formvorschriften

- Anordnung: Behördenleitung oder deren Vertretung nach schriftlichem Antrag der Dienststelle; schriftliche Genehmigung. Sind mehrere Behörden betroffen, trifft die Anordnung LZPD.
- Exakte Beschränkung von Zeitraum und Bereich (Abs. 2 S. 3) in der Anordnung – im Kontrollraum werden Kontrollen auf der Grundlage des aktuellen Lagebildes durchgeführt; es können mehrere Kontrollstellen gleichzeitig eingerichtet werden.
- Befristung auf maximal 28 Tage – Verlängerungsmöglichkeit.
- (formale) Anforderungen an die Anordnung (Abs. 2 S. 6).
- Durchsuchungen sind nur unter den Voraussetzungen der §§ 39, 40 oder 12 Abs. 2 (Feststellung der Identität) möglich.
- Die Inaugenscheinnahme oder das Betreten eines Wohnmobils richtet sich nach § 41 (Schutzbereich Art. 13 Abs. 1 GG greift); vgl. Ausführungen zu § 41 (Seite 180 f.).
- Ergibt sich bei der Inaugenscheinnahme ein Tatverdacht, kann sich die Zielrichtung der Maßnahme ändern (ggf. § 102 StPO).
- Bei Anhaltspunkten für Verkehrsverstöße kann eine Verkehrskontrolle (§ 36 Abs. 5 StVO) anschließen/durchgeführt werden.

Ermessen

- Auswahlermessen gilt für das Anhalten; Personen, die offensichtlich nicht zum Personenkreis gehören, sollten nicht angehalten werden.

Übermaßverbot

- Geeignetheit, Erforderlichkeit, Verhältnismäßigkeit (vgl. Abs. 2).

Rechtsprechung/Besonderheiten

- Kontrollstellen (§ 12 Abs. 1 Nr. 4) sind von § 12a zu unterscheiden: andere Anordnungskompetenz und Intensität der Kontrollmaßnahmen; § 12a ist weiter gehend (Inaugenscheinnahme); Anordnungskompetenz (§ 12a – unterscheide VV 12.15, 12.16).

Beispiele:

- Kontrollstellen zur Verhütung von Wohnungseinbrüchen, Taschendiebstählen, anschlaggefährdeten Objekten, Geldautomatensprengungen/-manipulationen etc. auf Durchgangsstraßen, die von überörtlich agierenden Tätern genutzt werden.
- Kontrollen auf BAB-Rastplätzen mit ggf. illegalem Transitverkehr, Umsteigen von Zuwanderern, Übergaben von Personaldokumenten etc.

§ 13 Prüfung von Berechtigungsscheinen

Die Polizei kann verlangen, dass ein Berechtigungsschein zur Prüfung ausgehändigt wird, wenn die betroffene Person auf Grund einer Rechtsvorschrift oder einer vollziehbaren Auflage in einem Erlaubnisbescheid verpflichtet ist, diesen Berechtigungsschein mitzuführen.

VV zu § 13

13.01 Die betroffene Person darf für die erforderliche Dauer der Überprüfung angehalten werden.

13.02 Eine Anordnung nach § 13 setzt voraus, dass die betroffene Person die Tätigkeit, für deren Ausübung der Berechtigungsschein erforderlich ist, ausübt oder nach den Umständen erkennbar ist, dass sie diese beginnen wird oder beendet hat.

13.03 Regelungen im Bundes- und Landesrecht, nach denen Berechtigungsscheine zur Prüfung auszuhändigen bzw. vorzulegen sind, gehen als Spezialvorschriften § 13 vor. Wenn das Bundesrecht nur ein Mitführen oder Vorzeigen vorschreibt, ist § 13 ebenfalls nicht anzuwenden. Eine Aushändigung von Berechtigungsscheinen aufgrund des § 13 kann nur verlangt werden, soweit sich eine Pflicht zum Aushändigen nicht schon aus den Regelungen des Landesrechts ergibt, die zum Mitführen des Berechtigungsscheines verpflichten.

Zweck
- Allgemeine Gefahrenabwehr/Verhinderung von Gefahren.
- Überwachung (ordnungs-)behördlicher Erlaubnisse.
- Verhütung von Straftaten/Ordnungswidrigkeiten, deren Tatbestand durch Erlaubnis/Berechtigung geregelt ist.
- Sicherung der Funktionsfähigkeit des Staates.

Voraussetzungen
- Kontrolle der Person ist zulässig (Grundmaßnahme).
- Tätigkeit, für die eine Erlaubnis erforderlich ist, wird gerade ausgeübt, alsbald begonnen oder hat unmittelbar geendet.
- Mitführpflicht von Erlaubnisurkunden (§ 38 Abs. 1, 2 WaffG, § 15 Abs. 1 BJagdG, § 31 Abs. 1 LFischG, § 10 Abs. 1 FahrLG etc.).

Zulässige Maßnahmen
- Anhalten für die Dauer der Überprüfung (VV 13.01).
- Vorzeige-/Aushändigungspflicht, soweit nicht spezialgesetzlich normiert (VV 13.03).
- Abgleich mit anderen Dateien (z. B. §§ 25, 27, 30 Abs. 2).

Adressat
- Grundmaßnahmen (§ 4 Abs. 4): Kontrollierte/angehaltene Person, die verpflichtet ist, eine Erlaubnis mitzuführen.

Formvorschriften
- Anordnung/Durchführung: jeder Polizeivollzugsbeamte.
- Subsidiaritätsgrundsatz.

Übermaßverbot
- Geeignetheit, Erforderlichkeit, Verhältnismäßigkeit.

Beispiele:
- Sondererlaubnisse zur Straßennutzung (z. B. Musik, Fest, Straßenkünstler, Baustelle).
- Waffenschein, kleiner Waffenschein, Jagdschein, Angelschein, Reisegewerbekarte, Aufenthaltsgestattung etc.

§ 14 Erkennungsdienstliche Maßnahmen

(1) Die Polizei kann erkennungsdienstliche Maßnahmen vornehmen, wenn
1. dies für eine nach § 12 und § 12a zulässige Identitätsfeststellung unbedingt erforderlich ist, insbesondere wenn dies auf andere Weise nicht oder nur unter erheblichen Schwierigkeiten möglich ist,
2. das zur vorbeugenden Bekämpfung von Straftaten unbedingt erforderlich ist, weil die betroffene Person verdächtig ist, eine Tat begangen zu haben, die mit Strafe bedroht ist und wegen der Art und Ausführung der Tat die Gefahr der Wiederholung besteht.

(2) Ist die Identität festgestellt, sind in den Fällen des Absatzes 1 Nr. 1 die im Zusammenhang mit der Feststellung angefallenen erkennungsdienstlichen Unterlagen zu vernichten, es sei denn, ihre weitere Aufbewahrung ist nach Absatz 1 Nr. 2 oder anderen Rechtsvorschriften zulässig.

(3) Die betroffene Person ist bei Vornahme der Maßnahme darüber zu belehren, dass sie die Vernichtung der erkennungsdienstlichen Unterlagen verlangen kann, wenn die Voraussetzungen für ihre weitere Aufbewahrung entfallen sind.

(4) Erkennungsdienstliche Maßnahmen sind insbesondere
1. die Abnahme von Finger- und Handflächenabdrücken,
2. die Aufnahme von Lichtbildern,
3. die Feststellung äußerer körperlicher Merkmale,
4. Messungen.

VV zu § 14

14.0 § 14 regelt die Durchführung erkennungsdienstlicher Maßnahmen für den Bereich der Gefahrenabwehr. § 81b, 2. Alternative StPO bleibt unberührt und geht als Bundesrecht § 14 Abs. 1 Nr. 2 vor.

14.1 Erkennungsdienstliche Maßnahmen nach § 14 Abs. 1 Nr. 1 sind nur vorzunehmen, wenn andere Möglichkeiten der Identitätsfeststellung mit zumutbarem Aufwand nicht bestehen. Auf § 14 Abs. 1 Nr. 2 kann nur zurückgegriffen werden, wenn § 81b 2. Alt. StPO nicht anwendbar ist.

14.2 Die Richtlinien für die Führung kriminalpolizeilicher personenbezogener Sammlungen (KpS-RL) sind zu beachten.

14.3 Die Belehrung über den Anspruch auf Vernichtung erkennungsdienstlicher Unterlagen nach Wegfall der Voraussetzungen hat in allen Fällen – auch in denen des § 81b StPO – zu erfolgen.

14.4 Andere Maßnahmen sind nur zulässig, wenn und soweit sie hinsichtlich der Beeinträchtigung der betroffenen Person den Maßnahmen des § 14 Abs. 4 vergleichbar sind.

Zweck
- Feststellung der Identität, Wiedererkennung einer Person.
- Vorbeugende Bekämpfung von Straftaten.

Voraussetzungen
- Die zulässige Identitätsfeststellung (§§ 12, 12a) ist unbedingt erforderlich und auf andere Weise nicht oder nur unter erheblichen Schwierigkeiten möglich oder
- die Maßnahme ist zur vorbeugenden Bekämpfung von Straftaten erforderlich (soll Wiederholungstat entgegenwirken) und
- betroffene Person ist nicht Beschuldigte(r) (§ 152 StPO; z. B. schuldunfähig/nicht strafmündig) und
- wegen der Art und Ausführung der Tat besteht die Gefahr der Wiederholung/Fortsetzung durch Betroffene(n).

Zulässige Maßnahmen
- Erkennungsdienstliche Behandlung.
- Freiheitsbeschränkung/-entziehung für Maßnahmen gem. § 14 Abs. 4 (Katalog nicht abschließend).
- Vorladung (vgl. § 10).
- Ggf. Änderungen von Aussehen (Frisur, Bart) oder Kleidung.

Adressat
- Zur Identitätsfeststellung – Grundmaßnahme § 12 (§ 4 Abs. 4).
- Zur Verhütung von Straftaten – § 14 Abs. 1 Nr. 2.

Formvorschriften
- Anordnung/Durchführung: jeder Polizeivollzugsbeamte.
- Bei Freiheitsentziehung – Richtervorbehalt (§§ 36, 38!!).
- Vernichtung der Unterlagen nach Identitätsfeststellung, Ausnahme: Aufbewahrung ist zulässig nach Abs. 1 Nr. 2 oder § 81b StPO.
- Belehrung über die Möglichkeit der Vernichtung der Unterlagen – Aufklärungspflicht (§ 14 Abs. 3).
- Auch bei Freiwilligkeit ist der Grund der Maßnahme zu nennen und die Belehrung über Vernichtung vorzunehmen (s. o.).
- Löschung/Vernichtung, wenn Grund (Wiederholungsgefahr) weggefallen ist (§ 14 Abs. 2, § 32 Abs. 2 S. 1 Nr. 1).

Ermessen
- Entschließungs-/Auswahlermessen ohne Beschränkung.

Übermaßverbot
- Geeignetheit, Erforderlichkeit, Verhältnismäßigkeit.
- Erkennungsdienstliche Maßnahmen zur Identitätsfeststellung sind nur zulässig, wenn minderschwere Maßnahmen nicht zum Erfolg geführt haben oder mit zumutbarem Aufwand nicht existieren (VV 14.1).

Rechtsprechung/Besonderheiten

- Auf § 14 Abs. 1 Nr. 2 kann nur zurückgegriffen werden, wenn § 81b 2. Alt. StPO nicht anwendbar ist. Letzteres ist materielles Polizeirecht und geht als Bundesrecht § 14 Abs. 1 Nr. 2 PolG vor (BVerfG NJW 2005, 2603; Lepsius, Jura, 2006, 929 ff.; kritisch Kniesel u. a., Die Polizei, 2011, 333).
- Erkennungsdienstliche Unterlagen sind ggf. für die Strafverfolgung zu nutzen (§ 23 Abs. 1, 2).
- Erkennungsdienstliche Unterlagen werden zu den Kriminalpolizeilichen Sammlungen genommen.
- Anordnung zur reinen Gefahrenabwehr ist detailliert darzulegen (OVG Lüneburg, 17.07.2009, 11ME402/09).
- Vorführung zur Erkennungsdienstlichen Behandlung ist keine Freiheitsentziehung (BayObLG DVBl. 1983, 1069).

Beispiele:

- Erkennungsdienstliche Behandlung schuldunfähiger „Täter" (Strafunmündige/Kinder – § 19 StGB, Kranke/mangelnde Intelligenz etc. – § 20 StGB), aus Justizvollzugsanstalt/Sicherungsverwahrung Entlassene.
- Aktualisierung vorhandener erkennungsdienstlicher Unterlagen bei verurteilten Personen, deren Entlassung bevorsteht.

§ 14a Molekulargenetische Untersuchungen zur Identitätsfeststellung

(1) Zur Feststellung der Identität einer Leiche oder einer hilflosen Person können deren DNA-Identifizierungsmuster mit denjenigen einer vermissten Person abgeglichen werden, wenn dies zur Feststellung der Identität unbedingt erforderlich ist, insbesondere wenn dies auf andere Weise nicht oder nur unter erheblichen Schwierigkeiten möglich ist. Zu diesem Zweck dürfen

1. der hilflosen Person oder der Leiche Körperzellen entnommen werden,
2. Proben von Gegenständen mit Spurenmaterial der vermissten Person genommen und
3. die Proben nach den Nummern 1 und 2 molekulargenetisch untersucht werden.

Für die Entnahme gilt § 81a Absatz 1 Satz 2 der Strafprozessordnung entsprechend. Die Untersuchungen nach Satz 2 Nummer 3 sind auf die Feststellung des DNA-Identifizierungsmusters und des Geschlechts zu beschränken. Entnommene Körperzellen sind unverzüglich zu vernichten, wenn sie für die Untersuchung nach Satz 2 nicht mehr benötigt werden. Die DNA-Identifizierungsmuster können zum Zweck des Abgleichs in einer Datei gespeichert werden. Die in der Datei gespeicherten DNA-Identifizierungsmuster dürfen ausschließlich zum Zweck der Gefahrenabwehr verwendet werden. Sie sind unverzüglich zu löschen, wenn sie zur Identitätsfeststellung nach Satz 1 nicht mehr benötigt werden.

(2) Molekulargenetische Untersuchungen werden auf Antrag der Polizei durch das Amtsgericht angeordnet, in dessen Bezirk die Polizeibehörde ihren Sitz hat. Für das Verfahren gelten die Vorschriften des Gesetzes über das Verfahren in Familiensachen und in den Angelegenheiten der Freiwilligen Gerichtsbarkeit entsprechend. Für die Durchführung der Untersuchungen gilt § 81 f Absatz 2 der Strafprozessordnung entsprechend.

VV zu § 14a

14a.1 Zur sicheren Identifizierung kann eine Gewinnung von Körperzellen sowie die Sicherstellung und molekulargenetische Untersuchung von DNA-Material erfolgen. Insbesondere bei unbekannten Toten mit längerer Liegezeit ist häufig eine Identifizierung mit anderen Methoden (z. B. anhand von Fotos, Fingerabdrücken oder Gebissbefunden) nicht möglich. Die DNA bleibt dagegen theoretisch unbegrenzt haltbar und bietet zudem die Möglichkeit, auch Leichenteile sicher zuzuordnen. Nicht identifizierbare, hilflose Personen sind solche, die sich aufgrund eines Unglücksfalls (Großschadensereignis, Naturkatastrophe) oder einer schweren Erkrankung in einem die freie Willensbestimmung ausschließenden Zustand oder sonst in hilfloser Lage befinden. Die Speicherung der DNA-Identifizierungsmusters lässt den Datenabgleich mit anderen Proben zu. Die enge Zweckbindung und die Pflicht zur unverzüglichen Löschung der Daten, wenn diese zur Identitätsfeststellung nicht mehr benötigt werden, sind zu beachten.

14a.2 Die Durchführung der molekulargenetischen Untersuchungen ist einem Richtervorbehalt unterstellt. Die Anordnung kann nur auf Antrag der Polizei erfolgen. Durch Verweis auf § 81f Abs. 2 der Strafprozessordnung werden besondere Anforderungen an die Untersuchungsinstitute gestellt und datenschutzrechtliche Vorkehrungen zur Einhaltung der Anforderungen dieses Absatzes getroffen.

Zweck
- Feststellung der Identität.

Voraussetzungen
- Feststellung der Identität Verstorbener/hilfloser Personen.
- Identitätsfeststellung ist auf andere Weise nicht oder nur unter erheblichen Schwierigkeiten möglich.

Maßnahmen
- Entnahme von Körperzellen, Proben von Gegenständen mit Spurenmaterial vermisster Personen/unbekannter Toten oder Gegenständen der Personen (Vergleich).
- Molekulargenetische Untersuchung der Proben (Nr. 1 oder 2).
- Speicherung nur zum Abgleich – Zweckbindung – Nutzung für andere Zwecke – (§ 23 Abs. 1, 2).

Adressat
- Vermisste und hilflose Personen, Leichen.

Formvorschriften
- Anordnung: Richter auf Antrag der Polizei (Abs. 2, VV 14a.2).
- Durchführung gem. § 81a Abs. 1 Nr. 2, § 81f Abs. 2 StPO (Anforderungen an Untersuchungsinstitute und Datenschutz).
- Löschung der Daten/Vernichtung der Proben/Unterlagen, wenn sie für die Untersuchung nicht mehr benötigt werden.
- Abgrenzung zu Todesermittlungsverfahren (§ 159 StPO) und Identifizierung des Verstorbenen vor Leichenöffnung (§ 88 StPO) kann im Einzelfall schwierig sein; wegen des Vorrangs des § 159 StPO gibt es nur wenige Anwendungsbereiche für § 14a.

Übermaßverbot
- Geeignetheit, Erforderlichkeit, Verhältnismäßigkeit.
- Ggf. Beschränkung auf DNA-Identifizierungsmuster und Geschlecht.

Beispiele:
- Identifizierung einer unbekannten Leiche/von Leichenteilen.
- Identifizierung einer desorientierten unbekannten Person.
- Auffinden/Identifizierung/Zuordnung eines abgelegten Säuglings/„Babyklappe", Container etc.

§ 15 Datenerhebung bei öffentlichen Veranstaltungen und Ansammlungen

(1) Die Polizei kann bei oder im Zusammenhang mit öffentlichen Veranstaltungen oder Ansammlungen, die nicht dem Versammlungsgesetz unterliegen, personenbezogene Daten, auch durch den Einsatz technischer Mittel zur Anfertigung von Bild- und Tonaufzeichnungen, von Teilnehmern erheben, wenn Tatsachen die Annahme rechtfertigen, dass dabei Straftaten oder Ordnungswidrigkeiten begangen werden. Dabei dürfen auch personenbezogene Daten über andere Personen erhoben werden, soweit dies erforderlich ist, um eine Datenerhebung nach Satz 1 durchführen zu können. Bild- und Tonaufzeichnungen, in Dateien suchfähig gespeicherte personenbezogene Daten sowie zu einer Person suchfähig angelegte Akten sind spätestens einen Monat nach der Datenerhebung zu löschen oder zu vernichten, es sei denn, sie werden zur Verfolgung von Straftaten oder Ordnungswidrigkeiten benötigt oder Tatsachen rechtfertigen die Annahme, dass die Person künftig Straftaten begehen wird, und die Aufbewahrung ist zur vorbeugenden Bekämpfung von Straftaten von erheblicher Bedeutung erforderlich.
(2) § 24 Absatz 2 und 3 sowie § 32 Absatz 3 und 4 bleiben unberührt.

VV zu § 15
15.11 Die Datenerhebung über teilnehmende Personen bei oder im Zusammenhang mit öffentlichen Versammlungen richtet sich nach den §§ 12a und 19a VersammlG. Bis zum Erlass eines Versammlungsgesetzes des Landes NRW gilt das Versammlungsgesetz des Bundes fort.

15.12 Öffentliche Veranstaltungen i. S. d. § 15 Abs. 1 sind beispielsweise Volksfeste, Sport- oder Kulturveranstaltungen. Eine Ansammlung liegt vor, wenn Menschen zufällig zusammentreffen, denen das gemeinsame Wollen des Zusammenseins und damit ein verbindender Zweck der Zusammenkunft fehlt.

15.13 Das BVerfG hat in einer Entscheidung zum Versammlungsrecht (Beschluss vom 17.02.2009, 1BvR 2492/08) festgestellt, dass aufgrund der heutigen Technik auch Übersichtsaufnahmen einen Grundrechtseingriff in das Recht auf informationelle Selbstbestimmung darstellen. Insofern bedarf es auch für diese einer Rechtsgrundlage.

15.14 § 15 Abs. 1 Satz 3 ist eine Bestimmung i. S. d. § 32 Abs. 2 Satz 1 Nr. 1. Personenbezogene Daten, die zur Verfolgung von Straftaten oder Ordnungswidrigkeiten benötigt werden, sind in die Ermittlungsvorgänge zu übernehmen. Daten aus solchen Strafverfahren können auch nach § 24 Abs. 2 verarbeitet werden.

Zweck

- Gefahrenabwehr, Verhütung von Straftaten bei öffentlichen Veranstaltungen (Volksfeste, Sport-/Kulturveranstaltungen etc., die nicht dem VersG unterliegen) oder Ansammlungen (kein verbindender Zweck, z. B. Neugierige bei Event/Unglück).
- Veranstaltungsschutz durch rechtzeitiges Erkennen sicherheitsrelevanter Probleme/Gefahren.
- Gewinnung von Informationen über Personen und Situationen.
- Verhaltenssteuerung bei Personen, die Straftaten begehen wollen, durch die Abschreckungswirkung der Kameratechnik.

Voraussetzungen

- Veranstaltung/Ansammlung, die nicht VersG unterliegt.
- Tatsachen (Fakten) rechtfertigen die Annahme, dass dabei Straftaten oder Ordnungswidrigkeiten begangen werden.
- Daten sind zur Erfüllung polizeilicher Aufgaben erforderlich.

Maßnahmen

- Offene Erhebung (aller möglicher) personenbezogener Daten, auch durch technische Mittel zur Bild- und Tonaufzeichnung (Film, Foto, Video etc.) im Bereich solcher Menschenansammlungen (also nicht nur innerhalb, auch Umfeld).
- Suchfähige Speicherung der Daten (befristet).
- Auswertung der Daten (ggf. automatisiert).
- Übernahme der Daten in Ermittlungsvorgänge (Zweckänderungsregelung gem. § 15 Abs. 1 S. 4).
- Übernahme der Daten zur zukünftigen Kriminalitätsbekämpfung z. B. in Gefährderdateien mit Bildaufnahme (§ 15 Abs. 1 S. 1).

Adressat

- Teilnehmer/Anwesender der Veranstaltung/Ansammlung.
- Zwangsläufig miterfasste sonstige Personen/Unbeteiligte.

Formvorschriften

- Individualisierbare (gespeicherte) Daten sind spätestens 1 Monat nach ihrer Erhebung zu löschen/vernichten, es sei denn,
  - sie werden benötigt zur Verfolgung von Straftaten/Ordnungswidrigkeiten
  - Tatsachen (s. o.) rechtfertigen die Annahme, dass betroffene Person künftig Straftaten begehen wird und die Aufbewahrung zur vorbeugenden Bekämpfung von Straftaten von erheblicher Bedeutung (§ 8 Abs. 3) erforderlich ist
  - Nutzung der Daten für statistische Zwecke, Aus-/Fortbildung (§ 24 Abs. 2, 3); schutzwürdige Belange betroffen werden, Behebung bestehender Beweisnot, wissenschaftliche Zwecke, Archivierung (§ 32 Abs. 3, 4) oder Einschränkung (§ 50 Abs. 3 DSG NRW).
- Löschung/Vernichtung.

Übermaßverbot

- Geeignetheit, Erforderlichkeit, Verhältnismäßigkeit (wegen der Schwere des Eingriffs gewisse Anforderungen an die

Qualität der Straftat/Ordnungswidrigkeit; verbietet sich für geringfügige Ordnungswidrigkeiten; je weiter der Bereich, je mehr Anforderungen an die Qualität der Straftaten/Ordnungswidrigkeiten – „je-desto-Formel"!!).

Rechtsprechung/Besonderheiten

- Übersichtsaufnahmen sind Datenerhebung i. S. v. § 15 (die Qualität heutiger Aufzeichnungsgeräte lässt das Zoomen/Verstärken im erheblichen Umfang zu. Eine Identifizierung von Personen ist grundsätzlich möglich).
- Suchfähigkeit digitaler Daten ist durch algorithmische Suchrecherchen verbessert und daher die Regel.
- Übertragung mittels Videokamera und Mikrofon in die Befehlsstelle oder Leitstelle (ohne oder mit Speicherungsmöglichkeit).
- Polizeilicher Einsatz von Flugdrohnen richtet sich nach § 15 (offene Datenerhebung) oder nach § 17 (bei Versammlungslagen richtet sich ihr Einsatz nach den Befugnissen des VersG).
- Bei Tatverdacht (in der Ansammlung entwickelt sich spontan eine Schlägerei) kann die (für § 15 vorgesehene) Kamera gem. § 163 Abs. 1 S. 2, § 100h StPO zu Beweiszwecken und zur Überführung der Täter eingesetzt werden.

Beispiele:

- Neugierige/Schaulustige oder Trauerbekundende an Unglücks-/Schadensstellen, etwa Überflutung einer City durch Hochwasser, Sprengungen von auffälligen Gebäuden/Brücken, Absturzstelle eines Flugzeugs.
- Ggf. (spontane) Veranstaltungen von (Aktions-)Künstlern.

§ 15a Datenerhebung durch den offenen Einsatz optisch-technischer Mittel

(1) Zur Verhütung von Straftaten kann die Polizei einzelne öffentlich zugängliche Orte mittels Bildübertragung beobachten und die übertragenen Bilder aufzeichnen, wenn

1. an diesem Ort wiederholt Straftaten begangen wurden und die Beschaffenheit des Ortes die Begehung von Straftaten begünstigt, solange Tatsachen die Annahme rechtfertigen, dass an diesem Ort weitere Straftaten begangen werden oder
2. Tatsachen die Annahme rechtfertigen, dass dort Straftaten von erheblicher Bedeutung nach § 8 Absatz 3 verabredet, vorbereitet oder begangen werden

und jeweils ein unverzügliches Eingreifen der Polizei möglich ist. Die Beobachtung ist, falls nicht offenkundig, durch geeignete Maßnahmen erkennbar zu machen.

(2) Nach Absatz 1 gewonnene Daten dürfen höchstens für die Dauer von 14 Tagen gespeichert werden, es sei denn, sie werden zur Verfolgung von Straftaten benötigt oder Tatsachen rechtfertigen die Annahme, dass eine Person künftig Straftaten begehen wird, und die Aufbewahrung ist zur vorbeugenden Bekämpfung von Straftaten erforderlich.

(3) Über die Einrichtung der Datenerhebung durch den offenen Einsatz optisch-technischer Mittel entscheidet die Behördenleiterin oder der Behördenleiter.

(4) Maßnahmen nach Absatz 1 sind zu dokumentieren. Sie sind jeweils auf ein Jahr befristet. Rechtzeitig vor Fristablauf ist zu überprüfen, ob die Voraussetzungen gem. Absatz 1 weiter vorliegen. Eine Verlängerung um jeweils ein Jahr ist in diesem Fall zulässig.

(5) weggefallen

VV zu § 15a *(hier nicht abgedruckt)*

Zweck

- Verhütung von Straftaten in einem Gesamtkonzept (VV 15a.0).
- Überwachung kriminogener oder kriminalitätsanfälliger öffentlicher Orte wegen typischer Straßenkriminalität.
- Gewinnung von Informationen über Personen und Situationen.
- Beeinflussung des Verhaltens potenzieller Straftäter durch Abschreckungswirkung der Kameratechnik.

Voraussetzungen

- Öffentlich zugängliche (tatsächlich öffentlich) Orte
  - an dem Ort wurden wiederholt Straftaten begangen und
  - die Beschaffenheit des Ortes begünstigt die Begehung von Straftaten (Bebauung, Bepflanzung, Beleuchtung, soziales Umfeld, Lage, Infrastruktur, Bekanntheit – „Platte“) oder

  - Tatsachen rechtfertigen die Annahme, dass dort Straftaten von erheblicher Bedeutung (§ 8 Abs. 3) verabredet, vorbereitet oder begangen werden und
  - bei Feststellungen ist unverzügliches Eingreifen der Polizei möglich.
- Durch die Änderung ist nunmehr das Vorhalten von Eingreifkräften in unmittelbarer Nähe zum Beobachtungsort klargestellt (Interventionskräfte, die durch sofortiges Eingreifen die Straftaten verhindern sollen). Ansonsten wäre der Zweck der Straftatenverhütung in Frage gestellt. Der Überwachungssinn würde sich dann auf die nachträgliche Auswertung zu Beweiszwecken beschränken. Deshalb ist in § 15a ein bewusstes Junktim (Verknüpfung) zwischen der Zulässigkeit der Beobachtung und dem tatsächlichen unverzüglichen polizeilichen Eingreifen verfügt, das ausnahmslos für die Behördenpraxis gilt und u. a. entsprechende behördliche Anordnungen und Dokumentationen nach sich zieht. Damit wird der Grundsatz der Effektivität der Gefahrenabwehr umgesetzt (vgl. Lt-Drucks. 17/3865 v. 10.10.2018, § 15a, S. 10).
- Fragen nach den Reaktionszeiten und -möglichkeiten müssen im Einzelfall durch die Polizeipraxis geklärt werden.

Maßnahmen
- Offene Erhebung personenbezogener Daten durch technische Mittel zur Bild- und Tonaufzeichnung (Film, Foto, Video etc.).
- Suchfähige Speicherung der Daten.
- Auswertung der Daten (ggf. automatisiert).
- Übernahme der Daten in Ermittlungsvorgänge – Zweckänderungsregelung gem. § 15 Abs. 2 S. 2).
- Übernahme der Daten zur zukünftigen Kriminalitätsbekämpfung z. B. in Gefährderdaten mit Bildaufnahme (§ 15 Abs. 2 S. 2).

Adressat
- Teilnehmer/Anwesender der Veranstaltung/Ansammlung.
- zwangsläufig miterfasste sonstige Personen/Unbeteiligte.

Formvorschriften
- Anordnung: Behördenleitung (Abs. 3).
- Höchstdauer: 1 Jahr; liegen Voraussetzungen weiter vor: weitere Verlängerung zulässig.
- Dokumentation der Maßnahmen.
- Löschung/Vernichtung (Abs. 2): Befristung auf 14 Tage; länger, wenn für Verfolgung/Verhütung von Straftaten erforderlich.
- Beobachtung erfolgt offen/ist erkennbar zu machen (Abs. 3).
- Bei bestehendem Tatverdacht (zwei Personen tauschen Geld und Drogen aus) kann die (für § 15a vorgesehene) Kamera gem. § 163 Abs. 1 S. 2, § 100h StPO zur Erfassung von Beweismitteln und zur Überführung der Täter eingesetzt werden.

Ermessen
- Entschließungs-/Auswahlermessen ohne Beschränkung.

Übermaßverbot
- Geeignetheit, Erforderlichkeit, Verhältnismäßigkeit.
- Beschränkung auf kriminogene Orte und Brennpunkte; die flächendeckende Videoüberwachung aller öffentlich zugänglichen Orte ist unzulässig! (VV 15a.12).

Beispiele:
- Videoüberwachung bekannter kriminogener Orte, Plätze, wo Drogen gedealt werden („Platte"), Straßenstrich, ggf. auch Treffpunkte von Hooligans, Jugendbanden etc.

§ 15b Datenerhebung zur Eigensicherung

Die Polizei kann zur Abwehr einer Gefahr im Sinne des § 1 Abs. 1 zum Zwecke der Eigensicherung bei Personen- oder Fahrzeugkontrollen Bildaufnahmen und -aufzeichnungen durch den Einsatz optisch-technischer Mittel in Fahrzeugen der Polizei herstellen. Der Einsatz der optisch-technischen Mittel ist, falls nicht offenkundig, durch geeignete Maßnahmen erkennbar zu machen oder der betroffenen Person mitzuteilen. Die Bildaufzeichnungen sind am Tage nach dem Anfertigen zu löschen. Dies gilt nicht, wenn die Aufzeichnungen zur Verfolgung von Straftaten oder Ordnungswidrigkeiten benötigt werden. § 24 Abs. 6 und 7 bleibt unberührt.

VV zu § 15b
15b.0 Mein RdErl. zur Datenerhebung zur Eigensicherung ist zu beachten.

Zweck
- Gefahrenabwehr/Verhütung von Widerständen/Körperverletzungs-/Gefährdungsdelikten zum Nachteil von Polizeibeamten.
- Eigensicherung.
- Beweissicheres Strafverfahren.
- Gewinnung von Informationen über Personen und Situationen.
- Beeinflussung des Verhaltens potenzieller Straftäter durch Abschreckungswirkung der Kameratechnik.

Voraussetzungen
- Personen- oder Fahrzeugkontrolle im Sichtfeld des FuStKW.
- gewisse Gefahrenwahrscheinlichkeit – noch keine konkrete Gefahr – Gefahrenverdacht (Tatsachen rechtfertigen die Annahme).

Maßnahmen
- Erhebung und Speichern von Daten durch Video- und Tonaufnahmen der Dienstfahrzeuge (Boardcams).

Adressat
- Kontrollierte Person(en) und erfasste Polizeibeamte.
- zwangsläufig miterfasste sonstige Personen/Unbeteiligte.

Formvorschriften
- Videografieren ist durch geeignete Maßnahmen erkennbar zu machen oder die betroffene Person ist darauf hinzuweisen; bei Verzicht ist ggf. Interessenabwägung erforderlich!
- Löschung am Tag nach der Datenerhebung.
  Ausnahme: Aufzeichnung wird für Verfolgung von Straftaten/Ordnungswidrigkeiten benötigt.

- § 24 Abs. 6 und 7 bleiben unberührt (Redaktioneller Fehler: Offenbar sind § 24 Abs. 2 und 3 gemeint): Nutzung für statistische Zwecke, Aus- und Fortbildung; personenbezogene Daten sind zu anonymisieren.

Übermaßverbot
- Geeignetheit, Erforderlichkeit, Verhältnismäßigkeit.

Rechtsprechung/Besonderheiten
- Spezialvorschrift zu § 17; der Kontext sollte beachtet werden.
- Umwidmung der gespeicherten Daten zur Abwehr anderer Gefahren als der Eigensicherung möglich (vgl. § 23 Abs. 2!).
- Eine Funkwagenstreife stellt ein illegales Rennen (§ 315d StGB) fest. Die (für § 15b vorgesehene) Kamera kann gem. § 163 Abs. 1 S. 2, § 100h StPO zu Beweiszwecken (Beweis der Tat, Identifizierung der Täter) eingesetzt werden.

Beispiele:
- Anhalten von Verkehrsteilnehmern aus dem fließenden Verkehr.
- Streitigkeiten im öffentlichen Verkehrsraum.
- Kontrolle einer Vielzahl von Jugendlichen zur Nachtzeit.
- Nicht: Übersichtsaufnahme bei Annäherung an Unfallstelle; das kann ggf. auf § 163 Abs. 1 S. 2 StPO oder §§ 15, 15a gestützt werden (anders für Einsatzfahrten Rodorf, § 15b PolG NRW).

§ 15c Datenerhebung durch den Einsatz körpernah getragener Aufnahmegeräte

(1) Die Polizei kann bei der Durchführung von Maßnahmen zur Gefahrenabwehr und zur Verfolgung von Straftaten oder Ordnungswidrigkeiten mittels körpernah getragener Aufnahmegeräte offen Bild- und Tonaufzeichnungen anfertigen, wenn Tatsachen die Annahme rechtfertigen, dass dies zum Schutz von Polizeivollzugsbeamtinnen und Polizeivollzugsbeamten oder Dritten gegen eine konkrete Gefahr für Leib oder Leben erforderlich ist. Die Erhebung personenbezogener Daten kann auch dann erfolgen, wenn Dritte unvermeidbar betrof-

fen sind. Über die Anfertigung der technischen Aufzeichnungen entscheidet die das Aufnahmegerät tragende Polizeivollzugsbeamtin oder der das Aufnahmegerät tragende Polizeivollzugsbeamte anhand der konkreten Umstände des Einzelfalls.

(2) In Wohnungen (§ 41 Absatz 1 Satz 2) ist die Anfertigung von technischen Aufzeichnungen bei der Durchführung von Maßnahmen zur Gefahrenabwehr und zur Verfolgung von Straftaten oder Ordnungswidrigkeiten nur zulässig, wenn Tatsachen die Annahme rechtfertigen, dass dies zum Schutz von Polizeivollzugsbeamtinnen und Polizeivollzugsbeamten oder Dritten gegen eine dringende Gefahr für Leib oder Leben erforderlich ist. Über die Anfertigung der technischen Aufzeichnungen in Wohnungen entscheidet außer bei Gefahr im Verzug die den Einsatz leitende Polizeivollzugsbeamtin oder der den Einsatz leitende Polizeivollzugsbeamte. Absatz 1 Satz 2 gilt entsprechend.

(3) Der Einsatz der Aufnahmegeräte ist durch geeignete Maßnahmen erkennbar zu machen und den betroffenen Personen mitzuteilen. Bei Gefahr im Verzug kann die Mitteilung unterbleiben. Aufzeichnungen sind unzulässig in Bereichen, die der Ausübung von Tätigkeiten von Berufsgeheimnisträgern nach §§ 53 und 53a der Strafprozessordnung dienen. Aufzeichnungen werden verschlüsselt sowie manipulationssicher gefertigt und aufbewahrt.

(4) Die nach Absatz 1 und 2 angefertigten Aufzeichnungen sind zwei Wochen nach ihrer Anfertigung zu löschen. Dies gilt nicht, wenn die Aufzeichnungen zur Gefahrenabwehr oder zur Verfolgung von Straftaten oder Ordnungswidrigkeiten benötigt werden. Über die Löschung entscheidet die aufzeichnende Beamtin oder der aufzeichnende Beamte mit Zustimmung einer oder eines Vorgesetzten. Für die Verwertung der aus Aufzeichnungen nach Absatz 2 erlangten Erkenntnisse gilt Absatz 6. § 32 Absatz 3 bleibt unberührt.

(5) Die Aufzeichnung personenbezogener Daten, die dem Kernbereich privater Lebensgestaltung zuzurechnen sind, ist unzulässig. Der Aufzeichnungsvorgang ist unverzüglich zu unterbrechen, sofern sich während der Aufzeichnung tatsächliche Anhaltspunkte dafür ergeben, dass Daten, die dem Kernbereich privater Lebensgestaltung zuzurechnen sind, erfasst werden. Aufzeichnungen über solche Äußerungen und Handlungen sind unverzüglich zu löschen. Nach einer Unterbrechung darf die Aufzeichnung nur fortgesetzt werden, wenn auf Grund geänderter Umstände davon ausgegangen werden kann, dass die Gründe, die zur Unterbrechung geführt haben, nicht mehr vorliegen.

(6) Eine Verwertung der nach Absatz 2 sowie der nach Absatz 5 Satz 4 erlangten Erkenntnisse ist zum Zweck der Gefahrenabwehr nur zulässig, wenn zuvor die Rechtmäßigkeit der Maßnahme richterlich festgestellt ist. Bei Gefahr im Verzug ist die richterliche Entscheidung unverzüglich nachzuholen. Bei Weitergabe der

Daten ist zu vermerken, dass sie aus einer Maßnahme nach Absatz 2 herrühren. Nach einer Übermittlung an eine andere Stelle ist die Kennzeichnung durch diese aufrecht zu erhalten. Die Regelungen der Strafprozessordnung bleiben unberuhrt.

(7) § 24 Absatz 2 und 3 bleibt unberührt.

(8) Maßnahmen nach Absatz 1 bis 6 sind zu dokumentieren. Näheres regelt das für Inneres zuständige Ministerium durch Verwaltungsvorschrift

(9) Die Auswirkungen dieser Vorschrift und die praktische Anwendung werden bis zum 30. Juni 2019 durch die Landesregierung unter Mitwirkung einer oder eines unabhängigen sozialwissenschaftlichen Sachverständigen und einer oder eines polizeiwissenschaftlichen Sachverständigen geprüft. Die Landesregierung berichtet dem Landtag über das Ergebnis der Evaluierung. § 15c tritt am 31. Dezember 2019 außer Kraft.

VV zu § 15c

15c.0 § 15c regelt sowohl eine Datenerhebung im öffentlichen Raum als auch in Wohnungen. Der zu beachtende Kernbereichsschutz ergibt sich aus Absatz 5.

15c.11 Der Einsatz eines körpernah getragenen Aufnahmegerätes, sog. Bodycam, setzt ein konkretes Tatsachengeschehen voraus, welches den Schluss darauf zulässt, dass Bild- und Tonaufzeichnungen zum Schutz von Polizeivollzugsbeamtinnen und Polizeivollzugsbeamten oder Dritten gegen eine konkrete Gefahr für Leib oder Leben erforderlich sind. Erforderlich ist das Vorliegen von Informationen, die sich auf einen konkreten Sachverhalt beziehen. Allgemeines Erfahrungswissen reicht nicht aus.

15c.12 § 15c Abs. 1 erfordert zudem das Vorliegen einer konkreten Gefahr i. S. d. § 8 Absatz 1 PolG NRW.

Diese setzt voraus, dass aufgrund der Gesamtumstände in Bezug auf Ort, Zeit, Personen, Verhalten im Einzelfall ein Schadenseintritt wahrscheinlich ist (Tegtmeyer/Vahle, 11. überarb. Auflage, 2014, § 8 Rdn. 8).

15c.21 Der Einsatz in Wohnungen setzt eine erhöhte Gefahrenschwelle voraus. Er dient der Verhütung einer dringenden Gefahr.

Als Wohnung sind alle Räume einzustufen, die der allgemeinen Zugänglichkeit durch eine räumliche Abschottung entzogen und zur Stätte privaten Lebens und Wirkens gemacht sind, also auch zur Wohnung gehörende Nebenräume, Gastzimmer, Krankenzimmer, Arbeits-, Betriebs- und Geschäftsräume; nicht hierunter fallen der Öffentlichkeit zugängliche Räume, wie Verkaufsräume oder Sportstadien, soweit und solange sie öffentlich zugänglich sind (Jarass/Pieroth, Grundgesetz Kommentar, 14. Auflage, 2016, Artikel 13, Rdn. 4, 5).

15c.22 Eine dringende Gefahr ist dann zu bejahen, wenn eine Gefahr für ein wichtiges Rechtsgut, mit hinreichender Wahrscheinlichkeit in allernächster Zukunft eintreten wird (Gornig in: Mangoldt/Klein/Starck, Grundgesetz Kommentar, 6. Auflage 2010, Artikel 13 Absatz 7, Rdn. 159).

Aufgrund der häufig eingeschränkten Einschätzbarkeit der Gesamtumstände kommt dem zeitlichen Aspekt ein besonderes Gewicht zu.

15c.23 Werden am Einsatzort mehrere Streifen gemeinsam tätig, so gilt als den Einsatz leitende Person, solange Vorgesetzte nicht anwesend sind bzw. eine Einsatzleiterin oder ein Einsatzleiter vor Ort nicht bestimmt ist, die oder der mit dem Einsatz zuerst befasste Streifenführerin oder Streifenführer.

15c.31 Die Erkennbarkeit ist bereits durch das eingeschaltete Display des Aufnahmegeräts gewährleistet. Eine zusätzliche Mitteilung gegenüber der von der Aufnahme betroffenen Person ist grundsätzlich erforderlich. Eine Ausnahme bilden Fälle, bei denen Gefahr im Verzug droht.

15c.32 Unter die Bereiche nach Satz 3 fallen Räumlichkeiten, die der regelmäßigen Tätigkeit von Berufsgeheimnisträgern im Sinne der §§ 53 und 53a der Strafprozessordnung dienen (Kanzleien, Praxen, Beratungsstellen, Abgeordnetenbüros). Hiervon zu unterscheiden sind Örtlichkeiten, die der Tätigkeit von Berufsgeheimnisträgern dienen könnten (Bsp.: Wohnung eines Rechtsanwalts) und in denen eine Aufzeichnung zulässig ist.

15c.41 Vorgesetzte beziehungsweise Vorgesetzter ist grundsätzlich die Dienstgruppenleiterin oder der Dienstgruppenleiter und bei

Nichterreichbarkeit dieser Personen zumindest die Wachdienstführerin oder der Wachdienstführer.

15c.51 Absatz 5 gewährt den Schutz des Kernbereichs privater Lebensgestaltung. Geschützt werden Lebenssachverhalte höchstpersönlicher Art, deren optische Dokumentation geeignet wäre, ein besonderes Gefühl der Schamverletzung hervorzurufen.

Dabei kann es sich beispielsweise um
– sexuelle Handlungen,
– Handlungen von Personen in hilfloser Lage
handeln. Ergänzend wird auf die Ausführungen in der VV zu § 16 PolG NRW verwiesen.

Der Kernbereichsschutz gilt absolut und kann nicht vom Verhalten des Betroffenen vor und während des Einsatzes abhängig gemacht werden.

Bei Maßnahmen außerhalb der Wohnung besteht generell eine geringere Wahrscheinlichkeit, dass der Kernbereich betroffen sein kann, da die betroffene Person sich grundsätzlich in der Öffentlichkeit bewegt und davon ausgehen muss, beobachtet zu werden.

15c.52 Abs. 5 Satz 3 verlangt eine unverzügliche Löschung der Daten. Gem. § 121 Absatz 1 Satz 1 BGB beinhaltet dies eine Löschung ohne schuldhafte Verzögerung.

15c.81 Die Dokumentation erfolgt mindestens im elektronischen Streifenbeleg.

15c.82 Maßnahme im Sinne des Absatzes 8 bezeichnet eine oder mehrere durch ein Einsatzmittel im Rahmen eines Einsatzes gefertigte Aufnahmen. Unerheblich ist, ob beide Beamten Aufnahmen getätigt haben, weitere Einsatzmittel dazu gestoßen sind, und ob es mehrere Adressaten der Maßnahme gab.

Zweck

- Schutz von Leben und Gesundheit von Polizeivollzugsbeamten oder Dritten (Eigensicherung/Gefahrenabwehr).
- Verhütung von Straftaten.
- Beweissicheres Strafverfahren.

- Gewinnung von Informationen über Personen und Situationen.
- Beeinflussung des Verhaltens potenzieller Straftäter durch Abschreckungswirkung der Kameratechnik.

Voraussetzungen
- Allgemein:
  - Durchführung von Maßnahmen der Gefahrenabwehr oder Verfolgung von Straftaten oder Ordnungswidrigkeiten
  - Tatsachen rechtfertigen die Annahme, dass dies zur Abwehr einer konkreten Gefahr für Leben oder Gesundheit von Polizeibeamten oder Dritten erforderlich ist.
- In Wohnungen (§ 41 Abs. 1 S. 2):
  - Durchführung von Maßnahmen der Gefahrenabwehr oder Verfolgung von Straftaten oder Ordnungswidrigkeiten
  - Tatsachen rechtfertigen die Annahme, dass dies zur Abwehr einer dringenden Gefahr für Leben oder Gesundheit erforderlich ist.
- Im Kernbereich privater Lebensgestaltung unzulässig (Abs. 5). Die Aufzeichnung darf erst fortgesetzt werden, wenn wegen der Lageänderung davon auszugehen ist, dass die Unterbrechungsgründe nicht mehr vorliegen.

Maßnahmen
- Offenes Anfertigen von Bild- und Tonaufzeichnungen mittels körpernah getragener Aufnahmegeräte (Bodycams).

Adressat
- Adressat der Grundmaßnahme.
- zwangsläufig miterfasste sonstige Personen/Polizeibeamte.

Formvorschriften
- Anordnung allgemein: Polizeivollzugsbeamter, der das Aufnahmegerät trägt, anhand der konkreten Umstände des Einzelfalls.
- Anordnung bei Wohnungen: Polizeiführer.

- Benutzen der Aufnahmegeräte ist erkennbar zu machen und den betroffenen Personen mitzuteilen; Ausnahme: Gefahr im Verzug – dann kann die Mitteilung unterbleiben (Abs. 3).
- Unzulässig in Bereichen, die der Ausübung von Tätigkeiten von Berufsgeheimnisträgern (§§ 53, 53a StPO) dienen (Abs. 3).
- Aufzeichnung/Speicherung nur verschlüsselt und manipulationssicher (Abs. 3).
- Löschung: zwei Wochen nach Anfertigung (Abs. 4).
  Über Löschung entscheidet grundsätzlich der anordnende Beamte mit Zustimmung (s)eines Vorgesetzten.
  Ausnahme: für Gefahrenabwehr erforderlich, Beweisnot bei Straftaten/Ordnungswidrigkeiten (Abs. 4, § 32 Abs. 3).
  Aufzeichnungen aus Wohnungen oder dem Kernbereich privater Lebensgestaltung sind unverzüglich zu löschen. Eine Verwertung bedarf einer richterlichen Überprüfung (Abs. 2, 5). Diese ist – bei Gefahr im Verzug – unverzüglich nachzuholen.
- Kennzeichnungspflicht für „Daten aus Wohnungen" (Abs. 2) bei Weitergabe an andere Stellen. Diese muss dort aufrechterhalten bleiben. Die Regelungen der StPO bleiben unberührt.
- Nutzung für statistische Zwecke, Aus- und Fortbildung; personenbezogene Daten sind zu anonymisieren (Abs. 6).
- Dokumentation der Aufzeichnungen.

Übermaßverbot
- Geeignetheit, Erforderlichkeit, Verhältnismäßigkeit.
- Erforderlichkeit der Aufzeichnungen.
- Wegen der Schwere des Eingriffs besondere Berücksichtigung der Angemessenheit.

Rechtsprechung/Besonderheiten
- Umwidmung gespeicherter Daten ist ggf. zur Abwehr anderer Gefahren oder zur Strafverfolgung möglich (vgl. § 15c Abs. 4 S. 2 PolG NRW, § 481 Abs. 1 StPO).
- Bei einem schweren Verkehrsunfall oder Hausbrand fertigen die Beamten mit den Bodycams erste Tatort-Aufnahmen, um die

Situation beweissicher zu erfassen (Ermittlungshandlungen gem. § 163 Abs. 1 S. 2 StPO).

- Auch unbewusst gefertigte Aufnahmen können im Strafverfahren unter Abwägung der Schwere des Gesetzesverstoßes gegen § 15c und der Bedeutung des Beweismittels (Angaben des Beschuldigten nach Tötungsdelikt) für Strafverfahren verwertet werden (vgl. LG Düsseldorf, Beschl. v. 15.2.2019, Kriminalist 2019, 325).

Beispiele:

- Einsatzanlass allgemein: „Schlägerei“, Zahlungsstreit Gaststätte, Randalierer etc.
- Einsatzanlass Wohnung: Häusliche Gewalt – Problem!
- Einsatz „Verdacht Amok“, Tötungsdelikte, VUP.
- Bodycam ist bei Situationen gem. § 16 sofort zu deaktivieren! Dennoch aufgenommene Sequenzen (z. B. Geschädigte[r] öffnet spärlich bekleidet die Tür; bei Eintreffen an der Wohnung kommt es zu emotionalen Entladungen) sind unverzüglich zu löschen oder Speicherung muss richterlich bestätigt werden.

§ 16 Schutz des Kernbereichs privater Lebensgestaltung bei der Datenerhebung mit besonderen Mitteln

(1) Die Erhebung personenbezogener Daten, die dem Kernbereich privater Lebensgestaltung zuzurechnen sind, ist unzulässig.

(2) Eine Erhebung ist unverzüglich zu unterbrechen, wenn sich tatsächliche Anhaltspunkte dafür ergeben, dass Daten, die dem Kernbereich privater Lebensgestaltung zuzurechnen sind, erfasst werden; dies gilt nicht, soweit die Erhebung aus zwingenden informations- oder ermittlungstechnischen Gründen nicht unterbleiben kann. Die Erhebung darf fortgesetzt werden, wenn zu erwarten ist, dass die Gründe, die zur Unterbrechung geführt haben, nicht mehr vorliegen. Die anordnende Stelle ist über den Verlauf der Maßnahme unverzüglich zu unterrichten. Liegen die Voraussetzungen der Anordnung nicht mehr vor, so hat sie den Abbruch der Maßnahme anzuordnen.

(3) Bestehen Zweifel hinsichtlich der Kernbereichsrelevanz der erhobenen Daten, sind diese unverzüglich dem oder der behördlichen Datenschutzbeauftragten und einer von dem Behördenleiter oder der Behördenleiterin besonders

beauftragten Leitungsperson des höheren Polizeivollzugsdienstes zur Durchsicht vorzulegen. Im Falle des § 17 Absatz 2 Satz 3 erfolgt die Durchsicht durch das zuständige Amtsgericht. § 18 Absatz 4 bleibt unberührt.

(4) Wurden Daten erfasst, die dem Kernbereich privater Lebensgestaltung zuzurechnen sind, dürfen sie nicht verwendet werden. Aufzeichnungen hierüber sind unverzüglich zu löschen. Die Tatsache ihrer Erlangung und Löschung ist zu dokumentieren.

(5) Der Kernbereich umfasst auch das durch das Berufsgeheimnis geschützte Vertrauensverhältnis zu den in §§ 53 und 53a der Strafprozessordnung genannten Berufsgeheimnisträgern.

VV zu § 16

16.0 § 16 enthält eine allgemeine Kernbereichsschutzregelung, die auf die besonderen Mittel der Datenerhebung durch verdeckte polizeiliche Maßnahmen (§§ 16a bis 20 PolG NRW) Anwendung findet.

Bei allen verdeckten Überwachungsmaßnahmen staatlicher Stellen muss ein unantastbarer Kernbereich privater Lebensgestaltung gewahrt werden, dessen Schutz sich aus Artikel 1 Abs. 1 GG ergibt.

Zur Entfaltung der Persönlichkeit im Kernbereich privater Lebensgestaltung gehört nach höchstrichterlicher Rechtsprechung die Möglichkeit, innere Vorgänge wie Empfindungen und Gefühle sowie Überlegungen, Ansichten und Erlebnisse höchstpersönlicher Art ohne Angst vor staatlicher Überwachung zum Ausdruck zu bringen; vom Schutz umfasst sind auch Gefühlsäußerungen, Äußerungen des unbewussten Erlebens sowie Ausdrucksformen der Sexualität (s. BVerfG, 1 BvR 2378/98, 1084/99, vom 3.3.2004, Absatz-Nr. 120, http://www.bverfg.de). Ob es sich um eine Offenbarung der innersten Vorgänge einer Person handelt, ist situationsbedingt und im Einzelfall anhand von Kommunikationsinhalten und -umständen (besonderes Vertrauensverhältnis der kommunizierenden Personen, Ort, erkennbarer Geheimhaltungswille) zu beurteilen.

Kommunikationsinhalte höchstpersönlicher Art können insbesondere sein

- *Gespräche mit Vertrauenspersonen bzw. engsten Familienangehörigen über existenzielle Fragen (z. B. Todesangst, Suizidgedanken), über schwere physische oder psychische Erkrankungen sowie über privateste familiäre Angelegenheiten (z. B. Abtreibung, Enterbung) sowie die Äußerung tief empfundener Emotionen;*
- *verbale und nonverbale Äußerungen des Intimlebens (intensive Liebesbezeugungen und Ausdrucksformen der Sexualität);*
- *vertrauliche Gespräche mit Berufsgeheimnisträgern (s. 16.5).*

Die Norm setzt das vom Bundesverfassungsgericht entwickelte „zweistufige Schutzkonzept" (s. BVerfG, 1 BvR 370/07, 595/07, Urt. vom 27.2.2008, Absatz-Nr. 280 ff., http://www.bverfg.de) um.

§ 16 setzt zunächst voraus, dass eine rechtmäßige Erhebung personenbezogener Daten auf Grundlage der polizeilichen Standardbefugnisse gem. §§ 16a ff. PolG erfolgt. Die Absätze 1 und 2 des § 16 befassen sich mit der Umsetzung der ersten Stufe des Schutzkonzepts, der Vermeidung der Erhebung kernbereichsrelevanter Daten. Dazu stellt Absatz 1 den Grundsatz der Datenvermeidung auf, der in Absatz 2 konkretisiert wird. Absatz 2 regelt, dass eine zunächst zulässige Erhebung personenbezogener Daten zu unterbrechen ist, wenn tatsächliche Anhaltspunkte für die Erfassung von Kernbereichsinhalten bestehen. Allerdings darf – innerhalb des angeordneten Zeitraums der verdeckten Maßnahme – die Datenerhebung fortgesetzt werden, wenn neue Anhaltspunkte dafür sprechen, dass die Unterbrechungsgründe nicht mehr vorliegen.

16.11 Bei den Maßnahmen außerhalb der Wohnung besteht generell eine geringere Wahrscheinlichkeit, dass der Kernbereich betroffen sein kann, da die von der Überwachung betroffene Person sich grundsätzlich in der Öffentlichkeit bewegt bzw. in der Öffentlichkeit mit anderen Personen kommuniziert und damit ein Sozialbezug gegeben ist. Gleichwohl kann der Kernbereich pri-

vater Lebensgestaltung auch durch das verdeckte Erheben von Daten außerhalb von Wohnungen berührt werden, wenn die Person nicht damit rechnen muss, von anderen wahrgenommen zu werden, z. B. an abgelegenen Orten oder in einem Fahrzeug. Sollte eine Situation eintreten, in der mit der heimlichen Erfassung innerer Zustände oder gegenüber engsten Vertrauten geäußerten Gefühlsregungen zu rechnen ist, ist daher die Datenerhebung gem. Abs. 2 Satz 1 unverzüglich zu unterbrechen.

16.12 Gespräche mit engsten Vertrauten, die Angaben über polizeilich abzuwehrende Gefahren enthalten, gehören schon ihrem Inhalt nach nicht zu dem unantastbaren Kernbereich privater Lebensgestaltung, und führen daher nicht zur Unterbrechung. Zwar reicht nicht jede Verknüpfung zwischen einer Gefahr und den Äußerungen der betroffenen Person zur Bejahung des Sozialbezugs aus. Ein hinreichender Sozialbezug besteht aber jedenfalls bei Äußerungen, die sich unmittelbar auf eine konkrete Gefahr beziehen, insbesondere wenn die kommunizierenden Personen für die Gefahren nach Absatz 1 verantwortlich sind.

Wird erkennbar, dass Kernbereichsdaten betroffen sind und bestehen konkrete Anhaltspunkte dafür, dass diese Daten gerade dem Zweck der Herbeiführung eines Erhebungsverbots bzw. einer Unterbrechung dienen sollen, bleibt die Datenerhebung insoweit zulässig.

16.21 In Abs. 2 Satz 1 wird im letzten Halbsatz geregelt, dass die Pflicht zur Unterbrechung der Datenerhebung nicht besteht, soweit dies aus informations- oder ermittlungstechnischen Gründen nicht möglich ist. Diese Regelung ist vor dem Hintergrund zu sehen, dass z. B. bei verdeckten Maßnahmen außerhalb des Wohnraums auch automatisierte Aufzeichnungen zulässig sind; bei diesen Maßnahmen kann – je nach eingesetzter Technik – eine Unterbrechung nicht zu jedem Zeitpunkt erfolgen. Andere Gründe, die gegen eine sofortige Unterbrechung sprechen, können gegenwärtige Gefahren für Leib und Leben verdeckt eingesetzter Personen sein. Mit dieser eng auszulegenden Ausnahmeregelung wird anerkannt, dass es unter bestimmten Umständen praktisch unvermeidbar ist, Informationen zur Kenntnis zu nehmen, bevor ihr Kernbereichsbezug bewertet werden kann. Dies führt jedoch nicht dazu, dass der Kernbereichsschutz leerläuft, sondern dass er auf die zweite Stufe des Schutzkonzepts (abgesichert durch ein Datenverwendungsverbot und ein -löschungsgebot) verlagert wird.

16.22 Absatz 2 Satz 2 bestimmt, dass die Datenerhebung fortgesetzt werden kann, wenn zu erwarten ist, dass die Unterbrechungsgründe nicht mehr vorliegen. Tatsächliche Anhaltspunkte dafür bestehen z. B., wenn Erkenntnisse vorliegen, dass andere Personenkonstellationen eintreten (Familienangehörige entfernen sich, andere Personen, mit denen die Zielperson ausschließlich geschäftlich verkehrt, kommen hinzu), so dass im Weiteren von einem Sozialbezug der Kommunikation auszugehen ist.

16.3 Zur Absicherung des Kernbereichsschutzes auf der zweiten Stufe wird das Verfahren näher geregelt. Die qualifizierte Bewertung der erhobenen Daten wird mittels einer Durchsicht nach dem Vier-Augen-Prinzip durch besonders geeignete bzw. geschulte Bedienstete der zuständigen Polizeibehörde gewährleistet. Die Vorlage hat unverzüglich, d. h. ohne schuldhafte Verzögerung zu erfolgen. Besonders beauftragte Leitungsperson des höheren Polizeivollzugsdienstes ist der zuständige Abteilungsleiter bzw. Direktionsleiter (oder der Vertreter im Amt). Für die Tätigkeit des Datenschutzbeauftragten gilt § 32a DSG NRW; insbesondere wird auf die Weisungsfreiheit und auf das Benachteiligungsverbot hingewiesen. Im Falle des Abhörens oder der Aufzeichnung des gesprochenen Wortes außerhalb der Wohnung obliegt gem. Satz 2 dem anordnenden Richter die Durchsicht. Die bereichsspezifischen Verfahrensvorschriften zur Wohnraumüberwachung bleiben gem. Satz 3 unberührt.

16.4 Absatz 4 regelt den Kernbereichsschutz auf der zweiten Stufe. Wurden im Ausnahmefall entgegen den Geboten in den Absätzen 1 und 2 unbeabsichtigt Kernbereichsdaten erfasst, so dürfen diese gem. Absatz 4 Satz 1 nicht verwendet werden. Alle Aufzeichnungen hierüber sind unverzüglich zu löschen. Zusätzlich ist die Tatsache ihrer Erlangung und Löschung zu dokumentieren.

16.5 Über das Verhältnis zu engsten Vertrauten (Ehegatte, Partner, Verwandte, Freunde) hinaus gehört auch das durch ein Berufsgeheimnis geschützte Vertrauensverhältnis zu Berufsgeheimnisträgern im Sinne der §§ 53 und 53a StPO zum geschützten Kernbereich. Abweichend von § 160a StPO genießen alle Berufsgeheimnisträger denselben rechtlichen Status.

Zweck

- Berücksichtigung der Rechtsprechung des BVerfG (gesamte Datenerhebung (§§ 15 ff.), Speicherung, Verwertung, Zweckänderung, Übermittlung und Löschung [§§ 22 ff.]); ggf. sind Lücken entsprechend dem Grundsatz auszulegen.
- Ergänzende Spezialregelungen zu §§ 15c, 17, 18 wegen der besonderen Eingriffsqualität oder erhöhter Gefahr der Verletzung des Kernbereichs.
- Kernbereichsschutz gilt auch für Neuregelung des § 20c (Telefonüberwachung zur Gefahrenabwehr).

§ 16a Datenerhebung durch Observation

(1) Die Polizei kann personenbezogene Daten erheben durch eine durchgehend länger als 24 Stunden oder an mehr als an zwei Tagen vorgesehene oder tatsächlich durchgeführte und planmäßig angelegte Beobachtung (längerfristige Observation)

1. über die in den §§ 4 und 5 genannten und unter den Voraussetzungen des § 6 über die dort genannten Personen, wenn dies zur Abwehr einer gegenwärtigen Gefahr für Leib, Leben oder Freiheit einer Person erforderlich ist,
2. über Personen, soweit Tatsachen die Annahme rechtfertigen, dass diese Personen Straftaten von erheblicher Bedeutung begehen wollen, sowie über deren Kontakt- oder Begleitpersonen, wenn die Datenerhebung zur vorbeugenden Bekämpfung dieser Straftaten erforderlich ist.

Dabei dürfen auch personenbezogene Daten über andere Personen erhoben werden, soweit dies erforderlich ist, um eine Datenerhebung nach Satz 1 durchführen zu können. Als Kontaktpersonen gelten nur die Personen, die enge persönliche, dienstliche oder geschäftliche Beziehungen zu den Personen gemäß Absatz 1 Satz 1 Nummer 2 unterhalten. Begleitpersonen sind Personen, die nicht nur kurzfristig mit diesen Personen angetroffen werden, ohne jedoch enge persönliche, dienstliche oder geschäftliche Beziehungen zu diesen zu unterhalten. Berufsgeheimnisträger gemäß § 53 der Strafprozessordnung gehören, soweit das geschützte Vertrauensverhältnis reicht, nicht zu den Kontakt- oder Begleitpersonen.

(2) Eine längerfristige Observation darf nur durch die Behördenleiterin oder den Behördenleiter angeordnet werden.

(3) Auf eine Observation, die nicht die in Absatz 1 genannten Voraussetzungen erfüllt (kurzfristige Observation), finden die Absätze 1 und 2 keine Anwendung. Durch eine kurzfristige Observation kann die Polizei personenbezogene Daten über die in den §§ 4 und 5 genannten und andere Personen nur erheben, soweit dies zum Zwecke der Gefahrenabwehr (§ 1 Abs. 1) erforderlich ist und ohne diese Maßnahme die Erfüllung der polizeilichen Aufgabe gefährdet wird.

VV zu § 16a

16a.0 Soweit Belange der Strafverfolgung berührt sein können, sind nach Möglichkeit Observationen gem. § 16a mit der Staatsanwaltschaft abzustimmen.

16a.11 Erfasst werden von der Legaldefinition in § 16a Abs. 1 Satz 1 Maßnahmen (verdeckte und offene Observationen) mit größerer Eingriffsintensität, die einen nicht unerheblichen organisatorischen, personellen und sachlichen Aufwand erfordern.

16a.12 Bei der suchfähigen Speicherung der Daten von Kontakt- und Begleitpersonen in Dateien ist § 24 Abs. 4 zu beachten. Als Kontaktpersonen können nur die Personen angesehen werden, die enge persönliche, dienstliche oder geschäftliche Beziehungen zu der Zielperson unterhalten. Begleitpersonen sind Personen, die – ohne enge persönliche, dienstliche oder geschäftliche Beziehungen zu der Zielperson zu unterhalten – nicht nur kurzfristig mit ihr angetroffen werden. Daher dürften z. B. Verkäufer, Bedienungspersonal oder (Taxi-)Fahrer in der Regel keine Begleitpersonen, sondern allenfalls andere Personen i. S. d. § 16 Abs. 1 Satz 2 sein.

16a.13 Keine Begleitpersonen, sondern allenfalls andere Personen i. S. d. Abs. 1 Satz 2, sind z. B. Verkäufer, Bedienungspersonal oder Taxifahrer, da sie nur kurzfristig mit Zielpersonen zusammentreffen.

16a.21 Die Anordnungskompetenz geht bei Abwesenheit oder Verhinderung der Behördenleiterin oder des Behördenleiters auf denjenigen über, der in diesen Fällen die Behördenleitungsfunktion wahrnimmt.

16a.22 Die Anordnung der längerfristigen Observationen gemäß § 16a Abs. 1 Satz 1 Nr. 1 wird grundsätzlich durch die Leiterin oder den Leiter der nach § 7 Abs. 1 POG NRW zuständigen Polizeibehörde getroffen. Soweit das zur Kriminalhauptstelle bestimmte Polizeipräsidium seine Aufgaben (Zuständigkeit) gemäß Kriminalhauptstellenverordnung (KHSt-VO) wahrnimmt, obliegt die Anordnung dessen Behördenleiterin oder Behördenleiter. Eine zuvor von der örtlich zuständigen Behördenleiterin oder dem Behördenleiter getroffene Anordnung wirkt bei Übernahme durch das zur Kriminalhauptstelle bestimmte Polizeipräsidium solange fort, bis sie von dessen Behördenleiterin oder Behördenleiter bestätigt oder aufgehoben wird.

16a.23 In den Fällen des § 9 Abs. 1 POG NRW trifft die Behördenleiterin oder der Behördenleiter der für die überörtliche Observation zuständigen Kriminalhauptstelle, in deren Zuständigkeitsbereich die längerfristige Observation in Nordrhein-Westfalen zuerst beginnt, die Anordnung nach § 16a Abs. 2.

16a.24 Die RdNrn. 16a.21 bis 16a.23 gelten für das Landeskriminalamt entsprechend.

16a.25 In Satz 2 ist geregelt, dass die gemäß Absatz 1 erlangten Daten zur Gewährleistung der strengen Zweckbindung der gewonnenen Informationen besonders zu kennzeichnen sind. Dies gilt auch bei einer Weiterübermittlung der Daten.

16a.31 Zur Unterrichtungspflicht wird auf die Nummern 17.51 ff. verwiesen.

16a.32 Unterrichtungspflichtig ist grundsätzlich die sachbearbeitende Polizeibehörde. Die Unterrichtungspflicht bezieht sich auf die Mitteilung, dass gegen die zu informierende Person eine Maßnahme durchgeführt worden ist, auf Beginn und Ende der Maßnahme sowie deren Rechtsgrundlage. Eine weitergehende Aus-

kunft kann nach Einzelfallprüfung auf Antrag gemäß § 18 DSG NRW erteilt werden. Die sachbearbeitende Polizeibehörde kann erweiterte Auskünfte, die sich auf die ausführende Polizeibehörde beziehen, nur mit deren Zustimmung geben.

16a.4 Eine kurzfristige Observation ist abzubrechen, sobald sie die in § 16a Abs. 1 vorgegebenen Zeitkriterien überschreitet und nicht zwischenzeitlich die materiellen und formellen Voraussetzungen für die längerfristige Observation erfüllt werden.

Zweck

- Planmäßig angelegte Beobachtung von Personen:
  - zur Gefahrenabwehr und
  - zur vorbeugenden Bekämpfung erheblicher Straftaten (§ 8 Abs. 3).

Voraussetzungen

- Langfristige Observation (Abs. 1):
  - zur Abwehr einer gegenwärtigen Gefahr für Leben, Gesundheit oder Freiheit einer Person erforderlich <u>oder</u>
  - Tatsachen rechtfertigen die Annahme, dass Personen Straftaten von erheblicher Bedeutung (§ 8 Abs. 3) begehen wollen <u>und</u>
  - zur vorbeugenden Bekämpfung dieser Straftaten erforderlich.
- Kurzfristige Observation (Abs. 3):
  - zum Zwecke der Gefahrenabwehr erforderlich
  - ohne die Beobachtung ist die Erfüllung der polizeilichen Aufgabe gefährdet.

Maßnahmen

- Langfristige Observation (offen oder verdeckt):
  - das Beobachten der Personen erfordert einen nicht unerheblichen organisatorischen, personellen und sächlichen Aufwand (Führungs- und Einsatzmittel) und
  - sie ist länger geplant oder tatsächlich durchgeführt als durchgehend 24 Stunden oder an mehr als zwei Tagen.

- Kurzfristige Observation (offen oder verdeckt).
  Spontanes Beobachten oder Beobachten mit erheblich weniger Organisations-/Planungsaufwand oder deutlich kürzer als 24 Stunden/2 Tage.

Adressat
- Verhaltens-, Zustands- oder Nichtstörer (§§ 4 bis 6).
- Potenzielle Straftäter und deren
  - Kontaktpersonen: unterhalten enge persönliche, berufliche oder geschäftliche Beziehung zur Zielperson (Abs. 1 S. 3)
  - Begleitpersonen: werden nicht nur kurzfristig mit Zielpersonen angetroffen, ohne o. a. Kontakt zu haben (Abs. 1 S. 4).
- Zwangsläufig miterfasste sonstige Personen.

(Vgl. Tetsch/Baldarelli, PolG NRW, S. 167, 169 ff., 388).

Formvorschriften
- Anordnung:
  - langfristige Observation: Behördenleitung oder unmittelbare Vertretung (gem. Anordnungsbereitschaft in den KPBen).
  - kurzfristige Observation: Polizeibeamte(r).
- Protokollierung/Kennzeichnung (§ 33b).
- Unterrichtung Betroffener (§ 33).
- Ausnahme: Berufsgeheimnisträger (§ 53 StPO) sind, soweit das geschützte Vertrauensverhältnis reicht, nicht Kontakt- oder Begleitpersonen.
- Kernbereichsschutz gem. § 16 ist beachten.

Beispiele:
- Langfristige Observation:
  - Observation von Jugendlichen auf der „Platte“, um festzustellen, ob und ggf. wie gedealt wird (danach § 163 f StPO)
  - Nicht: Abfahren der Anschriften von Intensivtätern durch ET-Kräfte zu Dienstbeginn (kein organisatorischer Aufwand)
  - Nicht Observieren von Buntmetalldieben oder Dealern über 5 Tage (Strafverfolgung, § 163 f StPO, keine Gefahrenabwehr).

- Kurzfristige Observation:
  - Observation von Fußballfans, die sich nach dem verlorenen Auswärtsspiel durch die Straßen drücken
  - Beobachten von Jugendlichen nach Platzverweis
  - verdächtige Personen kundschaften offenbar auf Parkplatz abgestellte Pkw oder im Wohngebiet Einfamilienhäuser aus
  - bekannter Geschäftseinbrecher fährt am Wochenende durch Industriegebiet
  - nicht: Observation eines Hauses, das ggf. besetzt werden soll, oder eines Parkplatzes mit geparkten Pkw wegen Kfz-Diebstahl.

§ 17 Datenerhebung durch den verdeckten Einsatz technischer Mittel

(1) Die Polizei kann personenbezogene Daten erheben durch den verdeckten Einsatz technischer Mittel zur Anfertigung von Bildaufnahmen und Bildaufzeichnungen sowie zum Abhören und Aufzeichnen des gesprochenen Wortes

1. über die Personen, die in den §§ 4 und 5 genannt werden, sowie unter den Voraussetzungen des § 6 über die dort genannten Personen, wenn dies zur Abwehr einer gegenwärtigen Gefahr für Leib, Leben oder Freiheit einer Person erforderlich ist,
2. über Personen, soweit Tatsachen die Annahme rechtfertigen, dass diese Personen Straftaten von erheblicher Bedeutung begehen wollen, sowie über deren Kontakt- oder Begleitpersonen, wenn die Datenerhebung zur vorbeugenden Bekämpfung dieser Straftaten erforderlich ist.

Dabei dürfen auch personenbezogene Daten über andere Personen erhoben werden, soweit dies erforderlich ist, um eine Datenerhebung nach Satz 1 durchführen zu können. § 16a Absatz 1 Satz 3 bis 5 gilt entsprechend.

(2) Der verdeckte Einsatz technischer Mittel zur Anfertigung von Bildaufnahmen und Bildaufzeichnungen darf nur durch die Behördenleiterin oder den Behördenleiter angeordnet werden. Die Anordnung bedarf der Schriftform und ist auf höchstens einen Monat zu befristen; soweit die Voraussetzungen der Anordnung fortbestehen, sind Verlängerungen um jeweils einen weiteren Monat zulässig. Der Einsatz der Mittel zum Abhören und Aufzeichnen des gesprochenen Wortes bedarf der Anordnung durch das Amtsgericht, in dessen Bezirk die Polizeibehörde ihren Sitz hat; hinsichtlich einer Verlängerung gilt § 18 Absatz 2

Satz 4 entsprechend. Für das Verfahren gelten die Vorschriften des Gesetzes über das Verfahren in Familiensachen und in den Angelegenheiten der freiwilligen Gerichtsbarkeit entsprechend. Bei Gefahr im Verzug kann die Maßnahme durch die Behördenleiterin oder den Behördenleiter angeordnet werden. Die richterliche Bestätigung ist unverzüglich zu beantragen. Die Anordnung nach Satz 5 tritt spätestens mit Ablauf des dritten Tages nach ihrem Erlass außer Kraft, wenn sie bis dahin nicht richterlich bestätigt wird. Erfolgt keine richterliche Bestätigung, dürfen bereits erhobene Daten nicht verwendet werden. Die Daten sind unverzüglich zu löschen.

(3) Wenn das technische Mittel gemäß Absatz 1 ausschließlich zum Schutz der bei einem polizeilichen Einsatz tätigen Personen mitgeführt und verwendet wird, kann die Maßnahme durch die Behördenleiterin oder den Behördenleiter oder eine von ihnen beauftragte Leitungsperson des höheren Polizeivollzugsdienstes angeordnet werden. Eine anderweitige Verwertung der erlangten Erkenntnisse ist nur zum Zwecke der Strafverfolgung oder der Gefahrenabwehr und nur zulässig, wenn zuvor die Rechtmäßigkeit der Maßnahme richterlich festgestellt ist; bei Gefahr im Verzug ist die richterliche Entscheidung unverzüglich nachzuholen. Aufzeichnungen, die nicht im Sinne des Satzes 2 verwendet werden, sind unverzüglich nach Beendigung des Einsatzes zu löschen. § 24 Absatz 3 sowie § 32 Absatz 3 Nummer 1 und 2 bleiben unberührt.

(4) Bild- und Tonaufzeichnungen, die ausschließlich Personen betreffen, gegen die sich die Maßnahme nicht richtete, sind unverzüglich zu vernichten; es sei denn, sie werden zur Verfolgung von Straftaten jener Personen, gegen die sich die Maßnahme richtete, benötigt.

VV § 17 *(hier nicht abgedruckt)*

Zweck

- Informationsgewinnung durch besondere Maßnahmen zur heimlichen und intensiven Personenüberwachung (Abs. 1).
- Befugnis zum Einsatz von technischen Mitteln (Kamera und Tontechnik) zur Aufzeichnung des gesprochenen Wortes und von Bildern.

Voraussetzungen

- Abwehr einer gegenwärtigen Gefahr für Leib, Leben oder Freiheit einer Person.
- Zur Verhinderung von Straftaten von erheblicher Bedeutung, soweit Tatsachen die Annahme dazu rechtfertigen.

Zulässige Maßnahmen

- Aufzeichnen des gesprochenen Wortes in der Öffentlichkeit und von anderen Objekten außerhalb der Wohnung (siehe § 41 Abs. 1).
- Aufzeichnung von Bildern in der Öffentlichkeit und in anderen Objekten außerhalb von Wohnungen.
- Verdeckter Einsatz einer polizeilichen Flugdrohne mit Bild- und Tonaufzeichnung (zum offenen Drohneneinsatz vgl. § 15c, S. 66).

Adressat

- Störer (§§ 4, 5), Nichtstörer (§ 6) sowie Begleit- und Kontaktpersonen (§ 4 Abs. 4 i. V. m. § 17 Abs. 1) und Daten anderer Personen (§ 4 Abs. 4 i. V. m. § 17 Abs. 1).

Formvorschriften

- Anordnung des Einsatzes von Bildtechnik durch Behördenleitung (Abs. 2).
- Anordnung des Einsatzes der Tontechnik durch das Amtsgericht (Abs. 2).
- Bei ausschließlichem Einsatz zur Eigensicherung von Polizeibeamten und sonstigen Informanten obliegt die Anordnung beider Mittel der Behördenleitung.
- Weitere Verfahrensvorschriften zum Umgang, insbesondere Kennzeichnungspflicht, Unterrichtungspflicht und Löschungspflicht.
- Beachtung des Kernbereichsschutzes (§ 16).
- Beachtung der Kennzeichnungspflicht (§ 22b).
- Beachtung der Benachrichtigungspflicht (§ 33) mit Ausnahmeregelungen.
- Beachtung der Protokollierungspflicht (§ 33b).

Beispiele:

- Gefährder, der einen Anschlag vorbereiten will, wird überwacht und entsprechende Technik in seinem Pkw installiert.

- Zur Verhinderung einer Entführung werden die in Frage kommenden Personen überwacht.
- Ein verdeckt ermittelnder Polizeibeamter wird bei der Übergabe des Drogengoldes mit Bild- und Tontechnik ausgestattet, um einen Angriff zu verhindern.

§ 18 Datenerhebung durch den verdeckten Einsatz technischer Mittel in oder aus Wohnungen

(1) Die Polizei kann personenbezogene Daten in oder aus Wohnungen (§ 41 Absatz 1 Satz 2) durch den verdeckten Einsatz technischer Mittel gemäß § 17 Absatz 1 über Personen, die in den §§ 4 und 5 genannt werden, sowie unter den Voraussetzungen des § 6 über die dort genannten Personen erheben, wenn dies zur Abwehr einer gegenwärtigen Gefahr für Leib, Leben oder Freiheit einer Person erforderlich ist und diese auf andere Weise nicht abgewendet werden kann. Dabei dürfen auch personenbezogene Daten über andere Personen erhoben werden, soweit dies erforderlich ist, um eine Datenerhebung nach Satz 1 durchführen zu können. § 16a Absatz 1 Satz 3 bis 5 gilt entsprechend. Eine ausschließlich automatisierte Datenerhebung ist unzulässig.
(2) Die Datenerhebung nach Absatz 1 bedarf der Anordnung durch die in § 74a Absatz 4 des Gerichtsverfassungsgesetzes genannte Kammer des Landgerichts, in dessen Bezirk die Polizeibehörde ihren Sitz hat. Sie bedarf der Schriftform und ist auf höchstens einen Monat zu befristen. Sie muss, soweit bekannt, Name und Anschrift der Person, gegen die sich die Datenerhebung richtet, Art und Umfang der zu erhebenden Daten sowie die betroffenen Wohnungen bezeichnen und ist zu begründen. Soweit die Voraussetzungen der Anordnung fortbestehen, sind auf Antrag Verlängerungen um jeweils einen weiteren Monat zulässig. Bei Gefahr im Verzug kann die Maßnahme durch die Behördenleiterin oder den Behördenleiter angeordnet werden. Die richterliche Bestätigung ist unverzüglich zu beantragen. Die Anordnung nach Satz 6 tritt spätestens mit Ablauf des dritten Tages nach ihrem Erlass außer Kraft, wenn sie bis dahin nicht richterlich bestätigt wird. Erfolgt keine richterliche Bestätigung, dürfen bereits erhobene Daten nicht verwendet werden. Die Daten sind unverzüglich zu löschen.
(3) Die Maßnahme darf nur angeordnet werden, soweit auf Grund tatsächlicher Anhaltspunkte anzunehmen ist, dass durch die Erhebung Daten, die dem Kernbereich privater Lebensgestaltung zuzurechnen sind, nicht erfasst werden. Dabei ist insbesondere auf die Art der zu überwachenden Räumlichkeiten und das Verhältnis der dort anwesenden Personen zueinander abzustellen. Der Kern-

bereich umfasst auch das durch Berufsgeheimnis geschützte Vertrauensverhältnis der in §§ 53 und 53a der Strafprozessordnung genannten Berufsgeheimnisträger. Gespräche in Betriebs- und Geschäftsräumen sind, soweit sie nicht zur Berufsausübung bestimmte Räume von Berufsgeheimnisträgern gemäß §§ 53 und 53a der Strafprozessordnung sind, in der Regel nicht dem Kernbereich privater Lebensgestaltung zuzurechnen.

(4) Die Datenerhebung ist unverzüglich zu unterbrechen, sofern sich während der Überwachung tatsächliche Anhaltspunkte dafür ergeben, dass Daten, die dem Kernbereich privater Lebensgestaltung zuzurechnen sind, erfasst werden. Bestehen insoweit Zweifel, darf statt der unmittelbaren Wahrnehmung nur noch eine automatisierte Aufzeichnung erfolgen. Nach einer Unterbrechung oder einer Aufzeichnung gemäß Satz 2 darf die Erhebung fortgesetzt werden, wenn zu erwarten ist, dass die Gründe, die zur Unterbrechung oder zur Aufzeichnung geführt haben, nicht mehr vorliegen. Die automatisierte Aufzeichnung ist unverzüglich dem anordnenden Gericht zur Entscheidung über die Verwertbarkeit und Löschung der Daten vorzulegen. Für die nicht verwertbaren Teile ordnet das Gericht die unverzügliche Löschung an. Das Gericht unterrichtet die Polizeibehörde unverzüglich über den Inhalt der verwertbaren Teile der Aufzeichnung. Die Tatsachen der Datenerfassung und der Löschung sind zu dokumentieren. Die Maßnahme ist abzubrechen, wenn die Voraussetzungen des Absatzes 1 nicht mehr vorliegen.

(5) Werden technische Mittel ausschließlich zum Schutz der bei einem polizeilichen Einsatz in Wohnungen tätigen Personen verwendet, kann die Datenerhebung nach Absatz 1 durch die Behördenleiterin oder den Behördenleiter angeordnet werden. Eine anderweitige Verwertung der gemäß Satz 1 erlangten Erkenntnisse ist nur zum Zwecke der Strafverfolgung oder der Gefahrenabwehr und nur zulässig, wenn zuvor die Rechtmäßigkeit der Maßnahme richterlich festgestellt ist; bei Gefahr im Verzug ist die richterliche Entscheidung unverzüglich nachzuholen. Aufzeichnungen, die nicht im Sinne des Satzes 2 verwendet werden, sind unverzüglich nach Beendigung des Einsatzes zu löschen. § 24 Absatz 3 sowie § 32 Absatz 3 Nummer 1 und 2 bleiben unberührt.

(6) § 17 Absatz 4 gilt entsprechend.

VV zu § 18 *(hier nicht abgedruckt)*

Zweck

- Informationsgewinnung durch Maßnahmen zur heimlichen und besonders intensiven Personenüberwachung (Abs. 1).

- Befugnis zum Einsatz von technischen Mitteln (Kamera und Tontechnik) zur Aufzeichnung des gesprochenen Wortes und von Bildern in Wohnungen.

Voraussetzungen
- Abwehr einer gegenwärtigen Gefahr für Leib, Leben oder Freiheit einer Person.

Zulässige Maßnahmen
- Aufzeichnen des gesprochenen Wortes in Wohnung (besonderer Schutz aus Art. 13 GG).
- Aufzeichnung von Bildern in Wohnungen.
- Einsatz technischer Mittel außerhalb der Wohnung (z. B. Videoaufzeichnung mit einer Flugdrohne aus der Wohnung).

Adressat
- Störer (§§ 4, 5), Nichtstörer (§ 6) sowie Begleit- und Kontaktpersonen (§ 4 Abs. 4 i. V. m. § 18 Abs. 1) und Daten anderer Personen (§ 4 Abs. 4 i. V. m. § 18 Abs. 1).

Formvorschriften
- Anordnungskompetenz für Bild- und Tontechnik durch eine besondere Kammer beim Landgericht (drei Richter, Abs. 4).
- Bei ausschließlichem Einsatz zur Eigensicherung von Polizeibeamten und sonstigen Informanten obliegt die Anordnung beider Mittel der Behördenleitung (Abs. 5).
- Verbot der ausschließlich automatischen Überwachung (Abs. 1 letzter Satz).
- Besondere Dokumentationspflicht (Abs. 4).
- Weitere Verfahrensvorschriften zum Umgang, insbesondere Kennzeichnungspflicht, Unterrichtungspflicht und Löschungspflicht.
- Kernbereichsschutz gem. § 16 mit Unterbrechungsphasen bei Aufnahmen, besondere Löschungspflichten und Einbeziehung besonderer Berufsgruppen gem. §§ 53, 53a StPO.

- Kennzeichnungspflicht gem. § 22b.
- Benachrichtigungspflicht gem. § 33 mit Ausnahmeregelungen.
- Protokollierungspflicht gem. § 33b.
- Beschränkung der Zweckänderung erhobener Daten (§ 23 Abs. 1 S. 2).
- Verbot der Nutzung der Daten für wissenschaftliche Zwecke gem. § 24a Abs. 1.

Beispiele:
- Gefährder, der einen Anschlag vorbereiten will, wird in seiner Wohnung überwacht.
- Zur Verhinderung einer Entführung werden die in Frage kommenden Personen in einem Wohnmobil überwacht.
- Ein verdeckt ermittelnder Polizeibeamter wird bei der Übergabe des Drogengeldes in einem Hotelzimmer mit Bild- und Tontechnik ausgestattet, um einen Angriff zu verhindern.

§ 19 Datenerhebung durch den Einsatz von Personen, deren Zusammenarbeit mit der Polizei Dritten nicht bekannt ist

(1) Die Polizei kann personenbezogene Daten erheben durch den Einsatz von Personen, deren Zusammenarbeit mit der Polizei Dritten nicht bekannt ist,
1. über die in den §§ 4 und 5 genannten und unter den Voraussetzungen des § 6 über die dort genannten Personen, wenn dies zur Abwehr einer gegenwärtigen Gefahr für Leib, Leben oder Freiheit einer Person erforderlich ist,
2. über Personen, soweit Tatsachen die Annahme rechtfertigen, dass diese Personen Straftaten von erheblicher Bedeutung begehen wollen, sowie über deren Kontakt- oder Begleitpersonen, wenn die Datenerhebung zur vorbeugenden Bekämpfung dieser Straftaten erforderlich ist.

Dabei dürfen auch personenbezogene Daten über andere Personen erhoben werden, soweit dies erforderlich ist, um eine Datenerhebung nach Satz 1 durchführen zu können. § 16a Absatz 1 Satz 3 bis 5 sowie § 17 Absatz 4 gelten entsprechend.

(2) Der Einsatz von Personen, deren Zusammenarbeit mit der Polizei Dritten nicht bekannt ist, darf nur durch die Behördenleiterin oder den Behördenleiter

oder eine von ihnen beauftragte Leitungsperson des höheren Polizeivollzugsdienstes angeordnet werden. § 16a Absatz 2 Satz 2 und 3 gilt entsprechend.
(3) weggefallen

VV zu § 19 *(hier nicht abgedruckt)*

Zweck
- Informationsgewinnung durch den Einsatz von „Vertrauenspersonen" (V-Personen).
- Frühzeitiges Erkennen geplanter Straftaten und schwerer Gefahren, um rechtzeitig polizeiliche Maßnahmen zu treffen.

Voraussetzungen
- Abwehr einer gegenwärtigen Gefahr für Leib, Leben oder Freiheit einer Person.
- Zur Verhinderung von Straftaten von erheblicher Bedeutung, soweit Tatsachen die Annahme dazu rechtfertigen.

Zulässige Maßnahmen
- V-Personen erheben ohne Kenntnis der betroffenen Person Informationen für die Polizei (nicht Hinweisgeber oder sonstige Informanten, sondern gezielt mit speziellen Aufträgen des sogenannten VP-Führers eingesetzte Menschen). Die V-Personen werden im Strafverfahren als Zeugen unter Zusicherung der Geheimhaltung der Identität (Vertraulichkeitszusage) in das Strafverfahren eingebracht.

Adressat
- Störer (§§ 4, 5), Nichtstörer (§ 6), Begleit- und Kontaktpersonen (§ 4 Abs. 4 i. V. m. § 19 Abs. 1, Nr. 2) und andere Personen (§ 4 Abs. 4 i. V. m. § 19 Abs. 1, S. 2).

Formvorschriften
- Anordnung des Einsatzes von Bildtechnik durch Behördenleitung mit Delegationsmöglichkeit an Leitungspersonen (Abs. 2).
- Einsatz eines VP-Führers und weitere Regelungen zur Zuverlässigkeit und zur Zahlung eines Entgeltes, siehe VV zu § 19.

- VP darf keine Straftaten begehen, z. B. Anstiftung der zu überwachenden Person.
- Weitere Verfahrensvorschriften zum Umgang, insbesondere Kennzeichnungspflicht, Unterrichtungspflicht und Löschungspflicht, Hinweise auf §§ 16a, 17; der Hinweis auf § 16a Absatz 2 Satz 2 und 3 ist fehlerhaft, da dort bei § 16a Abs. 2 nur ein Satz vorhanden ist. Es dürfte § 16 gemeint sein.
- Beachtung des Kernbereichsschutzes gem. § 16.
- Benachrichtigungspflicht gem. § 33 Abs. 1.

Beispiele:
- Um Erkenntnis zur einer Hooligan-Szene zu gewinnen, von deren Mitgliedern bereits massive Straftaten begangen wurden, wurde ein Mitglied dafür gewonnen, die Polizei frühzeitig über geplante Straftaten zu informieren.
- Einschleusen einer VP in eine extreme Gruppierung.
- Aufbau einer Freundschaft zu einem potenziellen Gefährder, um Erkenntnisse über sein Verhalten zu gewinnen.

§ 20 Datenerhebung durch den Einsatz Verdeckter Ermittler

(1) Die Polizei kann durch einen Polizeivollzugsbeamten, der unter einer ihm verliehenen, auf Dauer angelegten Legende eingesetzt wird (Verdeckter Ermittler), personenbezogene Daten über die in den §§ 4 und 5 genannten und andere Personen erheben, wenn
1. dies zur Abwehr einer gegenwärtigen Gefahr für Leib, Leben oder Freiheit einer Person erforderlich ist,
2. Tatsachen die Annahme rechtfertigen, dass Straftaten von erheblicher Bedeutung begangen werden sollen, und dies zur vorbeugenden Bekämpfung dieser Straftaten erforderlich ist.

(2) Soweit es für den Aufbau und zur Aufrechterhaltung der Legende unerlässlich ist, dürfen entsprechende Urkunden hergestellt oder verändert werden. Ein Verdeckter Ermittler darf unter der Legende zur Erfüllung seines Auftrages am Rechtsverkehr teilnehmen.

(3) Ein Verdeckter Ermittler darf unter der Legende mit Einverständnis der berechtigten Personen deren Wohnung betreten. Das Einverständnis darf nicht durch ein über die Nutzung der Legende hinausgehendes Vortäuschen eines

Zutrittsrechts herbeigeführt werden. Im Übrigen richten sich die Befugnisse eines Verdeckten Ermittlers nach diesem Gesetz oder anderen Rechtsvorschriften.
(4) Der Einsatz eines Verdeckten Ermittlers darf nur durch die Behördenleiterin oder den Behördenleiter angeordnet werden. § 17 Absatz 4 gilt entsprechend.
(5) weggefallen

VV zu § 20 *(hier nicht abgedruckt)*

Zweck

- Informationsgewinnung durch den Einsatz von verdeckten Ermittlern (Polizeivollzugsbeamte, die mit einer verliehenen Legende eingesetzt werden); Legendenbildung grenzt die Tätigkeit von dem nicht offen ermittelnden Polizeibeamten ab.
- Frühzeitiges Erkennen geplanter Straftaten und schwerer Gefahren, um rechtzeitig polizeiliche Maßnahmen zu treffen.
- Regelung des Verfahrens zur Legendierung und des Betretens von Wohnungen (Abs. 2, 3).

Voraussetzungen

- Abwehr gegenwärtiger Gefahren für Leben, Gesundheit oder Freiheit einer Person.
- Zur Verhinderung von Straftaten von erheblicher Bedeutung, soweit Tatsachen die Annahme dazu rechtfertigen.

Zulässige Maßnahmen

- Einsatz von verdeckten Ermittlern, die ohne Kenntnis der betroffenen Person Informationen für die Polizei feststellen.
- Befugnis zur Legendenbildung (Herstellen/Verändern entsprechender Urkunden, wirksame Teilnahme am Rechtsverkehr).
- Befugnis, unter der Legende die Wohnung mit Einverständnis der berechtigten Person zu betreten.
- Abgrenzung zu §§ 110a bis 110c StPO (Wechsel zwischen Strafverfolgung und Gefahrenabwehr sind möglich, wenn die Tatbestandsvoraussetzungen vorliegen, so dass der zur Gefahrenabwehr begonnene Einsatz zur Strafverfolgung und der auf der

Grundlage der StPO begonnene Einsatz zur Gefahrenabwehr fortgeführt werden können).

Adressat
- Störer (§§ 4, 5), andere Personen (§ 4 Abs. 4 i. V. m. § 20 Abs. 1).

Formvorschriften
- Anordnung des Einsatzes der verdeckten Ermittler durch Behördenleitung (Abs. 4).
- Einsatz eines verdeckten Ermittlers und weitere Regelungen zum Legalitätsprinzip und beim Betreten von Wohnungen, siehe VV zu § 20.
- Verdeckter Ermittler darf keine Straftaten begehen, z. B. Anstiftung der zu überwachenden Person; er hat als Polizeibeamter die ihm obliegenden Pflichten zu beachten (Abs. 3)!
- Löschungsgebot i. S. v. § 17 Abs. 4.
- Beachtung des Kernbereichsschutzes gem. § 16.
- Benachrichtigungspflicht gem. § 33 Abs. 1.
- Virtueller Ermittler im Internet unter kurzzeitiger Legendenbildung, um Informationen zu erlangen, ist kein Fall des § 20. Dafür ist § 8 Abs. 1 Ermächtigungsgrundlage.

Beispiel:
- Ein verdeckter Ermittler wird als Koch getarnt und eingestellt. Er kann in dem Restaurant ermitteln, das einer kriminellen Organisation zugerechnet wird.

§ 20a Abfrage von Telekommunikations- und Telemediendaten

(1) Die Polizei kann soweit erforderlich von jedem, der geschäftsmäßig Telekommunikationsdienste oder Telemediendienste erbringt oder daran mitwirkt (Diensteanbieter), Auskunft verlangen über

1. Bestandsdaten im Sinne der §§ 95, 111 Telekommunikationsgesetz und § 14 Telemediengesetz; die Auskunft darf auch anhand einer zu bestimmten Zeitpunkten zugewiesenen Internetprotokoll-Adresse verlangt werden (§ 113 Absatz 1 Satz 3 Telekommunikationsgesetz*),
2. folgende Verkehrsdaten im Sinne des § 96 Telekommunikationsgesetz:
   a) die Nummer oder Kennung der beteiligten Anschlüsse oder der Endeinrichtungen, personenbezogene Berechtigungskennungen, bei Verwendung von Kundenkarten auch die Kartennummer, bei mobilen Telekommunikationsendgeräten auch die Standortdaten,
   b) den Beginn und das Ende der jeweiligen Verbindung nach Datum und Uhrzeit,
3. folgende Nutzungsdaten im Sinne des § 15 Telemediengesetz:
   a) Merkmale zur Identifikation der Nutzerin oder des Nutzers,
   b) Angaben über den Beginn und das Ende sowie den Umfang der jeweiligen Nutzung nach Datum und Uhrzeit.

Die Maßnahmen nach Satz 1 sind nur zulässig
1. wenn die hohe Wahrscheinlichkeit eines Schadens für Leben, Gesundheit oder Freiheit einer Person besteht oder
2. zur Abwehr einer gemeinen Gefahr

und nur, soweit die Erreichung des Zwecks der Maßnahme auf andere Weise aussichtslos oder wesentlich erschwert wäre. Die Daten sind der Polizei unverzüglich zu übermitteln. Dritten dürfen die Daten nur mit Zustimmung der betroffenen Person zugänglich gemacht werden.

(2) Bei Maßnahmen nach Absatz 1 dürfen personenbezogene Daten Dritter nur erhoben werden, wenn dies aus technischen Gründen unvermeidbar ist. Sämtliche nach Absatz 1 erhobenen personenbezogenen Daten Dritter sind nach Beendigung der Maßnahme unverzüglich zu löschen.

(3) Maßnahmen nach Absatz 1 bedürfen der Anordnung durch die Behördenleiterin oder den Behördenleiter. Der Antrag bedarf der Schriftform. In der schriftlichen Anordnung sind
1. die tragenden Erkenntnisse für das Vorliegen der Gefahr nach Absatz 1 und die Begründung der Verhältnismäßigkeit der Maßnahme,
2. die Art der Maßnahme anzugeben sowie,
   soweit vorhanden,
3. der Name und die Anschrift der Betroffenen, gegen die sich die Maßnahme richtet und

---

* Amtliche Fußnote: In der Fassung des Gesetzentwurfes der Bundesregierung vom 2.11.2012, BR-Drs. 664/12; die Schlussfassung des Klammerzusatzes steht in Abhängigkeit vom Ausgang des Gesetzgebungsverfahrens des Bundes.

4. eine Kennung des Telekommunikationsanschlusses oder Endgerätes.

Abweichend von Satz 1 bis 3 können Antrag und Anordnung bei Gefahr im Verzug fernmündlich erfolgen; die Schriftform ist binnen drei Tagen nachzuholen.

(4) Die in Anspruch genommenen Diensteanbieter werden entsprechend § 23 des Justizvergütungs- und -entschädigungsgesetzes vom 5. Mai 2004 (BGBl. I S. 718, 776), zuletzt geändert durch Artikel 13 des Gesetzes vom 5. Dezember 2012 (BGBl. I S. 2418), entschädigt.

(5) Die Auswirkungen dieser Vorschrift und die praktische Anwendung werden nach einem Erfahrungszeitraum von drei Jahren durch die Landesregierung unter Mitwirkung einer oder eines unabhängigen wissenschaftlichen Sachverständigen geprüft. Die Landesregierung berichtet dem Landtag über das Ergebnis der Evaluierung.

Zweck

- Informationsgewinnung durch Abfragen/Auskunftsersuchen an Diensteanbieter der Telekommunikation.
- Definition der verschiedenen Daten, Abgrenzung zwischen Art. 10 GG (Fernmeldegeheimnis) und RiS.
- Entschädigungsregelungen für erbrachte Leistungen (Abs. 4).
- Evaluierungsregelung (Abs. 5).

Voraussetzungen

- Abwehr einer
  - intensiven Gefahr für Leib, Leben oder Freiheit einer Person (§ 8, Tabelle S. 37)
  - gemeinen Gefahr.

Zulässige Maßnahmen

- Auskunftsersuchen über Bestandsdaten gem.
  - § 95 TKG (Name, Vorname, Geburtsdatum, Adresse, Bankverbindung des Vertragspartners)
  - § 111 TGK (Rufnummer, Anschlusskennungen, Name, Anschrift des Anschlussinhabers, Anschrift Festnetzanschluss, IMEI von Mobiltelefonen, Kennung der SIM-Karte (IMSI) und
  - § 14 TMG (die ähnlichen Bestandsdaten für die Telemedien).

- Auskunftsersuchen über Verkehrsarten gem.
  - § 96 TKG (Nummer/Kennung der beteiligten Anschlüsse/Endeinrichtungen, Kundenkarten, deren Nummern, bei Mobilgeräten auch Standortdaten, Beginn/Ende der jeweiligen Verbindung mit Datum und Uhrzeit) und
  - § 15 TMG (ähnliche Auskünfte, insbesondere Beginn und Ende der jeweiligen Nutzung, sowie Datum und Uhrzeit).

Adressat
- Diensteanbieter (§ 4 Abs. 4 i. V. m. § 20a).
- Störer (§§ 4, 5), Nichtstörer (§ 6) und Daten anderer Personen (§ 4 Abs. 4 i. V. m. § 20a Abs. 2).

Formvorschriften
- Anordnungskompetenz: Behördenleitung (Abs. 3).
- Anordnung: Schriftform mit Mindestangaben (Abs. 3) und Begründung der Verhältnismäßigkeit; bei G.i.V. mündliche Anordnung möglich.
- Löschungsgebot bzgl. Daten Dritter Personen (Abs. 2 S. 2).
- Benachrichtigungspflicht (§ 33 Abs. 1).
- Feste Sätze für Entschädigung bestimmter Auskunftsleistungen (§ 23 JEVG).

Beispiele:
- Bei einer mit Suizidabsicht abgängigen Person werden Bestands- und Verkehrsdaten beim Anbieter erhoben; außerdem wird um Auskunft zum letzten Standort gebeten.
- Bei einem Gefährder, gegen den u. a. auch eine Observation gem. § 16a Abs. 1 geführt wird, soll der genaue Aufenthaltsort (Standortermittlung) ermittelt werden.

§ 20b Einsatz technischer Mittel bei Mobilfunkendgeräten

Die Polizei darf unter den Voraussetzungen des § 20a auch technische Mittel zur Ermittlung des Standortes eines aktiv geschalteten Mobilfunkendgerätes und zur Ermittlung der Geräte- und Kartennummern einsetzen. Die Maßnahme ist nur zulässig, wenn ohne die Ermittlung die Erreichung des Zwecks nach Satz 1 aussichtslos oder wesentlich erschwert wäre. Personenbezogene Daten einer dritten Person dürfen anlässlich solcher Maßnahmen nur erhoben werden, wenn dies aus technischen Gründen zur Erreichung des Zwecks nach Satz 1 unvermeidbar ist. Sie unterliegen einem absoluten Verwendungsverbot und sind nach Beendigung der Maßnahme unverzüglich zu löschen. § 20a Absatz 5 gilt entsprechend.

Zweck
- Standortermittlung zur Gefahrenabwehr.
- Ergänzung des § 20a durch Polizeitechnik (IMSI-Catcher: Gerät erfasst alle Mobiltelefone mit Karten- (IMSI) und IMEI-Nummer in simulierter Funkzelle. Lokalisierung ist deutlich genauer als über die Diensteanbieter möglich (großer Vorteil bei der Suche in unübersichtlichem Gelände).

Voraussetzungen
- Abwehr einer intensiven Gefahr für Leib, Leben oder Freiheit einer Person (vgl. § 8, Tabelle S. 37).
- Abwehr einer gemeinen Gefahr und
- qualifizierter Subsidiaritätsgrundsatz (ohne Ermittlung ist die Erreichung des Zwecks aussichtslos oder wesentlich erschwert).

Adressat
- Störer (§§ 4, 5), Nichtstörer (§ 6) und Daten anderer Personen (§ 4 Abs. 4 i. V. m. §§ 20a, 20b Abs. 2).

Formvorschriften
- Wie § 20a – siehe dort.
- Verwendungsverbot bei Daten Dritter Personen (Satz 4).
- Löschungsgebot bei Daten Dritter (Satz 4).
- Einsatz des IMSI-Catchers zur Strafverfolgung – § 100i StPO.

Beispiel:
- Wie § 20a – siehe dort; zusätzlich wird der IMSI-Catcher eingesetzt, um den Standort genauer zu lokalisieren.

§ 20c Datenerhebung durch die Überwachung der laufenden Telekommunikation

(1) Die Polizei kann ohne Wissen der betroffenen Person die laufende Telekommunikation einer Person überwachen und aufzeichnen,

1. die nach den §§ 4 oder 5 verantwortlich ist, wenn dies zur Abwehr einer gegenwärtigen Gefahr für den Bestand oder die Sicherheit des Bundes oder eines Landes oder für Leib oder Leben einer Person geboten ist,
2. deren individuelles Verhalten die konkrete Wahrscheinlichkeit begründet, dass sie innerhalb eines übersehbaren Zeitraums auf eine zumindest ihrer Art nach konkretisierte Weise eine terroristische Straftat nach § 8 Absatz 4 begehen wird,
3. bei der bestimmte Tatsachen die Annahme rechtfertigen, dass sie für eine Person nach Nummer 1 bestimmte oder von dieser herrührende Mitteilungen entgegennimmt oder weitergibt, oder
4. bei der bestimmte Tatsachen die Annahme rechtfertigen, dass eine Person nach Nummer 1 deren Telekommunikationsanschluss oder Endgerät benutzen wird

und die Abwehr der Gefahr oder Verhütung der Straftaten auf andere Weise aussichtslos oder wesentlich erschwert wäre. Die Maßnahme darf auch durchgeführt werden, wenn andere Personen unvermeidbar betroffen werden.

(2) Die Überwachung und Aufzeichnung der Telekommunikation darf ohne Wissen der betroffenen Person in der Weise erfolgen, dass mit technischen Mitteln in von der betroffenen Person genutzte informationstechnische Systeme eingegriffen wird, wenn

1. durch technische Maßnahmen sichergestellt ist, dass ausschließlich laufende Telekommunikation überwacht und aufgezeichnet wird und
2. der Eingriff in das informationstechnische System notwendig ist, um die Überwachung und Aufzeichnung der Telekommunikation insbesondere auch in unverschlüsselter Form zu ermöglichen.

(3) Bei Maßnahmen nach Absatz 2 ist sicherzustellen, dass

1. an dem informationstechnischen System nur Veränderungen vorgenommen werden, die für die Datenerhebung unerlässlich sind und
2. die vorgenommenen Veränderungen bei Beendigung der Maßnahme, soweit technisch möglich, automatisiert rückgängig gemacht werden.

Das eingesetzte Mittel ist gegen unbefugte Nutzung zu schützen. Kopierte Daten sind gegen Veränderung, unbefugte Löschung und unbefugte Kenntnisnahme zu schützen.

(4) Maßnahmen nach den Absätzen 1 und 2 dürfen nur auf Antrag der Behördenleitung oder deren Vertretung durch das Amtsgericht, in dessen Bezirk die Polizeibehörde ihren Sitz hat, angeordnet werden. Für das Verfahren gelten die Vorschriften des Gesetzes über das Verfahren in Familiensachen und in den Angelegenheiten der freiwilligen Gerichtsbarkeit entsprechend.
(5) Im Antrag sind anzugeben:
1. die Person, gegen die sich die Maßnahme richtet, soweit möglich, mit Name und Anschrift,
2. die Rufnummer oder eine andere Kennung des zu überwachenden Anschlusses oder des Endgeräts, sofern sich nicht aus bestimmten Tatsachen ergibt, dass diese zugleich einem anderen Endgerät zugeordnet ist,
3. Art, Umfang und Dauer der Maßnahme,
4. im Falle des Absatzes 2 auch eine möglichst genaue Bezeichnung des informationstechnischen Systems, in das zur Datenerhebung eingegriffen werden soll, sowie die Bezeichnung des Herstellers und der Softwareversion des einzusetzenden technischen Mittels,
5. der Sachverhalt und
6. eine Begründung.

(6) Die Anordnung des Gerichts ergeht schriftlich. In ihr sind anzugeben:
1. eine Kennung des Kommunikationsanschlusses oder des Endgeräts, bei dem die Datenerhebung durchgeführt wird,
2. im Falle des Absatzes 2 zusätzlich eine möglichst genaue Bezeichnung des informationstechnischen Systems, in das zur Datenerhebung eingegriffen werden soll.

Im Übrigen gilt § 18 Absatz 2 Satz 3 mit Ausnahme der Bezeichnung der betroffenen Wohnung entsprechend. Die Anordnung ist auf höchstens drei Monate zu befristen. Eine Verlängerung um jeweils nicht mehr als drei weitere Monate ist zulässig, soweit die Voraussetzungen der Anordnung unter Berücksichtigung der gewonnenen Erkenntnisse fortbestehen. Liegen die Voraussetzungen der Anordnung nicht mehr vor, sind die aufgrund der Anordnung ergriffenen Maßnahmen unverzüglich zu beenden. § 18 Absatz 2 Satz 5 bis 9 gilt entsprechend.
(7) Aufgrund der Anordnung hat jeder, der Telekommunikationsdienste erbringt oder daran mitwirkt (Diensteanbieter), der Polizei die Maßnahmen nach Absatz 1 zu ermöglichen und die erforderlichen Auskünfte unverzüglich zu erteilen. Ob und in welchem Umfang hierfür Vorkehrungen zu treffen sind, bestimmt sich nach dem Telekommunikationsgesetz und der Verordnung über die technische und organisatorische Umsetzung von Maßnahmen zur Überwachung der Telekommunikation. Für die Entschädigung der Diensteanbieter ist § 23 des Justizvergütungs- und -entschädigungsgesetzes entsprechend anzuwenden.

(8) Liegen tatsächliche Anhaltspunkte für die Annahme vor, dass durch eine Maßnahme nach den Absätzen 1 und 2 allein Erkenntnisse aus dem Kernbereich privater Lebensgestaltung erlangt würden, ist die Maßnahme unzulässig. Soweit im Rahmen von Maßnahmen nach den Absätzen 1 und 2 neben einer automatischen Aufzeichnung eine unmittelbare Kenntnisnahme erfolgt, ist die Maßnahme unverzüglich zu unterbrechen, soweit sich während der Überwachung tatsächliche Anhaltspunkte dafür ergeben, dass Inhalte, die dem Kernbereich privater Lebensgestaltung zuzurechnen sind, erfasst werden. Erkenntnisse aus dem Kernbereich privater Lebensgestaltung, die durch eine Maßnahme nach den Absätzen 1 und 2 erlangt worden sind, dürfen nicht verwertet werden. Aufzeichnungen hierüber sind unverzüglich zu löschen. Die Tatsachen der Erfassung der Daten und der Löschung sind zu dokumentieren. Die Dokumentation darf ausschließlich für Zwecke der Datenschutzkontrolle gemäß § 33 c verwendet werden. Sie ist sechs Monate nach der Benachrichtigung nach § 33 Absatz 2 Satz 1 oder sechs Monate nach Erteilung der gerichtlichen Zustimmung nach § 33 Absatz 4 Satz 7 zu löschen. Ist die Datenschutzkontrolle noch nicht beendet, ist die Dokumentation bis zu ihrem Abschluss aufzubewahren. Im Übrigen gilt § 18 Absatz 3 Satz 3 und Absatz 4 Satz 2 bis 7 entsprechend.

(9) Bei der Erhebung von Daten nach den Absätzen 1 und 2 sind die in § 33b Absatz 1 und 2 genannten Angaben zu protokollieren. Im Falle des Absatzes 2 sind darüber hinaus folgende Angaben zu protokollieren:

1. Angaben zur Identifizierung des informationstechnischen Systems und die daran vorgenommenen, nicht nur flüchtigen Veränderungen,
2. Angaben zum Hersteller des zur Datenerhebung eingesetzten Mittels und zur eingesetzten Softwareversion.

(10) weggefallen*

(11) weggefallen

(12) Die Landesregierung überprüft die Wirksamkeit der Vorschrift bis zum 31. Dezember 2022 und berichtet dem Landtag über das Ergebnis der Evaluierung. § 20c tritt am 31. Dezember 2023 außer Kraft.

Zweck

- Informationsgewinnung durch Überwachung der Telekommunikation ohne Wissen der Betroffenen durch technische Mittel.
- Informationsgewinnung durch Abfragen/Auskunftsersuchen uber laufende Telekommunikation an Provider.
- Unterstützungspflicht gegenüber der Polizei (Abs. 7).

* Absatz 10 redaktionell ergänzt.

- Rechtsstaatliche Gestaltung der schwerwiegenden Eingriffe unter Berücksichtigung der Rechtsprechung des BVerfG.
- Evaluierungsregelung (Abs. 12).

Voraussetzungen
- (Nr. 1) Abwehr einer gegenwärtigen Gefahr für den Bestand oder die Sicherheit des Bundes oder eines Landes oder für Leib oder Leben einer Person o d e r
- (Nr. 3) Tatsachen rechtfertigen die Annahme, dass sie für eine betroffene Person (Nr. 1) bestimmte oder von dieser herrührende Mitteilungen entgegennimmt oder weitergibt o d e r
- (Nr. 2) individuelles Verhalten einer Person begründet die konkrete Wahrscheinlichkeit, dass sie innerhalb eines übersehbaren Zeitraums auf eine ihrer Art nach konkretisierte Weise eine terroristische Straftat (§ 8 Abs. 4) begehen wird.
- (Nr. 4) Bestimmte Tatsachen rechtfertigen die Annahme, dass eine betroffene Person (Nr. 1) deren Telekommunikationsanschluss oder Endgerät benutzen wird u n d
- qualifizierter Subsidiaritätsgrundsatz (die Abwehr der Gefahr/ Verhütung der Straftat ist auf andere Weise aussichtslos oder wesentlich erschwert), Überwachung ist das einzige Mittel.

Zulässige Maßnahmen
- Überwachung der Telekommunikation durch Einsatz von Polizeitechnik für Echtzeitübertragungen.
- Überwachung der Telekommunikation über den Diensteanbieter durch Übersendung von aufgezeichneten Gesprächs- und Verkehrsdaten (nachträgliche Auswertung).
- Einsatz spezieller Software, um unverschlüsselt Gespräche aufzuzeichnen, die über Computer laufen (Quellen-Telefonüberwachung): keine Telefonüberwachung, sondern heimlicher, digitaler Zugriff auf das IT-System, um vor Verschlüsselung laufende Kommunikation zu überwachen/aufzuzeichnen.
- Mitwirkungs- und Unterstützungspflicht der Diensteanbieter durch Aufzeichnung der Gespräche und der weiteren Daten oder durch sonstige Unterstützungshandlungen.

Adressat

- Störer (§§ 4, 5), Nichtstörer (§ 6) und Daten anderer Personen (§ 4 Abs. 4 i. V. m. § 20c Abs. 1).
- Diensteanbieter (§ 4 Abs. 4 i. V. m. § 20c Abs. 7).

Formvorschriften

- Anordnung durch das zuständige Amtsgericht auf Vorlage des Antrags durch die Behördenleitung oder Vertretung (Abs. 4) mit zahlreichen Einzelangaben zum Antrag (Abs. 5).
- Formvorschriften für die gerichtliche Anordnung (Abs. 6).
- Weitere Formvorschriften insbesondere zum Schutz des Kernbereichs (§ 16), Unterbrechungspflichten, Löschungs- und Protokollpflichten (Abs. 8).
- Veränderungsverbot bei Eingriffen in die Integrität der Technik mit Ausnahmeregelung Einrichten eines Kopierschutzes sowie Verhinderung der unbefugten Nutzung und (Abs. 3).
- Benachrichtigungspflicht (§ 33 Abs. 1).
- Protokollpflicht i. S. v. § 33b Abs. 1, 2, auch über den Hersteller des technischen Mittels und der Software (Abs. 9).
- Funkzellenauswertung (Auswerten sämtlicher Verkehrsdaten einer Funkzelle, um Tatortbeziehungen zu erkennen: Wer hat mit wem zur Tatzeit in Tatortnähe/im Funkzellenbereich kommuniziert); nur zur Strafverfolgung: § 100g Abs. 3 StPO), § 20c rechtfertigt eine solche Maßnahme nicht.
- Online-Durchsuchung (vgl. § 100b StPO) ist gem. § 20c nicht erlaubt. Einsatz von „Spähsoftware"/„Trojaner" ist nur zulässig, soweit die Telefonüberwachung gewährleistet wird. § 20c Abs. 2 ist eindeutig. Durch eingesetzte Software ist ein Onlinezugriff auf Endgeräte zum Auswerten/Sichern nicht möglich, insbesondere kein Zugriff auf informationstechnische Geräte (z. B. Kamera, Mikrofon, Tastatur – LT-Drucks. 17/3865 v. 10.10. 2018, § 20c, S. 12).

Beispiele:

- Bezüglich einer Person bestehen konkrete Anhaltspunkte für einen Terroranschlag, verschiedene Überwachungsmaßnahmen

gem. §§ 16a, 17, 18 und auch die Telefonüberwachung gem. § 20c werden durchgeführt, um weitere Erkenntnisse zur Verhinderung dieser Tat zu gewinnen.
- Mittels Software wird auf verschlüsselte Messengerdienste (WhatsApp) in einem Smartphone zugegriffen, um Gesprächsinhalte zur Gefahrenabwehr zu erheben.

§ 21 Polizeiliche Beobachtung

(1) Die Polizei kann personenbezogene Daten, insbesondere die Personalien einer Person sowie Kennzeichen des von ihr benutzten oder eingesetzten Kraftfahrzeuges, zur Polizeilichen Beobachtung in einer Datei speichern (Ausschreibung zur Polizeilichen Beobachtung), wenn
1. die Gesamtwürdigung der Person und der von ihr bisher begangenen Straftaten erwarten lässt, dass sie auch künftig Straftaten von erheblicher Bedeutung begehen wird,
2. Tatsachen die Annahme rechtfertigen, dass die Person Straftaten von erheblicher Bedeutung begehen wird,

und dies zur vorbeugenden Bekämpfung dieser Straftaten erforderlich ist.
(2) Im Falle eines Antreffens der Person oder des von ihr benutzten oder eingesetzten Kraftfahrzeuges können Erkenntnisse über das Antreffen sowie über Kontakt- und Begleitpersonen und mitgeführte Sachen an die ausschreibende Polizeibehörde übermittelt werden.
(3) Die Ausschreibung zur Polizeilichen Beobachtung darf nur durch den Richter angeordnet werden. Zuständig ist das Amtsgericht, in dessen Bezirk die Polizeibehörde ihren Sitz hat. Für das Verfahren gelten die Vorschriften des Gesetzes über das Verfahren in Familiensachen und in den Angelegenheiten der freiwilligen Gerichtsbarkeit entsprechend. Die Anordnung ist auf höchstens ein Jahr zu befristen. Eine Verlängerung um nicht mehr als jeweils ein Jahr ist zulässig, soweit die Voraussetzungen des Absatzes 1 weiterhin vorliegen. Spätestens nach Ablauf von jeweils sechs Monaten ist von der ausschreibenden Polizeibehörde zu prüfen, ob die Voraussetzungen für die Anordnung noch bestehen. Das Ergebnis dieser Prüfung ist aktenkundig zu machen.
(4) weggefallen

VV zu § 21 *(hier nicht abgedruckt)*

Zweck
- Erstellen eines konkreten Lagebildes über Personen, um frühzeitig Maßnahmen zur Verhinderung von Straftaten einzuleiten.
- Bündelung verschiedener Datenverarbeitungsprozesse (Datenerhebung, Datenspeicherung, Datenabgleich, Datenübermittlung) in der Beobachtenden Fahndung.

Voraussetzungen
- (Nr. 1) die Gesamtwürdigung der Person und der von ihr bisher begangenen Straftaten lässt erwarten, dass sie auch künftig Straftaten von erheblicher Bedeutung begehen wird, o d e r
- (Nr. 2) Tatsachen rechtfertigen die Annahme, dass die Person Straftaten von erheblicher Bedeutung begehen wird und
- Maßnahme ist zur vorbeugenden Bekämpfung dieser Straftaten erforderlich.

Zulässige Maßnahmen
- Ständiges Vorhalten bestimmter Daten (Ausschreibung in polizeilichen Systemen = Datenspeicherung) und Aktualisierung der Informationen zur Bildung eines Lagebildes.
- Mehrstufiges Maßnahmensystem:
  - Ausschreibung der Person gem. § 21
  - Kontrolle im Falle des Antreffens z. B. gem. § 12 oder gem. § 163b StPO
  - Datenabgleich gem. § 25, ob eine Beobachtung vorliegt – Erfassung der Daten bei Vorliegen einer Beobachtung (Datenspeicherung gem. § 22)
  - Übermittlung der Daten an die speichernde Stelle (§ 27) und Aktualisierung der Daten der Beobachtung (§ 22).

Adressat
- Störer gem. § 4 Abs. 4 i. V. m. § 21.
- Kontakt- und Begleitpersonen (§ 4 Abs. 4 i. V. m. § 21).

Formvorschriften
- Anordnung durch das zuständige Amtsgericht (Abs. 3).
- Befristung; maximal ein Jahr, Verlängerungsoption um ein Jahr.
- Prüfungspflicht nach sechs Monaten (Vorliegen der Voraussetzungen); Dokumentation der Prüfung (Abs. 3 Satz 7).
- Erhebung von Daten der Kontakt- und Begleitpersonen richtet sich nicht nach § 21 (vgl. §§ 9, 12 PolG, § 163b StPO).
- Abgrenzung zur Observation (§ 16a): Gezielte Informationsgewinnung, während § 21 auf Zufälle abstellt (z. B. Anhalten zur Verkehrskontrolle – § 36 Abs. 5 StVO).
- Ausschreibung zur Strafverfolgung – § 163e StPO.

Beispiel:
- Intensivtäter und Gefährder werden zur Beobachtung ausgeschrieben.

§ 22 Datenspeicherung, Prüfungstermine

(1) Die Polizei kann rechtmäßig erlangte personenbezogene Daten in Akten und Dateisystemen speichern, soweit dies zur Erfüllung ihrer Aufgaben, zu einer zeitlich befristeten Dokumentation oder zur Vorgangsverwaltung erforderlich ist.
(2) Die Dauer der Speicherung ist auf das erforderliche Maß zu beschränken. Für automatisierte Dateisysteme sind Termine festzulegen, zu denen spätestens überprüft werden muss, ob die suchfähige Speicherung von Daten weiterhin erforderlich ist (Prüfungstermine). Für nichtautomatisierte Dateisysteme und Akten sind Prüfungstermine oder Aufbewahrungsfristen festzulegen. Dabei sind der Speicherungszweck sowie Art und Bedeutung des Anlasses der Speicherung zu berücksichtigen. Die festzulegenden Prüfungstermine dürfen bei Erwachsenen zehn Jahre und bei Jugendlichen fünf Jahre nicht überschreiten. Die Frist beginnt regelmäßig mit dem Ende des Jahres, in dem das letzte Ereignis erfasst worden ist, das zur Speicherung der Daten geführt hat, jedoch nicht vor Entlassung des Betroffenen aus einer Justizvollzugsanstalt oder der Beendigung einer mit Freiheitsentziehung verbundenen Maßregel der Besserung und Sicherung. Werden innerhalb der in Satz 2 und 3 genannten Frist weitere personenbezogene Daten über dieselbe Person gespeichert, so gilt für alle Speicherungen gemeinsam der Prüftermin, der als letzter eintritt, oder die Aufbewahrungsfrist, die als letzte endet. Die Beachtung der Prüfungstermine und Aufbewahrungs-

fristen ist durch geeignete technische und organisatorische Maßnahmen zu gewährleisten.

(3) Wird die betroffene Person rechtskräftig freigesprochen, die Eröffnung des Hauptverfahrens gegen sie unanfechtbar abgelehnt oder das Verfahren nicht nur vorläufig eingestellt, so ist die Speicherung unzulässig, wenn sich aus Gründen der Entscheidung ergibt, dass die betroffene Person die Tat nicht oder nicht rechtswidrig begangen hat. Sollte eine Speicherung wegen eines Restverdachts einer Straftat weiterhin zulässig sein, ist dessen Gewicht und der Grad des Verdachts zu dokumentieren.

(4) Prüfungstermine oder Aufbewahrungsfristen für die in Dateisystemen oder Akten suchfähig gespeicherten personenbezogenen Daten von Kindern dürfen zwei Jahre nicht überschreiten. Die Frist beginnt mit dem Tag der ersten Speicherung.

(5) Über Kontakt- oder Begleitpersonen einer Person, bei der Tatsachen die Annahme rechtfertigen, dass sie künftig Straftaten begehen wird, sowie über Auskunftspersonen kann die Polizei personenbezogene Daten suchfähig in Dateien speichern, verändern und nutzen, soweit dies zur vorbeugenden Bekämpfung von Straftaten von erheblicher Bedeutung erforderlich ist. Die festzulegenden Prüftermine bei der Speicherung von Kontakt- und Begleitpersonen dürfen die Dauer eines Jahres nicht überschreiten. Die Verlängerung für jeweils ein weiteres Jahr ist zulässig, soweit die Voraussetzungen des Satzes 1 weiterhin vorliegen, jedoch darf die Speicherungsdauer insgesamt drei Jahre nicht überschreiten. Die Entscheidung über die jeweilige Verlängerung trifft die Behördenleiterin oder der Behördenleiter oder ein von ihr oder ihm beauftragter Beamter.

(6) Werden wertende Angaben über eine Person in Dateien gespeichert, muss feststellbar sein, bei welcher Stelle die den Angaben zugrunde liegenden Informationen vorhanden sind. Wertende Angaben dürfen nicht allein auf Informationen gestützt werden, die unmittelbar durch automatisierte Datenverarbeitung gewonnen wurden.

VV zu § 22 *(hier nicht abgedruckt)*

Zweck

- Generalklausel der Datenspeicherung zur Gefahrenabwehr (§ 22 Abs. 1).
- Begrenzung der Speicherungsdauer, Regelung des Verfahrens und Festlegung von Prüfungsterminen (§ 22 Abs. 2–6).

Voraussetzungen

- Rechtmäßigkeit der Datenerhebung (rechtmäßig erlangte Daten).
- Sachlicher Grund:
  - Aufgabenerfüllung (§ 1 Abs. 1– 4)
  - Dokumentation (zeitlich befristet)
  - Vorgangsverwaltung.
- Erforderlichkeit (ohne die Datenspeicherung kann der Zweck nicht oder nicht zeit- oder sachgerecht erfüllt werden).

Maßnahmen

- Speicherung der Daten (fixieren) in Dateien (Systemen) oder in Akten (Papierform- Vordrucke, auch Notizbücher).
- Bereithalten der Daten für eine gewisse Zeit.

Adressat

- Grundmaßnahme (Datenerhebung – § 4 Abs. 4).

Formvorschriften

- Beschränkung auf das erforderliche Maß (§ 22 Abs. 2 S. 1).
- Festlegung von Prüfungsterminen und Aufbewahrungsfristen – technisch-organisatorische Maßnahmen (§ 22 Abs. 2).
- Sonderregelungen für bestimmte Einzelfälle (§ 22 Abs. 3–5).
- Zuordnung der Verantwortlichkeit für wertende Angaben (§ 22 Abs. 6).
- Daten besonderer Kategorien (§ 22a) dürfen nur unter gesteigerten Anforderungen verarbeitet werden.
- Kennzeichnungspflicht der Daten (§ 22b) über Herkunft, verfolgter Zweck und weitere Einzelheiten.
- Zweckänderung der Daten (§ 23 Abs. 2).
- Weiterverarbeitung zu wissenschaftlichen Zwecken (§ 24a).

Übermaßverbot

- Geeignetheit, Erforderlichkeit, Verhältnismäßigkeit.

Rechtsprechung/Besonderheiten
- Grundlegende Änderungen im Bereich der Datenverarbeitung aufgrund der europarechtlichen Vorgaben des neuen Datenschutzregimes der „Datenschutz-Grundverordnung" (DSGVO) und der Rechtsprechung des BVerfG zum BKA-Gesetz (NJW 2016, 1781 ff.), siehe auch LT-Drucks. 17/2576 v. 09.05.2018.
- Für Daten besonderer Kategorien (§ 36 Nr. 18 LDG NRW) gilt der gesteigerte Grundsatz der unbedingten Erforderlichkeit. Die Verarbeitung besonderer Kategorien von Daten muss gem. § 22a unbedingt erforderlich sein. Das ist anzunehmen, wenn keine zumutbaren Alternativen zur Verfügung stehen, um das angestrebte Ziel zu erreichen und wenn die Aufgabenerfüllung auf andere Weise nicht oder nur unter erheblichen Schwierigkeiten möglich ist.
- Unfallaufnahme ist Fall nach § 483 Abs. 1 StPO (Strafverfolgung) – Zweckänderung der Daten für das Ausfüllen der Unfallmitteilungen als Aufgabe gem. § 1 Abs. 2.

Beispiele:
- Fertigung eines Berichts an das Jugendamt (ggf. elektronisch).
- Eintragung der Daten eines Gefährders ins Notizbuch.
- Erstellen eines Beobachtungs- und Feststellungsberichts.

§ 22a Verarbeitung besonderer Kategorien personenbezogener Daten

(1) Die Verarbeitung von Daten im Sinne des § 36 Nummer 18 des Datenschutzgesetzes Nordrhein-Westfalen ist nur zulässig, wenn dies zur polizeilichen Aufgabenerfüllung gemäß dieses Gesetzes oder einer anderen Rechtsvorschrift unbedingt erforderlich ist.
(2) Die an Verarbeitungsvorgängen im Sinne des Absatzes 1 Beteiligten sind für die besondere Schutzwürdigkeit dieser Daten zu sensibilisieren. Der Zugang zu den personenbezogenen Daten ist zu beschränken. Das gilt auch für Auftragsverarbeiter im Sinne des § 36 Nummer 10 des Datenschutzgesetzes Nordrhein-Westfalen. Durch geeignete technische und organisatorische Maßnahmen ist sicherzustellen, dass nachträglich überprüft werden kann, ob und von wem per-

sonenbezogene Daten im Sinne des Absatzes 1 eingegeben, verändert oder entfernt worden sind.

Zweck

– Besondere Formvorschrift für den polizeilichen Umgang mit personenbezogenen Daten.

Rechtsprechung/Besonderheiten

– Es handelt sich hierbei um folgende Daten:
  – Daten, aus denen die rassische oder ethnische Herkunft, politische Meinungen, religiöse oder weltanschauliche Überzeugung oder die Gewerkschaftszugehörigkeit hervorgehen
  – genetische Daten
  – biometrische Daten zur eindeutigen Identifizierung einer natürlichen Person
  – Gesundheitsdaten und
  – Daten zum Sexualleben oder zur sexuellen Orientierung.
– Siehe auch § 22.

§ 22b Kennzeichnung in polizeilichen Dateisystemen

(1) Bei der Speicherung in polizeilichen Dateisystemen sind personenbezogene Daten wie folgt zu kennzeichnen:

1. Angabe des Mittels der Erhebung der Daten einschließlich der Angabe, ob die Daten offen oder verdeckt erhoben wurden,
2. Angabe der Kategorie betroffener Personen im Sinne des § 42 des Datenschutzgesetzes Nordrhein-Westfalen, zu denen die zur Identifizierung dienenden Daten angelegt wurden,
3. Angabe der
   a) Rechtsgüter, deren Schutz die Erhebung dient oder
   b) Straftaten, deren Verhütung oder vorbeugende Bekämpfung die Erhebung dient,
4. Angabe der Stelle, die sie erhoben hat.

Die Kennzeichnung nach Satz 1 soll auch durch die Angabe der Rechtsgrundlage der Datenerhebung ergänzt werden.

(2) Personenbezogene Daten, die nicht entsprechend den Anforderungen des Absatzes 1 gekennzeichnet sind, dürfen solange nicht weiterverarbeitet oder

übermittelt werden, bis eine Kennzeichnung entsprechend den Anforderungen des Absatzes 1 erfolgt ist.

(3) Nach einer Übermittlung an eine andere Stelle ist die Kennzeichnung durch diese Stelle aufrechtzuerhalten.

(4) Abweichend von Absatz 2 und 3 ist eine Weiterverarbeitung oder Übermittlung personenbezogener Daten auch ohne eine Kennzeichnung zulässig nach den Bestimmungen des für die Daten am 23. Mai 2018 jeweils geltenden Verfahrensverzeichnisses gemäß § 8 des Datenschutzgesetzes Nordrhein-Westfalen in der Fassung der Bekanntmachung vom 9. Juni 2000 (GV. NRW. S. 542), das zuletzt durch Artikel 2 des Gesetzes vom 6. Dezember 2016 (GV. NRW. S. 1052) geändert worden ist, in der bis zum 24. Mai 2018 geltenden Fassung.

Zweck

- Kennzeichnungspflicht bei Speicherung in polizeilichen Datensystemen zur Stärkung des Grundrechtsschutzes.
- Gesetzliche Anpassung an die Bundesregelung für die Verbundteilnehmer an dem polizeilichen Informationsverbund beim BKA (Schaffung gleicher Standards).
- Ausnahmeregelung von der Kennzeichnungspflicht (Abs. 4).

Rechtsprechung/Besonderheiten

- Einzelheiten siehe LT-Drucks 17/2576 v. 09.05.2018, S. 69 Nr. 19.
- Umsetzung durch die Fachdienststellen, was mit einem erheblichen Arbeitsaufwand verbunden ist.

§ 23 Weiterverarbeitung von personenbezogenen Daten, Zweckbindung, Zweckänderung

(1) Die Polizeibehörde kann personenbezogene Daten, die sie selbst erhoben hat, weiterverarbeiten

1. zur Erfüllung derselben Aufgabe und
2. zum Schutz derselben Rechtsgüter oder sonstigen Rechte oder zur Verhütung oder vorbeugenden Bekämpfung derselben Straftaten.

Satz 1 gilt entsprechend für personenbezogene Daten, denen keine Erhebung vorausgegangen ist, mit der Maßgabe, dass für die Weiterverarbeitung der Zweck der Verarbeitung zu berücksichtigen ist. Für die Weiterverarbeitung von personenbezogenen Daten, die aus Maßnahmen nach § 18 erlangt wurden, muss im Einzelfall eine Gefahr im Sinne des § 18 Absatz 1 vorliegen.

(2) Die Polizeibehörde kann zur Erfüllung ihrer Aufgaben personenbezogene Daten zu anderen Zwecken als denjenigen, zu denen sie erhoben worden sind, weiterverarbeiten, wenn

1. mindestens
   a) vergleichbar schwerwiegende Straftaten verhütet oder vorbeugend bekämpft oder
   b) vergleichbar bedeutsame Rechtsgüter oder sonstige Rechte geschützt werden sollen und
2. sich im Einzelfall Anhaltspunkte
   a) zur Verhütung oder vorbeugenden Bekämpfung solcher Straftaten ergeben oder
   b) zur Abwehr einer innerhalb eines absehbaren Zeitraums drohenden Gefahr für mindestens vergleichbar bedeutsame Rechtsgüter oder sonstige Rechte erkennen lassen.

Satz 1 gilt entsprechend für personenbezogene Daten, denen keine Erhebung vorausgegangen ist, mit der Maßgabe, dass für die Weiterverarbeitung der Zweck der Verarbeitung zu berücksichtigen ist. Die §§ 24 und 24a bleiben unberührt. Personenbezogene Daten, die rechtmäßig zu den in § 11 genannten Zwecken erhoben wurden, dürfen nicht zu anderen Zwecken genutzt werden. Für die Weiterverarbeitung von Daten, die aus Maßnahmen nach § 18 erlangt wurden, gilt Absatz 2 Satz 1 Nummer 2 mit der Maßgabe entsprechend, dass im Einzelfall eine Gefahr im Sinne des § 18 Absatz 1 vorliegen muss.

(3) Abweichend von Absatz 2 können die vorhandenen, zur Identifizierung dienenden Daten einer Person, insbesondere Name, Geschlecht, Geburtsdatum, Geburtsort, derzeitige und frühere Staatsangehörigkeit, Anschrift (Grunddaten), auch weiterverarbeitet werden, um diese Person zu identifizieren. Die §§ 24 und 24a bleiben unberührt.

(4) Abweichend von Absatz 2 können rechtmäßig erhobene personenbezogene Daten allein zum Zwecke der Vorgangsverwaltung oder zu einer zeitlich befristeten Dokumentation weiterverarbeitet werden.

(5) Bei der Weiterverarbeitung von personenbezogenen Daten stellt die Polizei durch technische und organisatorische Vorkehrungen sicher, dass die Absätze 1 bis 4 beachtet werden.

(6) Die Absätze 2 bis 5 gelten auch für die Weiterverarbeitung der im Rahmen der Verfolgung von Straftaten gewonnenen personenbezogenen Daten zum Zwecke der Gefahrenabwehr im Sinne des § 1 Absatz 1. Eine suchfähige Spei-

cherung dieser Daten in Dateisystemen und Akten ist nur über Personen zulässig, gegen die ein strafrechtliches Ermittlungsverfahren eingeleitet worden ist.

VV zu § 23 *(hier nicht abgedruckt)*

Zweck

- Umgang mit den Daten nach der Speicherung.
- Detaillierte Regelung zu den Grundsätzen der:
  - Zweckbindung (Daten der Gefahrenabwehr sind grundsätzlich nur zur Gefahrenabwehr zu verwenden ([Abs. 1])
  - Zweckänderung (Daten der Gefahrenabwehr werden für andere Zwecke verwendet ([Abs. 2]).
- Mit § 23 Abs. 2 wird der Grundsatz der hypothetischen Datenneuerhebung eingeführt. Danach richten sich die Anforderungen an die Weiterverarbeitung zu anderen Zwecken als dem Erhebungszweck nach den Grundsätzen der Zweckbindung und -änderung. Die Reichweite der Zweckbindung richtet sich nach der jeweiligen Ermächtigung für die Datenerhebung. Die Verhältnismäßigkeit für eine Zweckänderung hat sich an der hypothetischen Datenneuerhebung zu orientieren, also das Gewicht der Zweckänderung am Gewicht der jeweiligen Neuerhebung der Daten. Informationen, die durch besonders eingriffsintensive Maßnahmen erlangt wurden, dürfen auch nur zu besonders gewichtigen Zwecken (z. B. verdeckte Maßnahmen gem. §§ 17, 18) benutzt werden. Die neue Nutzung der Daten muss dem Schutz von Rechtsgütern eines solchen Gewichts dienen, die verfassungsrechtlich ihre Neuerhebung mit vergleichbar schwerwiegenden Mitteln rechtfertigen können (amtliche Begründung, vgl. LT-Drucks. 17/2576 v. 09.05.2018).
- Erfasst werden Daten, die die Polizei selbst erhoben hat (Abs. 1 S. 1) und die der Polizei über Dritte (Privatpersonen, öffentliche Stellen) übermittelt wurden (Abs. 1 S. 2); Achtung: Es gelten Einschränkungen.
- Grunddaten, die die Polizei ständig benötigt, werden von dem Grundsatz der Zweckbindung und den Kriterien der Zweckänderung nicht erfasst (Abs. 3). Der Umgang ist somit erleichtert

worden. Zweifeln an der Richtigkeit der Identität einer Person oder einem möglichen „Identitätswechsel“ soll mit Speicherungen in den Datensystemen wirksam begegnet werden können. Hierbei handelt es sich um folgende Daten: Familien-, Vor-, Geburtsnamen, Geschlecht, Geburtsdatum/-ort einschließlich Geburtsstaat, Wohnanschrift, aktuelle und ggf. frühere Staatsangehörigkeit (vgl. LT-Drucks. 17/2576 v. 09.05.2018, S. 70).
- Besondere Regelungen für Fachdienststellen (Abs. 4–6).
- Abs. 6 ist nach dem „Doppeltürenprinzip“ (Zweckänderungen erfordern jeweils eine gesetzliche Regelung für den „Ausgang der Daten aus dem Bereich der Strafverfolgung“ (§ 481 Abs. 1 StPO) und den Eingang der Daten in den Bereich der Gefahrenabwehr (§ 23 Abs. 6) oder umgekehrt die Eingangstür für die Zweckänderung von Strafverfolgung zur Nutzung für die Gefahrenabwehr.

Rechtsprechung/Besonderheiten
- BVerfG, Beschl. v. 7.12.2011, NJW 2012, 907 ff.
- BVerfG, Urt. v. 20.4.2016, NJW 2016, 1781 ff., zu den Grundsätzen der Zweckbindung/-änderung bei der Weiterverwendung von Daten, die durch verdeckte Maßnahmen erlangt wurden.

Beispiele:
- Weitergabe der Personaldaten aus dem Verkehrsstrafverfahren an die Beteiligten und Opfer mit Verkehrsunfallmitteilungen zum Schutz privater Rechte gem. § 1 Abs. 2.
- Information der Straßenverkehrsbehörde über eine mögliche charakterliche Ungeeignetheit für das Führen von Kfz gem. § 2 Abs. 12 StVG.
- Weitergabe von Daten an andere Polizeibehörden oder öffentliche Stellen (Behörden und Organisationen mit Sicherheitsaufgaben: z. B. Ordnungs-/Jugend-/Ausländerbehörden, Schulen).

§ 24 Weiterverarbeitung zu besonderen Zwecken

(1) Die Polizei kann Anrufe über Notrufeinrichtungen auf Tonträger aufzeichnen. Eine Aufzeichnung von Anrufen im Übrigen ist nur zulässig, soweit die Aufzeichnung zur polizeilichen Aufgabenerfüllung erforderlich ist. Die Aufzeichnungen sind spätestens nach einem Monat zu löschen, es sei denn, sie werden zur Verfolgung von Straftaten benötigt oder Tatsachen rechtfertigen die Annahme, dass die anrufende Person Straftaten begehen wird, und die Aufbewahrung ist zur vorbeugenden Bekämpfung von Straftaten erforderlich. Die Verarbeitung von besonderen Kategorien personenbezogener Daten richtet sich nach § 22a.
(2) Die Polizei kann gespeicherte personenbezogene Daten zu polizeilichen statistischen Zwecken nutzen; die Daten sind zum frühestmöglichen Zeitpunkt zu anonymisieren.
(3) Die Polizei kann personenbezogene Daten zur polizeilichen Aus- und Fortbildung nutzen. Die personenbezogenen Daten sind zu anonymisieren. Einer Anonymisierung bedarf es nicht, wenn diese dem Aus- und Fortbildungszweck entgegensteht und die berechtigten Interessen der betroffenen Person an der Geheimhaltung der Daten nicht offensichtlich überwiegen.

VV zu § 24 *(hier nicht abgedruckt)*

Zweck

- Befugnis, Polizeinotrufe oder andere Anrufe aufzuzeichnen und auszuwerten, um diese Daten für die Strafverfolgung oder Verhinderung von Straftaten zu nutzen (Abs. 1).
- Festlegung für den weiteren Umgang mit Daten für polizei-statistische, Aus-/Fortbildungs- und sonstige wissenschaftliche Zwecke (§ 24a) mit frühzeitiger Verpflichtung zur Anonymisierung (Abs. 2). Es gibt Ausnahmeregelungen.

Voraussetzungen

- Notrufeinrichtung (110-Leitungen) generell, andere Telefonanschlüsse, z. B. Polizei-/Kriminalwachen, im konkreten Einzelfall.
- Zur Aufgabenerfüllung erforderlich.

Maßnahmen
- Speichern der Anrufe für eine befristete Zeit.
- Auswertung der Anrufe zur Einordnung, ob Löschung oder Weiterverwendung.
- Zweckänderung der gespeicherten Daten für Verfolgung oder Verhütung von Straftaten.

Adressat
- Betroffene Person, die den Notruf tätigt.

Formvorschriften
- §§ 22 ff. gelten entsprechend.
- Zeitnahe Löschung, wenn Daten nicht mehr benötigt werden.

Ermessen
- Entschließungsermessen ist eingeschränkt, um den Zweck der Einrichtung/Norm nicht zu gefährden.

Rechtsprechung/Besonderheiten
- Einstufung der Anrufe (Abs. 1) durch den Gesetzgeber als mögliches Beweismittel oder als sonstige Erkenntnisse, die vorübergehend gesichert werden müssen – deswegen keine weiteren Beschränkungen.

Beispiele:
- Echtmaterial darf für Aus- und Fortbildung genutzt und diese damit verbessert werden.
- Statische Auswertung für alle polizeilichen Belange, insbesondere auch zur Steuerung von Personal und Sachmitteln.

§ 24a Weiterverarbeitung zu wissenschaftlichen Zwecken

(1) Abweichend von den §§ 17 und 40 des Datenschutzgesetzes Nordrhein-Westfalen ist eine Weiterverarbeitung oder Übermittlung von personenbezogenen Daten, die aus Maßnahmen nach § 18 erlangt wurden, ausgeschlossen.

Dies gilt nicht, soweit die Weiterverarbeitung für die polizeiliche Eigenforschung und Evaluierung unerlässlich ist.
(2) Personenbezogene Daten dürfen nur an Amtsträger, für den öffentlichen Dienst besonders Verpflichtete oder Personen, die zur Geheimhaltung verpflichtet worden sind, übermittelt werden.
(3) Durch geeignete technische und organisatorische Maßnahmen hat die wissenschaftliche Forschung betreibende Stelle zu gewährleisten, dass die Daten gegen unbefugte Kenntnisnahme geschützt sind.

Zweck

- Regeln des Umgangs mit Daten für wissenschaftliche Zwecke.
- Ausschluss von Daten (§ 18) mit der Ausnahme der polizeilichen Eigenforschung und Evaluierung.
- Generell restriktive Regelung.

Beispiel:

- Erforschung der Wirkung der Bodycam und der Distanzelektroimpulsgeräte in der Polizeipraxis.

§ 25 Datenabgleich

(1) Die Polizei kann personenbezogene Daten der in den §§ 4 und 5 genannten Personen mit dem Inhalt polizeilicher Dateien abgleichen. Personenbezogene Daten anderer Personen kann die Polizei nur abgleichen, wenn Tatsachen die Annahme rechtfertigen, dass dies zur Erfüllung einer bestimmten polizeilichen Aufgabe erforderlich ist. Die Polizei kann ferner rechtmäßig erlangte personenbezogene Daten mit dem Fahndungsbestand abgleichen.
(2) Wird die betroffene Person zur Durchführung einer nach einer anderen Rechtsvorschrift zulässigen Maßnahme angehalten und kann der Datenabgleich mit dem Fahndungsbestand nicht bis zum Abschluss dieser Maßnahme vorgenommen werden, darf die betroffene Person weiterhin für den Zeitraum angehalten werden, der regelmäßig für die Durchführung eines Datenabgleichs notwendig ist.

VV zu § 25

25.0 § 25 ist keine Rechtsgrundlage zur Erhebung der Daten, die abgeglichen werden sollen. Obwohl nur § 25 Abs. 1 Satz 3 von rechtmäßig erlangten Daten spricht, kann auch der Datenabgleich nach § 25 Abs. 1 Sätze 1 und 2 gemäß § 24 Abs. 1 nur mit rechtmäßig erlangten Daten vorgenommen werden.

25.11 Es muss eine hinreichende Wahrscheinlichkeit bestehen, dass durch den Abgleich nach § 25 Abs. 1 Satz 1 sachdienliche Hinweise zu erhalten sind, die zur Abwehr der Gefahr genutzt werden können.

25.12 Die Voraussetzungen für den Datenabgleich nach § 25 Abs. 1 Satz 2 sind enger als die für die Befragung nach § 9.

25.2 § 25 Abs. 2 gibt nicht die Befugnis, eine betroffene Person, die bisher nicht angehalten worden ist, zum Zwecke der Durchführung des Datenabgleichs anzuhalten.

Zweck

- Gewinnung von Erkenntnissen über Verhaltens- oder Zustandsstörer für die polizeiliche Aufgabenerledigung (Abs. 1 S. 1).
- Gewinnung von Erkenntnissen über sonstige Personen zur Aufgabenerfüllung (Abs. 1 S. 2).
- Abgleich gewonnener Personaldaten mit dem Fahndungsbestand (Abs. 1 S. 3 – Prüfung, ob Person gesucht wird).
- Anhaltebefugnis für Dauer des Datenabgleichs (Abs. 2).

Voraussetzungen

- Personaldaten müssen rechtmäßig erlangt worden sein.
- Verhaltensstörer und Zustandsstörer unterliegen keinen weiteren Voraussetzungen (S. 1).
- Bei sonstigen Personen: Tatsachen (Fakten, nicht Vermutungen, aus der Gegenwart oder Vergangenheit, die einem Beweis zugänglich sind) rechtfertigen die Annahme, dass der Datenabgleich zur polizeilichen Aufgabenerfüllung erforderlich ist (S. 2). Die Aufgabenerfüllung erfasst die allgemeine Gefahrenabwehr (§ 1 Abs. 1 S. 1 und 3) sowie die vorbeugende Verbrechensbekämpfung (§ 1 Abs. 1 S. 2 – Verhinderung von Straftaten, Verhütung von Straftaten und die Vorsorge zur Straftatenverhütung).

- Erforderlich ist der Abgleich, wenn ohne die Überprüfung der Zweck nicht, nicht zeit- oder sachgerecht erfüllt werden kann.
- Fahndungsabgleich betrifft alle personenbezogenen Daten, die rechtmäßig erlangt sind, auch aus Straf-/Owi-Verfahren.
- Anhaltebefugnis für einige Minuten, bis der Datenabgleich technisch abgeschlossen ist; polizeitaktisches Anhalten ist nicht erlaubt.

Maßnahmen
- Prüfung, ob in polizeilichen Dateien Erkenntnisse über Personen vorhanden (S. 1).
- Prüfung, ob Person ausgeschrieben oder gesucht wird (S. 3).
- Anhalten und Befragen der Person.
- Erhebung von allgemeinen Daten.

Adressat
- Betroffene Personen gem. §§ 4, 5.
- Jede Person (§ 4 Abs. 4), deren Daten die Polizei rechtmäßig erlangt hat.

Formvorschriften
- Weiteres Anhalten nur bis zum Abschluss der Maßnahmen.

Rechtsprechung/Besonderheiten
- Erfasst werden nur Polizeidateien.
- Automatisierte Halterfeststellungen und ähnliche Datenzugriffe stellen sich als technisches Auskunftsersuchen i. S. v. § 30 dar.
- Strafprozessualer Fahndungs-/Datenabgleich richten sich nach § 98c oder § 163 Abs. 1 S. 2 StPO.

Beispiele:
- Abgleich mit Datei „Häusliche Gewalt“, Gewalttäter Sport, Fahndung.
- Abgleich mit einer Datei, die anlässlich eines kriminogenen Ortes eingerichtet wurde.
- Abgleich aller Unfallbeteiligten und Zeugen während der Verkehrsunfallaufnahme.

§ 26 Allgemeine Regeln der Datenübermittlung, Übermittlungsverbote und Verweigerungsgründe

(1) Die Polizei kann personenbezogene Daten unter Beachtung des § 23 auf der Grundlage der nachstehenden Regelungen übermitteln. Personenbezogene Daten von Kontakt- und Begleitpersonen, die nach § 22 Absatz 5 Satz 1 gespeichert wurden, dürfen nur an Polizeibehörden übermittelt werden.

(2) Die Verantwortung für die Übermittlung trägt die übermittelnde Polizeibehörde. Sie prüft die Zulässigkeit der Datenübermittlung. Erfolgt die Datenübermittlung auf Grund eines Ersuchens des Empfängers, hat dieser der übermittelnden Polizeibehörde die zur Prüfung erforderlichen Angaben zu machen. Bei Ersuchen von Polizeibehörden sowie anderen öffentlichen Stellen prüft die übermittelnde Polizeibehörde nur, ob das Ersuchen im Rahmen der Aufgaben des Empfängers liegt, es sei denn, im Einzelfall besteht Anlass zur Prüfung der Rechtmäßigkeit des Ersuchens. Erfolgt die Datenübermittlung durch automatisierten Abruf, trägt die Verantwortung für die Rechtmäßigkeit des Abrufs der Empfänger.

(3) Sind mit personenbezogenen Daten, die übermittelt werden dürfen, weitere personenbezogene Daten der betroffenen Person oder eines Dritten in Akten so verbunden, dass eine Trennung nicht oder nur mit einem unverhältnismäßig großen Aufwand möglich ist, so ist die Übermittlung auch dieser Daten zulässig, soweit nicht berechtigte Interessen der betroffenen Person oder eines Dritten an der Geheimhaltung offensichtlich überwiegen. Eine Verwendung dieser Daten ist unzulässig. Dies ist dem Empfänger der übermittelten Daten mitzuteilen.

(4) § 54 Absatz 3 Satz 2 des Datenschutzgesetzes Nordrhein-Westfalen bleibt unberührt.

(5) Die Übermittlung unterbleibt, wenn unter Berücksichtigung der Art der Daten und ihrer Erhebung die schutzwürdigen Interessen der betroffenen Person das Allgemeininteresse an der Übermittlung überwiegen oder besondere gesetzliche Verwendungsregelungen entgegenstehen. Die Verpflichtung zur Wahrung gesetzlicher Geheimhaltungspflichten oder besonderer Berufs- oder Amtsgeheimnisse, die nicht auf gesetzlichen Vorschriften beruhen, bleibt unberührt.

(6) Eine Datenübermittlung nach den §§ 27 bis 29 unterbleibt darüber hinaus,

1. wenn hierdurch Sicherheitsinteressen des Bundes oder der Länder wesentlich beeinträchtigt würden,
2. wenn hierdurch der Erfolg laufender Ermittlungen oder Leib, Leben oder Freiheit einer Person gefährdet würde,

3. soweit Grund zu der Annahme besteht, dass durch sie gegen den Zweck eines deutschen Gesetzes verstoßen würde oder
4. wenn tatsächliche Anhaltspunkte dafür vorliegen, dass die Übermittlung der Daten zu den in der Charta der Grundrechte der Europäischen Union enthaltenen Grundsätzen, insbesondere dadurch, dass durch die Nutzung der übermittelten Daten im Empfängerstaat Verletzungen von elementaren rechtsstaatlichen Grundsätzen oder Menschenrechtsverletzungen drohen, in Widerspruch stünde.

(7) Der Empfänger darf die übermittelten personenbezogenen Daten, soweit gesetzlich nichts anderes bestimmt ist, nur zu dem Zweck nutzen, zu dem sie ihm übermittelt worden sind. Eine Verarbeitung zu anderen Zwecken ist unter Beachtung des § 23 zulässig. Bei personenbezogenen Daten, die aus Maßnahmen nach § 18 stammen, ist dies nur mit ausdrücklicher Zustimmung der übermittelnden Stelle zulässig. Ausländische öffentliche Stellen im Bereich der Europäischen Union und deren Mitgliedstaaten und Drittstaaten und internationale Organisationen sowie Personen und Stellen außerhalb des öffentlichen Bereichs sind bei der Datenübermittlung darauf hinzuweisen.

(8) Andere Rechtsvorschriften für die Datenübermittlung bleiben unberührt.

VV zu § 26 *(hier nicht abgedruckt)*

Zweck

- Grundsätze und Formvorschriften für die Datenübermittlung (Weitergabe von Daten) an Dritte/dritte Stellen.
- Festlegung der Verantwortung für die Datenübermittlung: Bei Ersuchen trägt die übermittelnde Stelle die Verantwortung für die Rechtmäßigkeit, bei automatisierten Anfragen/Übermittlungen trägt der Empfänger die Verantwortung – Prüfungspflicht der übermittelnden Stelle (Abs. 2).
- Sonderregelung für Akten, die komplett übermittelt werden können, um Aussortierung/Neuanlegung zu vermeiden (Abs. 3).
- Unterrichtungspflicht des Empfängers durch die Polizeibehörde bei unrichtigen Daten oder rechtswidriger Übermittlung.
- Übermittlungsverbot, das für die §§ 27 bis 29 gilt (Abs. 5).
- Weiterer Umgang mit den Daten nach der Speicherung.
- Sonderregelung für spezielle Fälle: Auch der Empfänger von Daten muss die Grundsätze der hypothetischen Datenneuerhebung beachten, insbesondere mit Blick auf § 18 (Abs. 7).

§ 27 Datenübermittlung im innerstaatlichen Bereich

(1) Zwischen Polizeibehörden können personenbezogene Daten übermittelt werden, soweit dies zur Erfüllung ihrer Aufgaben oder der des Empfängers erforderlich ist. Eine Übermittlung zu einem anderen Zweck als dem, zu dem die Daten erlangt oder gespeichert worden sind, ist für die nach § 11 erhobenen Daten nicht zulässig.

(2) Die Polizei kann an andere als die in Absatz 1 genannten Behörden und sonstige öffentliche Stellen personenbezogene Daten übermitteln, soweit dies

1. in anderen Rechtsvorschriften vorgesehen ist oder
2. a) zur Erfüllung polizeilicher Aufgaben,
   b) zur Abwehr einer Gefahr durch die empfangende Stelle,
   c) auf Grund tatsächlicher Anhaltspunkte zur Wahrnehmung einer sonstigen Gefahrenabwehraufgabe durch die empfangende Stelle,
   d) zur Verhütung oder Beseitigung erheblicher Nachteile für das Gemeinwohl oder
   e) zur Verhütung oder Beseitigung einer schwer wiegenden Beeinträchtigung der Rechte einer Person

erforderlich ist.

(3) Die Polizei kann personenbezogene Daten an Personen oder Stellen außerhalb des öffentlichen Bereichs übermitteln, soweit

1. dies gemäß Absatz 2 Nummer 2 Buchstabe a, b, d oder e erforderlich ist,
2. die oder der Auskunftsbegehrende ein rechtliches Interesse an der Kenntnis der zu übermittelnden Daten glaubhaft macht und kein Grund zu der Annahme besteht, dass das Geheimhaltungsinteresse der betroffenen Person überwiegt oder
3. der oder die Auskunftsbegehrende ein berechtigtes Interesse geltend macht und offensichtlich ist, dass die Datenübermittlung im Interesse der betroffenen Person liegt und sie in Kenntnis der Sachlage ihre Einwilligung hierzu erteilen würde.

VV zu § 27 *(hier nicht abgedruckt)*

Zweck

- Generalklausel zur Weitergabe von Daten zur Gefahrenabwehr.
- Befugnis zur Datenweitergabe zwischen Polizeibehörden.
- Befugnis zur Datenweitergabe der Polizei an andere Behörden und öffentliche Stellen.
- Befugnis zur Datenweitergabe an Privatpersonen (Abs. 3).

Voraussetzungen

- Daten müssen rechtmäßig erlangt worden sein.
- Aufgabenerfüllung umfasst die allgemeine Gefahrenabwehr (§ 1 Abs. 1 S. 1 und 3), die vorbeugende Verbrechensbekämpfung (§ 1 Abs. 1 S. 2 – Verhinderung/Verhütung von Straftaten und Vorsorge zur Straftatenverhütung) sowie Aufgaben nach § 1 Abs. 2 (Schutz privater Rechte) sowie nach § 1 Abs. 3 und Abs. 4.
- Erforderlichkeit: ohne die Datenweitergabe kann der Zweck nicht, nicht zeit- oder sachgerecht erfüllt werden.
- Datenübermittlung an Behörden (Abs. 2) erfordert ähnliche Anforderungen; insbesondere die Interessen der empfangenden Behörde können Berücksichtigung finden. Das Gesetz nennt insgesamt sechs Varianten (Nr. 1, Nr. 2 Buchstabe a bis e).
- Datenübermittlung an Privatpersonen stellt auf ein berechtigtes oder geltend gemachtes Interesse ab.

Maßnahmen

- Übermitteln von Daten an Polizeibehörden, an andere Behörden und an Privatpersonen in unterschiedlichen Formen: Durch Datensysteme, persönlich, telefonisch oder durch Schriftstücke (Akten, z. B. die Verkehrsunfallmitteilung).

Adressat

- Betroffene Person, deren Daten gespeichert sind und übermittelt werden (§ 4 Abs. 4).

Formvorschriften

- § 26 nennt die wesentlichen Formvorschriften.

Rechtsprechung/Besonderheiten

- Verwendung der Daten innerhalb der eigenen Behörde stellt keine Weitergabe dar, sondern ist eine Form der Verwendung und Nutzung i. S. v. § 23.
- Datenübermittlung kann sich ggf. auch als Amtshilfe darstellen (§§ 4 ff. VwVfG NRW).

Beispiele:
- Gegenseitige Informationen der Behörden über gewaltbereite Fußballfans (Bundes-/Landespolizei; Zugbegleiter – Polizei).
- Informationen/Einsatzberichte (§ 1 Abs. 1 S. 4) an kommunale Sicherheits- und Ordnungsbehörden (Jugendamt, Straßenverkehrsamt u. Ä.) für weitere Maßnahmen.
- Personalienaustausch nach Verkehrsunfall (Unfallmitteilung), Steuerung Einsatzberichte Schwarzfahrt, Ladendiebstahl, Körperverletzung, um Schadensersatz/Schmerzensgeld geltend zu machen.

§ 28 Datenübermittlung im Bereich der Europäischen Union und deren Mitgliedstaaten

(1) § 27 gilt entsprechend für die Übermittlung von personenbezogenen Daten an
1. Polizeibehörden,
2. öffentliche und nichtöffentliche Stellen in Mitgliedstaaten der Europäischen Union und
3. zwischen- und überstaatliche Stellen der Europäischen Union oder deren Mitgliedstaaten, die mit Aufgaben der Gefahrenabwehr sowie Verhütung von Straftaten und deren vorbeugende Bekämpfung befasst sind.

(2) Die Zulässigkeit der Übermittlung personenbezogener Daten durch die Polizei an eine Polizeibehörde oder eine sonstige für die Verhütung von Straftaten oder deren vorbeugende Bekämpfung zuständige öffentliche Stelle eines Mitgliedstaates der Europäischen Union auf der Grundlage besonderer völkerrechtlicher Vereinbarungen bleibt unberührt.

VV zu § 28 *(hier nicht abgedruckt)*

Zweck
- Generalklausel zur Weitergabe von Daten zur Gefahrenabwehr an Polizeibehörden und sonstige öffentliche Stellen in der EU.

Voraussetzungen
- Voraussetzungen gem. § 27 gelten entsprechend für Stellen der EU.
- Sonderregelungen durch völkerrechtliche Vereinbarungen bleiben unberührt.

Zulässige Maßnahmen
- Übermitteln von Daten an Polizeibehörden und an andere Behörden innerhalb der EU in unterschiedlichen Formen: Durch Datensysteme, persönlich, telefonisch oder durch Schriftstücke (Akten).

Adressat
- Betroffene Person, deren Daten gespeichert sind und übermittelt werden (§ 4 Abs. 4).

Formvorschriften
- § 26 nennt die wesentlichen Formvorschriften.

Rechtsprechung/Besonderheiten
- Verordnung über die Zulassung der Datenübermittlung von der Polizei an ausländische Polizeibehörden (PolDÜV).
- Art. 46 SDÜ.
- § 9 Abs. 4 POG NRW.

Beispiele:
- Tätigkeit der Arbeitsgemeinschaft der Polizeien der Niederlande, Belgien und Deutschland in der Euregio Maas Rhein (NeBeDeAGPol), insbesondere auch zur Verhütung von Straftaten.
- Arbeit des Euregionalen Polizei Informations- und Cooperations-Centrum (EPICC) mit einem umfangreichen Datenaustausch zur Aufgabenerfüllung gem. § 1 – Informationsaustausch im Einzelfall bei grenzüberschreitenden Einsatzlagen (Demonstrationen, Schadensfällen).

- Information über grenzüberschreitende Dealer, Hehler, Kfz.-Diebe, Geldautomatensprenger, Einbrecher, Ladendiebe etc. an oder über EUROPol.

§ 29 Datenübermittlung im internationalen Bereich

(1) Eine Übermittlung personenbezogener Daten an andere als die in § 28 Absatz 1 Nummer 2 genannten Staaten (Drittländer) und andere als in § 28 Absatz 1 Nummer 3 genannte über- und zwischenstaatliche Stellen ist unter Beachtung der §§ 62 bis 65 des Datenschutzgesetzes Nordrhein-Westfalen zulässig, soweit dies zur Erfüllung polizeilicher Aufgaben oder zur Abwehr einer erheblichen Gefahr durch die empfangende Stelle erforderlich ist. Entsprechendes gilt, wenn tatsächliche Anhaltspunkte dafür bestehen, dass Straftaten von erheblicher Bedeutung begangen werden sollen und die Datenübermittlung zur Verhinderung dieser Straftaten erforderlich ist. § 23 gilt auch bei der Datenübermittlung in Drittstaaten. § 28 Absatz 2 gilt entsprechend.
(2) Bei Übermittlungen nach dieser Vorschrift hat die Polizei einen Nachweis zu führen, aus dem der Anlass, der Inhalt, die empfangende Stelle, der Tag der Übermittlung sowie die Aktenfundstelle hervorgehen. Er ist am Ende des Kalenderjahres, das dem Jahr seiner Erstellung folgt, zu löschen oder zu vernichten. Die Löschung oder Vernichtung unterbleibt, solange der Nachweis noch für eine bereits eingeleitete Datenschutzkontrolle nach § 33c erforderlich ist oder Grund zu der Annahme besteht, dass im Falle einer Löschung schutzwürdige Belange der betroffenen Person beeinträchtigt würden.

VV zu § 29 *(hier nicht abgedruckt)*

Zweck
- Generalklausel der Polizei zur Weitergabe von Daten zur Gefahrenabwehr an Polizeibehörden und sonstige öffentliche Stellen außerhalb der EU (sogenannte Drittstaaten).
- Geringe Relevanz für die Arbeit im Wachdienst und in den Ermittlungskommissariaten, Schließen einer möglichen Regelungslücke.

§ 30 Datenübermittlung an die Polizei

(1) Öffentliche Stellen können, soweit gesetzlich nichts anderes bestimmt ist, von sich aus personenbezogene Daten an die Polizei übermitteln, wenn dies zur Erfüllung polizeilicher Aufgaben erforderlich erscheint.

(2) Die Polizei kann an öffentliche Stellen Ersuchen auf Übermittlung von personenbezogenen Daten stellen, soweit die Voraussetzungen für eine Datenerhebung vorliegen. Die ersuchte öffentliche Stelle prüft die Zulässigkeit der Datenübermittlung. Wenn gesetzlich nichts anderes bestimmt ist, prüft sie nur, ob das Ersuchen im Rahmen der Aufgaben der Polizei liegt, es sei denn, im Einzelfall besteht Anlass zur Prüfung der Rechtmäßigkeit des Ersuchens. Die Polizei hat die zur Prüfung erforderlichen Angaben zu machen. Die ersuchte öffentliche Stelle hat die Daten an die Polizei zu übermitteln, soweit gesetzlich nichts anderes bestimmt ist.

(3) Die Polizei kann an öffentliche Stellen sowie über- und zwischenstaatliche Stellen der Europäischen Union und deren Mitgliedstaaten sowie an Drittstaaten und andere als in § 28 Absatz 1 Nummer 3 genannte über- und zwischenstaatliche Stellen Ersuchen auf Übermittlung von personenbezogenen Daten stellen, soweit die Voraussetzungen für eine Datenerhebung vorliegen und gesetzlich nichts anderes bestimmt ist. Sollten zu diesem Zweck personenbezogene Daten an öffentliche Stellen eines Drittstaates übermittelt werden, gelten § 26 Absätze 5 und 6 sowie § 29.

VV zu § 30 *(hier nicht abgedruckt)*

Zweck

- Befugnis, Daten anderer Behörden entgegenzunehmen.
- Befugnis, Ersuchen auf Übermittlung von personenbezogenen Daten an andere Behörden zu richten.
- Befugnis der Polizei, an andere Behörden und öffentliche Stelle im EU-Raum und bei Drittstaaten Ersuchen auf Übermittlung von personenbezogenen Daten zu richten (Abs. 3).

Voraussetzungen

- Siehe §§ 27 und 28.

Zulässige Maßnahmen
- Anfragen, Ersuchen um Übermittlungen von Daten durch Systeme, schriftlich oder mündlich.

Adressat
- Person, deren Daten übermittelt/erfragt werden (§ 4 Abs. 4).

Formvorschriften
- § 26 regelt die wesentlichen Formvorschriften, insbesondere die Verantwortung für die Rechtmäßigkeit, die bei der ersuchenden Stelle liegt (§ 26 Abs. 2).

Rechtsprechung/Besonderheiten
- Die Abwicklung über die Datensysteme stellt sich wie ein Datenabgleich dar; juristisch handelt es sich jedoch in diesen Fällen um Ersuchen nach § 30.

Beispiele:
- Anfragen an die Fachbehörden (BOS, StVA, KBA, Einwohnermeldeamt u. Ä.) über die Datensysteme.
- Telefonische Anfrage an das Jugendamt.
- Übermittlung von Daten durch das Gesundheitsamt an die Polizei wegen Gefährdung einer Frau durch häusliche Gewalt.
- Datenübermittlung an Polizei, Kommunalverwaltung in den Niederlanden oder Belgien bei der Suche nach Urlauber, der falsche, lebenswichtige Medikamente mitführt.

§ 31 Rasterfahndung

(1) Die Polizei kann von öffentlichen Stellen und Stellen außerhalb des öffentlichen Bereichs die Übermittlung von personenbezogenen Daten einer unbestimmten Anzahl von Personen, die bestimmte, auf Verursacher einer Gefahr im Sinne des § 4 vermutlich zutreffende Prüfungsmerkmale erfüllen, zum Zwecke des maschinellen Abgleichs mit anderen Datenbeständen verlangen, soweit dies zur Abwehr einer Gefahr für den Bestand oder die Sicherheit des Bundes oder eines Landes oder für Leib, Leben oder Freiheit einer Person erforderlich

ist (Rasterfahndung). Der Datenabgleich soll den Ausschluss von Personen bezwecken; er kann auch der Ermittlung eines Verdachts gegen Personen als mögliche Verursacher einer Gefahr sowie der Feststellung gefahrenverstärkender Eigenschaften dieser Personen dienen. Die Polizei kann zur Ergänzung unvollständig übermittelter Daten die erforderlichen Datenerhebungen auch bei anderen Stellen durchführen und die übermittelten Datenträger zur Ermöglichung des maschinellen Abgleichs technisch aufbereiten.

(2) Das Übermittlungsersuchen ist auf Namen, Anschrift, Tag und Ort der Geburt sowie andere für den Einzelfall benötigte Daten zu beschränken; es darf sich nicht auf personenbezogene Daten erstrecken, die einem Berufs- oder besonderen Amtsgeheimnis unterliegen. Von Übermittlungsersuchen nicht erfasste personenbezogene Daten dürfen übermittelt werden, wenn wegen erheblicher technischer Schwierigkeiten oder wegen eines unangemessenen Zeit- oder Kostenaufwandes eine Beschränkung auf die angeforderten Daten nicht möglich ist; diese Daten dürfen von der Polizei nicht genutzt werden.

(3) Für nach Absatz 1 erlangte personenbezogene Daten gilt § 16a Absatz 2 Satz 2 und 3 entsprechend. Ist der Zweck der Maßnahme erreicht oder zeigt sich, dass er nicht erreicht werden kann, sind die übermittelten und im Zusammenhang mit der Maßnahme zusätzlich angefallenen Daten auf den Datenträgern zu löschen und die Akten, soweit sie nicht für ein mit dem Sachverhalt zusammenhängendes Verfahren erforderlich sind, zu vernichten. Über die getroffene Maßnahme ist eine Niederschrift anzufertigen. Diese Niederschrift ist gesondert aufzubewahren, durch technische und organisatorische Maßnahmen zu sichern und am Ende des Kalenderjahres, das dem Jahr der Löschung der Daten oder der Vernichtung der Akten nach Satz 1 folgt, zu vernichten.

(4) Die Maßnahme darf nur auf Antrag der Behördenleiterin oder des Behördenleiters durch den Richter angeordnet werden. Zuständig ist das Amtsgericht, in dessen Bezirk die Polizeibehörde ihren Sitz hat. Für das Verfahren gelten die Vorschriften des Gesetzes über das Verfahren in Familiensachen und in den Angelegenheiten der freiwilligen Gerichtsbarkeit entsprechend.

(5) Personen, gegen die nach Abschluss der Rasterfahndung weitere Maßnahmen durchgeführt werden, sind hierüber durch die Polizei zu unterrichten, sobald dies ohne Gefährdung des Zwecks der weiteren Datennutzung erfolgen kann. Im Übrigen gilt § 17 Absatz 5 und 6 entsprechend.

VV zu § 31 *(hier nicht abgedruckt)*

Zweck

- Intensiver Eingriff in das RiS zahlreicher Menschen durch unterschiedliche Datenverarbeitungsvorgänge.
- Erheben/Abgleich verschiedener Datenbanken oder Teile davon von öffentlichen und nichtöffentlichen Stellen, um die Daten zu speichern und mit einem bestimmten Raster abzugleichen mit dem Ziel, Personen und Zusammenhänge zur Abwehr von Gefahren zu ermitteln.
- Rasterfahndung zur Strafverfolgung ergibt sich aus §§ 98a, 98b StPO.

§ 32 Berichtigung, Löschung und Einschränkung der Weiterverarbeitung von Daten

(1) Personenbezogene Daten sind nach Maßgabe des § 54 in Verbindung mit § 50 Absatz 3 bis 5 des Datenschutzgesetzes Nordrhein-Westfalen zu berichtigen, zu löschen oder in der Verarbeitung einzuschränken. Darüber hinaus sind personenbezogene Daten zu löschen und die dazugehörigen Akten zu vernichten, wenn

1. dies durch dieses Gesetz bestimmt ist,
2. die Speicherung nicht zulässig ist oder
3. bei der zu bestimmten Terminen vorzunehmenden Prüfung oder aus Anlass einer Einzelfallbearbeitung festgestellt wird, dass die Daten für die Erfüllung der Aufgaben der speichernden Stelle nicht mehr erforderlich sind.

In Bezug auf Nummer 3 sind die in diesem Zusammenhang in Dateien suchfähig gespeicherten personenbezogenen Daten zu löschen sowie die zu der Person suchfähig angelegten Akten zu vernichten. Dies gilt auch, wenn der Verdacht einer Straftat gegen die Person entfallen ist. Eine nach Satz 2 Nummer 3 vorzunehmende Aktenvernichtung ist nur durchzuführen, wenn die gesamte Akte für die Aufgabenerfüllung nicht mehr erforderlich ist, es sei denn, dass die betroffene Person die Vernichtung von Teilen der Akte verlangt und die weitere Speicherung sie in unangemessener Weise beeinträchtigt. Soweit hiernach eine Vernichtung nicht in Betracht kommt, sind die Daten in ihrer Verarbeitung einzuschränken und mit einem entsprechenden Vermerk zu versehen. Andere als die in den Sätzen 2 und 5 genannten Akten sind nach Ablauf der jeweiligen Aufbewahrungsfristen zu vernichten.

(2) Stellt die Polizei fest, dass personenbezogene Daten in Akten unrichtig sind, ist die gemäß § 54 Absatz 1 des Datenschutzgesetzes Nordrhein-Westfalen genannte Berichtigungspflicht dadurch zu erfüllen, dass dies in der Akte vermerkt oder auf sonstige Weise festgehalten wird. Dabei ist in geeigneter Weise kenntlich zu machen, zu welchem Zeitpunkt und aus welchem Grund diese Daten unrichtig waren oder geworden sind. Bestreitet die betroffene Person die Richtigkeit sie betreffender personenbezogener Daten und lässt sich weder die Richtigkeit noch die Unrichtigkeit feststellen, sind die Daten entsprechend zu kennzeichnen, um eine Verarbeitungseinschränkung nach § 50 Absatz 1 Satz 3 des Datenschutzgesetzes Nordrhein-Westfalen zu ermöglichen.

(3) Löschung und Vernichtung unterbleiben in den in § 50 Absatz 3 des Datenschutzgesetzes Nordrhein-Westfalen genannten Fällen. Darüber hinaus unterbleiben Löschung und Vernichtung, wenn

1. Grund zu der Annahme besteht, dass schutzwürdige Belange der betroffenen Person beeinträchtigt werden,
2. die Daten zur Behebung einer bestehenden Beweisnot unerlässlich sind oder
3. die Nutzung der Daten zu wissenschaftlichen Zwecken erforderlich ist; § 24a bleibt unberührt.

In diesen Fällen sind die Daten in ihrer Verarbeitung einzuschränken und mit einem entsprechenden Vermerk zu versehen. Sie dürfen nur zu den in Satz 1 genannten Zwecken oder sonst mit Einwilligung der betroffenen Person genutzt werden. Im Falle des Satzes 1 Nummer 3 gilt § 24a.

(4) Vor einer Löschung oder Vernichtung ist ein Anbieten für eine Übernahme durch das Landesarchiv Nordrhein-Westfalen gemäß § 4 Absatz 1 des Archivgesetzes Nordrhein-Westfalen vom 16. März 2010 (GV. NRW. S. 188), das zuletzt durch Gesetz vom 16. September 2014 (GV. NRW. S. 603) geändert worden ist, zu prüfen, soweit archivrechtliche Regelungen dies vorsehen.

VV zu § 32 *(hier nicht abgedruckt)*

§ 33 Benachrichtigung bei verdeckten und eingriffsintensiven Maßnahmen

(1) Über eine Maßnahme gemäß § 16a Absatz 1, §§ 17 bis 21 und 31 sind zu benachrichtigen im Falle

1. des § 16a Absatz 1 und des § 17 die Zielperson und die erheblich mitbetroffenen Personen,

2. des § 18
   a) die Person, gegen die sich die Maßnahme richtete,
   b) sonstige überwachte Personen oder
   c) Personen, die die überwachte Wohnung zur Zeit der Durchführung der Maßnahme innehatten oder bewohnten,
3. der §§ 19 und 20
   a) die Zielperson,
   b) die erheblich mitbetroffenen Personen,
   c) die Personen, deren nicht allgemein zugängliche Wohnung durch die Vertrauensperson oder den verdeckten Ermittler betreten wurde,
4. des § 20a Absatz 1 Nummer 2 (Verkehrsdaten) die Beteiligten der betroffenen Telekommunikation,
5. des § 20a Absatz 1 Nummer 3 (Nutzungsdaten) der Nutzer,
6. des § 20b die Zielperson,
7. des § 20c die Beteiligten der überwachten Telekommunikation,
8. des § 21 die Zielperson und die Personen, deren personenbezogene Daten gemeldet wurden; die Benachrichtigung umfasst auch die Tatsache der Löschung.

(2) Die Benachrichtigung erfolgt, sobald dies ohne Gefährdung des Zwecks der Maßnahme, des Bestandes des Staates, von Leib, Leben oder Freiheit einer Person oder Sachen von bedeutendem Wert, deren Erhaltung im öffentlichen Interesse geboten ist, möglich ist. Im Falle des Absatzes 1 Nr. 3 erfolgt die Benachrichtigung erst, sobald dies auch ohne Gefährdung der Möglichkeit der weiteren Verwendung des Verdeckten Ermittlers oder der Vertrauensperson möglich ist. Wird wegen des zugrunde liegenden Sachverhaltes ein strafrechtliches Ermittlungsverfahren geführt, ist vor Benachrichtigung der in Absatz 1 genannten Personen die Zustimmung der zuständigen Strafverfolgungsbehörde einzuholen.

(3) Die Benachrichtigung nach Absatz 2 unterbleibt, soweit dies im überwiegenden Interesse einer betroffenen Person liegt. Zudem kann die Benachrichtigung der gemäß Absatz 1 Nummer 4 und 7 genannten Personen, gegen die sich die Maßnahme nicht gerichtet hat, unterbleiben, wenn diese von der Maßnahme nur unerheblich betroffen sind und anzunehmen ist, dass sie kein Interesse an der Benachrichtigung haben. Nachforschungen zur Feststellung der Identität einer in Satz 2 bezeichneten Person sind nur vorzunehmen, wenn dies unter Berücksichtigung der Eingriffsintensität der Maßnahme gegenüber dieser Person, des Aufwands für die Feststellung ihrer Identität sowie der daraus für diese oder andere Personen folgenden Beeinträchtigungen geboten ist. Das Unterbleiben und die Zurückstellung der Benachrichtigung sind zu dokumentieren.

(4) Erfolgt eine Benachrichtigung gemäß Absatz 2 Satz 1 nicht binnen sechs Monaten nach Abschluss der Maßnahme, bedarf die weitere Zurückstellung der richterlichen Zustimmung. Die richterliche Entscheidung ist jeweils nach einem Jahr erneut einzuholen. Über die Zustimmung entscheidet das Gericht, das für die Anordnung der Maßnahme zuständig gewesen ist. Bedurfte die Maßnahme nicht der richterlichen Anordnung, ist für die Zustimmung das Amtsgericht, in dessen Bezirk die Polizeibehörde ihren Sitz hat, zuständig. Nach zweimaliger Verlängerung ist die Zustimmung des für die Einlegung einer Beschwerde zuständigen Gerichts einzuholen. § 68 Absatz 4 des Gesetzes über das Verfahren in Familiensachen und in den Angelegenheiten der freiwilligen Gerichtsbarkeit findet keine Anwendung. Sind mehrere Maßnahmen in einem engen zeitlichen Zusammenhang durchgeführt worden, beginnt die in Satz 1 genannte Frist mit der Beendigung der letzten Maßnahme.
(5) Werden personenbezogene Daten von Kindern, die ohne Kenntnis der Sorgeberechtigten erhoben worden sind, gespeichert, sind die Sorgeberechtigten durch die Polizei zu unterrichten, sobald dies ohne Gefährdung des Zwecks der Maßnahme erfolgen kann. Von der Unterrichtung kann abgesehen werden, solange zu besorgen ist, dass die Unterrichtung zu erheblichen Nachteilen für das Kind führt.
(6) Bei der Benachrichtigung gelten darüber hinaus die Vorgaben des § 48 Absatz 1 und Absatz 3 des Datenschutzgesetzes Nordrhein-Westfalen. Außerdem ist auf die Möglichkeit nachträglichen Rechtsschutzes hinzuweisen. Die Benachrichtigung hat in klarer und einfacher Sprache zu erfolgen.

VV zu § 33 *(hier nicht abgedruckt)*

§ 33a Benachrichtigung im Falle der Verletzung des Schutzes personenbezogener Daten

(1) Hat eine Verletzung des Schutzes personenbezogener Daten voraussichtlich eine erhebliche Gefahr für Rechtsgüter betroffener Personen zur Folge, so hat die Polizei die betroffenen Personen unverzüglich zu benachrichtigen.
(2) Die Benachrichtigung nach Absatz 1 hat in klarer und einfacher Sprache die Art der Verletzung und ergänzend zumindest folgende Informationen zu enthalten:
1. den Namen und die Kontaktdaten des oder der Datenschutzbeauftragten oder einer sonstigen Anlaufstelle für weitere Informationen,
2. eine Beschreibung der wahrscheinlichen Folgen der Verletzung des Schutzes personenbezogener Daten und

3. eine Beschreibung der von der Polizei ergriffenen oder vorgeschlagenen Maßnahmen zur Behandlung der Verletzung des Schutzes personenbezogener Daten und gegebenenfalls der Maßnahmen zur Abmilderung ihrer möglichen nachteiligen Auswirkungen.

(3) Eine Benachrichtigung gemäß Absatz 1 entfällt, wenn

1. die Polizei geeignete technische und organisatorische Sicherheitsvorkehrungen getroffen hat und diese Vorkehrungen auf die von der Verletzung betroffenen personenbezogenen Daten angewandt wurden. Dies gilt insbesondere für Vorkehrungen wie Verschlüsselungen, durch die die Daten für unbefugte Personen unzugänglich gemacht wurden,
2. die Polizei durch die im Anschluss an die Verletzung getroffenen Maßnahmen sichergestellt hat, dass aller Wahrscheinlichkeit nach keine erhebliche Gefahr mehr im Sinne des Absatzes 1 besteht, oder
3. dies mit einem unverhältnismäßigen Aufwand verbunden wäre; in diesem Fall hat stattdessen durch die Polizei eine öffentliche Bekanntmachung oder ähnliche Maßnahme zu erfolgen, durch die die betroffenen Personen vergleichsweise wirksam informiert werden.

Die Gründe der Entscheidung sind zu dokumentieren.

(4) Die Polizei kann eine Benachrichtigung unter den in § 48 Absatz 2 des Datenschutzgesetzes Nordrhein-Westfalen genannten Voraussetzungen aufschieben, einschränken oder unterlassen, soweit nicht die Interessen der betroffenen Personen aufgrund der von der Verletzung ausgehenden erheblichen Gefahr im Sinne des Absatzes 1 überwiegen. Die Gründe der Entscheidung sind zu dokumentieren.

(5) Wenn der Verantwortliche die betroffene Person über eine Verletzung des Schutzes personenbezogener Daten nicht benachrichtigt hat, kann die oder der Landesbeauftragte für Datenschutz und Informationsfreiheit verlangen, dies nachzuholen oder verbindlich feststellen, dass bestimmte der in Absatz 3 genannten Voraussetzungen erfüllt sind. Hierbei hat sie oder er die Wahrscheinlichkeit zu berücksichtigen, mit der die Verletzung des Schutzes personenbezogener Daten zu einer erheblichen Gefahr im Sinne des Absatzes 1 führt. § 59 des Datenschutzgesetzes Nordrhein-Westfalen bleibt unberührt.

§ 33b Protokollierung bei verdeckten oder eingriffsintensiven Maßnahmen

(1) Bei einer Erhebung personenbezogener Daten gemäß § 16a Absatz 1, §§ 17 bis 21 und 31 sind zu protokollieren

1. das zur Datenerhebung eingesetzte Mittel,

2. der Zeitpunkt des Einsatzes,
3. die Angaben, die die Feststellung der erhobenen Daten ermöglichen und
4. die Organisationseinheit, die die Maßnahme durchführt.

(2) Zudem sind je nach Durchführung der konkreten Maßnahme die betroffenen Personen im Sinne des § 33 Absatz 1 Nummer 1 bis 8 zu dokumentieren.

(3) Nachforschungen zur Feststellung der Identität einer in § 33 Absatz 1 Nummer 4 und 7 bezeichneten Person sind nur vorzunehmen, wenn dies unter Berücksichtigung der Eingriffsintensität der Maßnahme gegenüber dieser Person, des Aufwands für die Feststellung ihrer Identität sowie der daraus für diese oder andere Personen folgenden Beeinträchtigungen geboten ist. Die Zahl der Personen, deren Protokollierung unterblieben ist, ist im Protokoll anzugeben.

(4) Die Protokolldaten dürfen nur verwendet werden für Zwecke der Benachrichtigung nach § 33 und um der betroffenen Person oder der oder dem Landesbeauftragten für Datenschutz und Informationsfreiheit die Prüfung zu ermöglichen, ob die Maßnahmen rechtmäßig durchgeführt worden sind. Sie sind bis zum Abschluss der Kontrolle nach § 33 c aufzubewahren und sodann automatisiert zu löschen, es sei denn, dass sie für den in Satz 1 genannten Zweck noch erforderlich sind.

(5) § 55 des Datenschutzgesetzes Nordrhein-Westfalen bleibt unberührt.

§ 33c Datenschutzkontrolle

Die oder der Landesbeauftragte für Datenschutz und Informationsfreiheit führt unbeschadet ihrer oder seiner sonstigen Aufgaben und Kontrollen mindestens alle zwei Jahre zumindest stichprobenartige Überprüfungen bezüglich der Datenverarbeitung bei nach § 33b zu protokollierenden Maßnahmen und von Übermittlungen an Drittstaaten gemäß des § 29 durch. Zu diesem Zwecke sind durch technische und organisatorische Maßnahmen in geeigneter auswertbarer Form die Protokollierungen gemäß § 29 und § 33b zur Verfügung zu stellen.

§ 34 Platzverweisung

(1) Die Polizei kann zur Abwehr einer Gefahr eine Person vorübergehend von einem Ort verweisen oder ihr vorübergehend das Betreten eines Ortes verbieten. Die Platzverweisung kann ferner gegen eine Person angeordnet werden, die den Einsatz der Feuerwehr oder von Hilfs- oder Rettungsdiensten behindert.

(2) Rechtfertigen Tatsachen die Annahme, dass eine Person in einem bestimmten örtlichen Bereich eine Straftat begehen oder zu ihrer Begehung beitragen

wird, kann ihr für eine bestimmte Zeit verboten werden, diesen Bereich zu betreten oder sich dort aufzuhalten, es sei denn, sie hat dort ihre Wohnung oder nimmt dort berechtigte Interessen wahr. Örtlicher Bereich im Sinne des Satzes 1 ist ein Gemeindegebiet oder ein Gebietsteil innerhalb einer Gemeinde. Die Maßnahme ist zeitlich und örtlich auf den zur Verhütung der Straftat erforderlichen Umfang zu beschränken. Sie darf die Dauer von drei Monaten nicht überschreiten.

VV zu § 34 Platzverweisung

34.11 Die Platzverweisung ist erforderlichenfalls mit der Anordnung zu verbinden, mitgeführte Sachen (insbesondere Fahrzeuge) oder Tiere zu entfernen. Soll im Zusammenhang mit einer Platzverweisung eine Wohnung betreten oder durchsucht werden, müssen die Voraussetzungen des § 41 erfüllt sein.

34.12 Eine Platzverweisung kann auch gegen Schaulustige angeordnet werden, wenn allein deren Anwesenheit den Einsatz von Feuerwehr, Hilfs- und Rettungsdiensten behindert, insbesondere die Zu- und Abfahrt der Fahrzeuge hierdurch versperrt ist.

34.21 Die Verfügung erfordert eine Prognoseentscheidung, nach der Tatsachen die Annahme rechtfertigen müssen, dass eine Person in einem bestimmten örtlichen Bereich eine Straftat verüben oder zu ihrer Begehung beitragen wird. Bloße Vermutungen reichen nicht aus.

34.22 Die Aufenthaltsuntersagung darf nicht den Bereich betreffen, in dem die Person ihre Wohnung hat oder in dem sie andere berechtigte Interessen (beispielsweise gerichtliche Ladungen) wahrnimmt.

34.23 § 34 Abs. 2 ist nicht gegenüber potenziellen Versammlungsteilnehmern anzuwenden, da insoweit die Vorschriften des VersammlG (als fortgeltendes Bundesrecht) vorgehen.

Zweck

- Generalklausel für Betretungs-/Aufenthaltsverbote.
- Allgemeine Gefahrenabwehr, Verhütung von Straftaten.
- Schutz der Funktionsfähigkeit von Feuerwehr, Hilfs- und Rettungskräften.

- Ergänzung anderer Maßnahmen (Wohnungsverweisung, Sportveranstaltung, Volksfeste).

Voraussetzungen
- Abs. 1 S. 1: konkrete Gefahr.
- Abs. 1 S. 2: Behinderung des Einsatzes der Feuerwehr, Hilfs-/Rettungsdienste.
- Abs. 2: Tatsachen rechtfertigen die Annahme, dass Adressat eine Straftat begehen oder dazu beitragen wird.

Zulässige Maßnahmen
- Vorübergehend (möglichst genau bezeichnen):
  - Abs. 1: kurzfristig – bis zum Ende der Gefahr/des Einsatzes, h. M. max. 24 Stunden (Einzelmeinung: länger als 1 Tag)
  - Abs. 2: langfristig – bis zu 3 Monaten (Höchstgrenze)
  - verweisen von einem – begrenzten – (Gefahren-/Einsatz-)Ort/Raum oder
  - verbieten des Betretens des (Gefahren-/Einsatz-)Ortes/Raums.
- Durchsetzung/Folgemaßnahmen:
  - Gewahrsam: bis 7 Tage (§ 35 Abs. 1 Nr. 3, § 38 Abs. 2 Nr. 2)
  - Zwang (§ 50 Abs. 1, 2).

Adressat
- Verhaltens-/Zustandsstörer (§§ 4, 5).
- Dritte/Unbeteiligte (z. B. Neugierige/Schaulustige, § 6).

Formvorschriften
- Anordnung/Durchführung: jeder Polizeibeamte.
- Mitgeführte (ggf. gefährliche) Sachen (z. B. Kfz, Hund) sind ebenfalls zu entfernen.
- Ggf. Dokumentation des Bereichs (Bestimmtheit der Verfügung).
- Ggf. schriftliche Bestätigung (insbesondere bei Dauermaßnahmen gem. Abs. 2).
- Zeitliche Höchstgrenze: 3 Monate (§ 34 Abs. 2 S. 4).
- Örtliche Beschränkung: Gemeindegebiet oder Teilgebiet davon.

Übermaßverbot
- Geeignetheit, Erforderlichkeit (Bereich! Dauer!), Verhältnismäßigkeit.

Rechtsprechung/Besonderheiten
- Ort ist die konkrete Gefahren-/Einsatzstelle, ggf. der Einsatzraum; kann auch eine Wohnung, ein Haus, ein Gelände, Festplatz sein.
- Ort kann auch eine Wohnung, ein Haus, ein Gelände, Festplatz sein, z. B. nach Wohnungsverweisung (Kindergarten, Schule).
- Bei Häuslicher Gewalt ist § 34a lex spezialis für die Tatwohnung.
- Verfügung an Hausbesetzer, ein besetztes Haus zu verlassen, ist kein Platzverweis, sondern Gebot i. S. v. § 8 Abs. 1.
- OVG Münster 2007: unter strenger Beachtung des Übermaßverbots und der berechtigten Interessen des Störers auch darüber hinaus.

Beispiele:
- Kirmesverbot für Randalierer; B-/C-Fans – Fußballstadion, betrunkene Jugendliche – Bereich Schützenfest, Jugendliche – kriminogener Ort/Drogenszene, Dirne/Freier – Straßenstrich etc.

§ 34a Wohnungsverweisung und Rückkehrverbot zum Schutz vor häuslicher Gewalt

(1) Die Polizei kann eine Person zur Abwehr einer von ihr ausgehenden gegenwärtigen Gefahr für Leib, Leben oder Freiheit einer anderen Person aus einer Wohnung, in der die gefährdete Person wohnt, sowie aus deren unmittelbaren Umgebung verweisen und ihr die Rückkehr in diesen Bereich untersagen. Der räumliche Bereich, auf den sich Wohnungsverweisung und Rückkehrverbot beziehen, ist nach dem Erfordernis eines wirkungsvollen Schutzes der gefährdeten Person zu bestimmen und genau zu bezeichnen. In besonders begründeten Einzelfällen können die Maßnahmen nach Satz 1 auf Wohn- und Nebenräume beschränkt werden.
(2) Der Person, die die Gefahr verursacht und gegen die sich die polizeilichen Maßnahmen nach Absatz 1 richten (betroffene Person), ist Gelegenheit zu

geben, dringend benötigte Gegenstände des persönlichen Bedarfs mitzunehmen.

(3) Die Polizei hat die betroffene Person aufzufordern, eine Anschrift oder eine zustellungsbevollmächtigte Person zum Zweck von Zustellungen behördlicher oder gerichtlicher Entscheidungen, die zur Abwehr einer Gefahr im Sinne des Absatzes 1 ergehen, zu benennen.

(4) Die Polizei hat die gefährdete Person auf die Möglichkeit der Beantragung zivilrechtlichen Schutzes hinzuweisen, sie über Beratungsangebote zu informieren, ihr eine Inanspruchnahme geeigneter, für diese Aufgabe qualifizierter Beratungseinrichtungen nahe zu legen und anzubieten, durch Weitergabe ihres Namens, ihrer Anschrift und ihrer Telefonnummer einen Kontakt durch die in der polizeilichen Einsatzdokumentation näher bezeichneten Beratungseinrichtung zu ermöglichen.

(5) Wohnungsverweisung und Rückkehrverbot enden außer in den Fällen des Satzes 2 mit Ablauf des zehnten Tages nach ihrer Anordnung, soweit nicht die Polizei im Einzelfall ausnahmsweise eine kürzere Geltungsdauer festlegt. Stellt die gefährdete Person während der Dauer der gemäß Satz 1 verfügten Maßnahmen einen Antrag auf zivilrechtlichen Schutz mit dem Ziel des Erlasses einer einstweiligen Anordnung, enden die Maßnahmen nach Absatz 1 mit dem Tag der gerichtlichen Entscheidung, spätestens jedoch mit Ablauf des zehnten Tages nach Ende der gemäß Satz 1 verfügten Maßnahmen. Die §§ 48, 49 des Verwaltungsverfahrensgesetzes bleiben unberührt.

(6) Das Gericht hat der Polizei die Beantragung zivilrechtlichen Schutzes sowie den Tag der gerichtlichen Entscheidung unverzüglich mitzuteilen; die §§ 18 bis 22 des Einführungsgesetzes zum Gerichtsverfassungsgesetz bleiben unberührt. Die Polizei hat die gefährdete und die betroffene Person unverzüglich über die Dauer der Maßnahmen nach Absatz 1 in Kenntnis zu setzen.

(7) Die Einhaltung eines Rückkehrverbotes ist mindestens einmal während seiner Geltung zu überprüfen.

VV zu § 34a

34a.0 Die Broschüre „Häusliche Gewalt und polizeiliches Handeln – Information für die Polizei und andere Beteiligte“ ist als verbindliche Handlungsanweisung zu beachten (RdErl. vom 21.03.2002 – 42.1–2761).

Zweck
- Schutz bei häuslicher Gewalt, insbes. vor Aggressionsdelikten und psychischer Unterdrückung (Gewaltspirale).
- Gefahrenabwehr, Verhütung von Straftaten, ggf. Jugendschutz.

Voraussetzungen
- Häusliche Gemeinschaft (nicht an jur. Form gebunden!).
- Abwehr einer gegenwärtigen Gefahr für Leben, Gesundheit oder Freiheit einer anderen Person.

Zulässige Maßnahmen
- Verweisen aus der (ggf. „eigenen“) Wohnung (Eigentums-/Besitzverhältnisse nicht entscheidend).
- Verbot der Rückkehr in den Bereich (nicht exakt nur die bewohnte Wohnung, ggf. auch Haus, strittig Umfeld des Hauses).
- Durchsetzung/Folgemaßnahmen:
  - Ergänzung ggf. durch Maßnahmen gem. § 34 Abs. 2
  - Gewahrsam: bis 10 Tage (§ 35 Abs. 1 Nr. 4, § 38 Abs. 2 Nr. 3)
  - Gewahrsam (§ 35 Abs. 1 Nr. 2, 3)
  - Zwang (§ 50 Abs. 1, 2).

Adressat
- Aggressor(in): Lebensgefährtin/-te, Sohn/Tochter, Eltern, strittig Untermieter (§ 34a Abs. 1 S. 1).
- Aggressor(in), unabhängig von Eigentums-/Besitzverhältnissen.
- Ggf. Austauschmittel akzeptieren! (z. B.: Opfer will gehen).

Formvorschriften
- Anordnung/Durchführung; Polizeivollzugsbeamte.
- Räumlicher Bereich, auf den sich Wohnungsverweisung und Rückkehrverbot beziehen, ist nach dem Erfordernis eines wirkungsvollen Schutzes der gefährdeten Person zu bestimmen und genau zu bezeichnen (Abs. 1 S. 2).
- In begründeten Einzelfällen können die Maßnahmen nach Satz 1 auf Wohn- und Nebenräume beschränkt werden (Abs. 1 S. 3).

- § 34a Abs. 1 S. 2, Abs. 2–7, insbesondere Überwachung (Abs. 7), Beratung, Zurücklassen des Wohnungsschlüssels, Höchstdauer 10 Tage (ggf. Möglichkeit der Verlängerung). Mitnahme persönlicher Sachen (Hygieneartikel, Wäsche, Geld/Wertsachen, soweit unstrittig), Erreichbarkeit/ggf. Zustellungsbevollmächtigter.
- Berichte an zust. Ordnungsbehörden (Jugendamt etc.).

Ermessen
- Entschließungsermessen auf null reduziert: Anspruch der Gefährdeten auf Schutz; Pflicht zum Einschreiten/Handeln.
- Auswahlermessen: durch Erlass (VV 34.0) beschränkt; sehr dezidierte Vorgaben, § 34a Abs. 1 S. 2, Abs. 2–7.

Übermaßverbot
- Geeignetheit, Erforderlichkeit (Bereich! Dauer! Austauschmittel – vgl. Adressat), Verhältnismäßigkeit.

Rechtsprechung/Besonderheiten
- Zivilrechtlicher Schutz durch Gewaltschutzgesetz.
- Beratung der Opfer über Beratungsnetzwerke.
- Hilfen über Ordnungsbehörde und ggf. Geld-/Sachmittel über Netzwerk, z. B. Weißer Ring.

§ 34b Aufenthaltsvorgabe und Kontaktverbot

(1) Die Polizei kann zur Verhütung von terroristischen Straftaten nach § 8 Absatz 4 einer Person untersagen, sich ohne Erlaubnis der Polizei von ihrem Wohn- oder Aufenthaltsort oder aus einem bestimmten Bereich zu entfernen oder sich an bestimmten Orten aufzuhalten (Aufenthaltsvorgabe), wenn

1. bestimmte Tatsachen die Annahme rechtfertigen, dass die betroffene Person innerhalb eines übersehbaren Zeitraums auf eine zumindest ihrer Art nach konkretisierte Weise eine terroristische Straftat nach § 8 Absatz 4 begehen wird oder
2. das individuelle Verhalten der betroffenen Person die konkrete Wahrscheinlichkeit begründet, dass sie innerhalb eines übersehbaren Zeitraums eine terroristische Straftat nach § 8 Absatz 4 begehen wird.

Unter den Voraussetzungen des Satzes 1 kann die Polizei zur Verhütung von Straftaten nach § 8 Absatz 4 einer Person auch den Kontakt mit bestimmten Personen oder Personen einer bestimmten Gruppe untersagen (Kontaktverbot). Die Befugnisse nach Satz 1 und 2 stehen der Polizei auch zur Abwehr einer Gefahr für Leib, Leben oder Freiheit einer Person oder für den Bestand oder die Sicherheit des Bundes oder des Landes zu.

(2) Maßnahmen nach Absatz 1 werden auf Antrag der Behördenleitung oder deren Vertretung durch das Amtsgericht angeordnet, in dessen Bezirk die Polizeibehörde ihren Sitz hat. Für das Verfahren gelten die Vorschriften des 7. Buches des Gesetzes über das Verfahren in Familiensachen und in den Angelegenheiten der freiwilligen Gerichtsbarkeit entsprechend. Bei Gefahr im Verzug kann die Anordnung durch die zuständige Behördenleiterin oder den Behördenleiter oder deren Vertretung getroffen werden. In diesem Fall ist die gerichtliche Entscheidung unverzüglich nachzuholen. Soweit die Anordnung nicht binnen drei Tagen durch das Gericht bestätigt wird, tritt sie außer Kraft.

(3) Im Antrag sind anzugeben

1. die Person, gegen die sich die Maßnahme richtet, mit Name und Anschrift,
2. Art, Umfang und Dauer der Maßnahme, einschließlich
   a) im Fall des Aufenthaltsgebots nach Absatz 1 Satz 1 einer Bezeichnung der Orte, von denen sich die Person ohne Erlaubnis der zuständigen Polizeibehörde nicht entfernen oder im Fall des Aufenthaltsverbots nach Absatz 1 Nummer 1, an denen sich die Person ohne Erlaubnis der zuständigen Polizeibehörde nicht aufhalten darf,
   b) im Fall des Kontaktverbots nach Absatz 1 Satz 2 der Personen oder Gruppe, mit denen oder mit welcher der betroffenen Person der Kontakt untersagt ist, soweit möglich, mit Name und Anschrift,
3. der Sachverhalt und
4. eine Begründung.

(4) Die Anordnung ergeht schriftlich. In ihr sind anzugeben

1. die Person, gegen die sich die Maßnahme richtet, mit Name und Anschrift,
2. Art, Umfang und Dauer der Maßnahme, einschließlich
   a) im Fall der Aufenthaltsanordnung nach Absatz 1 Satz 1 einer Bezeichnung der Orte, von denen sich die Person ohne Erlaubnis der zuständigen Polizeibehörde nicht entfernen oder an denen sich die Person ohne Erlaubnis der zuständigen Polizeibehörde nicht aufhalten darf,
   b) im Fall des Kontaktverbots nach Absatz 1 Satz 2 der Personen oder Gruppe, mit denen oder mit welcher der betroffenen Person der Kontakt untersagt ist, soweit möglich, mit Name und Anschrift und
3. die wesentlichen Gründe.

(5) Aufenthaltsanordnungen sowie Kontaktverbote sind auf den zur Abwehr der Gefahr jeweils erforderlichen Umfang zu beschränken. Sie sind auf höchstens drei Monate zu befristen. Eine Verlängerung um jeweils nicht mehr als drei Monate ist möglich, soweit ihre Voraussetzungen fortbestehen. Liegen die Voraussetzungen nicht mehr vor, ist die Maßnahme unverzüglich zu beenden.

Zweck

- Befugnis für polizeiliche Aufenthaltsvorgaben und Kontaktverbote (auch Klarstellung, dass § 8 nicht in Betracht kommt).
- Übertragung der Befugnisse auf Fälle der häuslichen Gewalt und andere Situationen, soweit Leben, Gesundheit oder Freiheit einer Person oder der Bestand des Bundes oder eines Landes gefährdet ist.
- Detallierte Verfahrensregeln.

Voraussetzungen

- Nr. 1: bestimmte Tatsachen rechtfertigen die Annahme, dass die betroffene Person innerhalb eines übersehbaren Zeitraums auf eine zumindest ihrer Art nach konkretisierte Weise eine terroristische Straftat nach § 8 Abs. 4 begehen wird.
- Nr. 2: das individuelle Verhalten der betroffenen Person begründet die konkrete Wahrscheinlichkeit, dass sie innerhalb eines übersehbaren Zeitraums eine terroristische Straftat nach § 8 Abs. 4 begehen wird, jeweils mit dem Ziel zur Verhütung von terroristischen Straftaten nach § 8 Abs. 4.
- Abwehr einer Gefahr für Leben, Gesundheit oder Freiheit einer Person oder den Bestand oder die Sicherheit des Bundes oder des Landes (Abs. 1 S. 3).

Zulässige Maßnahmen

- Untersagung (Verbot), sich ohne Erlaubnis der Polizei von dem Wohn-/Aufenthaltsort, aus einem bestimmten Bereich zu entfernen oder sich an bestimmten Orten aufzuhalten (Aufenthaltsvorgabe).
- Untersagung des Kontakts einer Person mit bestimmten Personen oder Personen einer bestimmten Gruppe (Kontaktverbot).

Adressat
- Betroffene Personen gem. § 4 Abs. 4 i. V. m. § 34b Abs. 1.
- Dritte/Kontaktpersonen gem. § 4 Abs. 4 i. V. m. § 34b Abs. 1.
- Verhaltensstörer gem. § 4 Abs. 1, die eine konkrete Gefahr für Leib, Leben oder Freiheit einer Person oder für den Bestand oder die Sicherheit des Bundes oder des Landes verursachen (§ 34b Abs. 1 S. 3).

Formvorschriften
- Anordnung durch das zuständige Amtsgericht auf Antrag der Behördenleitung, bei Gefahr im Verzug durch den Behördenleiter bzw. deren Vertretung mit der Pflicht, die gerichtliche Anordnung innerhalb von drei Tagen nachzuholen (Abs. 2).
- Gesetzliche Anforderungen an den Inhalt des Antrages (Abs. 3).
- Anforderungen an die gerichtliche Anordnung (Abs. 4).
- Beschränkung der Aufenthaltsvorgabe und des Kontaktverbotes auf den zur Abwehr der Gefahr erforderlichen Umfang, jedoch höchstens drei Monate mit Verlängerungsmöglichkeit um jeweils nicht mehr als drei Monate (Abs. 5).
- Beendigung der Anordnung, auch vorzeitig, wenn die Voraussetzungen der Anordnung nicht mehr vorliegen (Abs. 5), daraus auch Ableitung einer Prüfungspflicht der Polizei.
- Abgrenzung zu § 34 Abs. 2 (Aufenthaltsverbot bis zu drei Monaten) ist im Einzelfall schwierig; Maßnahme dient der Verhinderung einer Straftat gem. § 8 Abs. 4; § 34b ist lex spezialis gegenüber § 34 Abs. 2.

Rechtsprechung/Besonderheiten
- Verstöße sind gem. § 34d strafbewehrt.
- Ingewahrsamnahme gem. § 35 Abs. 1 Nr. 6 zur Durchsetzung der Anordnungen für die Dauer von sieben Tagen mit Entscheidung des Amtsgerichts (§ 38 Abs. 2 Nr. 4).

Beispiele:
- Einem Gefährder i. S. v. § 8 Abs. 4 wird untersagt, seine Wohnung ohne Absprache (Aufsicht der Polizei) zu verlassen;

Untersagung, einen bestimmten Verein aufzusuchen oder dort mit Personen Kontakt aufzunehmen.

- Einem Stalker, Täter Häusliche Gewalt (§ 238 StGB) wird untersagt, Kontakt mit seiner ehemaligen Frau aufzunehmen und sie am Kindergarten oder im Geschäft abzupassen, nachdem er der Frau aufgelauert und sie mit einem Messer schwer verletzt hat.

§ 34c Elektronische Aufenthaltsüberwachung

(1) Die Polizei kann zur Verhütung von terroristischen Straftaten nach § 8 Absatz 4 eine Person verpflichten, ein technisches Mittel, mit dem der Aufenthaltsort dieser Person elektronisch überwacht werden kann, ständig im betriebsbereiten Zustand am Körper zu tragen, die Anlegung und Wartung des technischen Mittels zu dulden und seine Funktionsfähigkeit nicht zu beeinträchtigen, wenn

1. bestimmte Tatsachen die Annahme rechtfertigen, dass diese Person innerhalb eines übersehbaren Zeitraums auf eine zumindest ihrer Art nach konkretisierte Weise eine Straftat nach § 8 Absatz 4 begehen wird oder
2. deren individuelles Verhalten eine konkrete Wahrscheinlichkeit dafür begründet, dass sie innerhalb eines übersehbaren Zeitraums eine Straftat nach § 8 Absatz 4 begehen wird,

um diese Person durch die Überwachung und die Datenverwendung von der Begehung dieser Straftat abzuhalten.

(2) Die Befugnis gemäß Absatz 1 steht der Polizei auch zu, wenn

1. dies zur Abwehr einer Gefahr für die sexuelle Selbstbestimmung nach §§ 174 bis 178, 182 des Strafgesetzbuchs unerlässlich ist oder
2. die Person, der gegenüber die Anordnung nach Absatz 1 getroffen werden soll, nach polizeilichen Erkenntnissen bereits eine Straftat nach § 238 des Strafgesetzbuchs begangen hat und bestimmte Tatsachen die Annahme rechtfertigen, dass sie weitere Straftaten nach § 238 des Strafgesetzbuchs begehen wird.

Die Befugnis gemäß Absatz 1 steht der Polizei ferner zu, wenn Maßnahmen nach § 34a getroffen wurden und eine Überwachung der Befolgung dieser Maßnahmen auf andere Weise nicht möglich oder wesentlich erschwert ist.

(3) Die Polizei verarbeitet mit Hilfe der von der verantwortlichen Person mitgeführten technischen Mittel automatisiert Daten über deren Aufenthaltsort sowie über etwaige Beeinträchtigungen der Datenerhebung. Soweit es technisch möglich ist, ist sicherzustellen, dass innerhalb der Wohnung der betroffenen Person keine über den Umstand ihrer Anwesenheit hinausgehenden Aufenthaltsdaten

erhoben werden. Werden innerhalb der Wohnung der betroffenen Person über den Umstand ihrer Anwesenheit hinausgehende Aufenthaltsdaten erhoben, dürfen diese nicht verwendet werden. Entsprechendes gilt, soweit durch die Datenerhebung nach Satz 1 der Kernbereich privater Lebensgestaltung betroffen ist. Daten nach Satz 3 und 4 sind unverzüglich nach ihrer Kenntnisnahme zu löschen. Die Tatsache ihrer Kenntnisnahme und Löschung ist zu dokumentieren. Die Dokumentation darf ausschließlich für Zwecke der Datenschutzkontrolle verwendet werden. Sie ist frühestens nach Abschluss der Datenschutzkontrolle und spätestens nach vierundzwanzig Monaten zu löschen. Die Daten dürfen ohne Einwilligung der betroffenen Person nur verarbeitet werden, soweit dies erforderlich ist für die folgenden Zwecke:

1. zur Verhütung oder zur Verfolgung von Straftaten von erheblicher Bedeutung,
2. zur Feststellung von Verstößen gegen Aufenthaltsvorgaben und Kontaktverbote nach § 34b,
3. zur Verfolgung einer Straftat gemäß § 34d,
4. zur Abwehr einer erheblichen gegenwärtigen Gefahr für Leib, Leben oder Freiheit einer Person oder
5. zur Aufrechterhaltung der Funktionsfähigkeit des technischen Mittels.

Zur Einhaltung der Zweckbestimmung nach Satz 9 hat die Verarbeitung der Daten automatisiert zu erfolgen. Zudem sind die Daten gegen unbefugte Kenntnisnahme und Verarbeitung besonders zu sichern.

(4) Die in Absatz 3 Satz 1 genannten Daten sind spätestens zwei Monate nach Beendigung der Maßnahme zu löschen, soweit sie nicht für die in Absatz 3 Satz 9 genannten Zwecke verwendet werden.

(5) Jeder Abruf der Daten ist unter Beachtung des § 55 des Datenschutzgesetzes Nordrhein-Westfalen zu protokollieren. Die Protokolldaten sind spätestens nach vierundzwanzig Monaten zu löschen.

(6) Maßnahmen nach den Absätzen 1 bis 3 werden auf Antrag der Behördenleitung oder deren Vertretung durch das Amtsgericht angeordnet, in dessen Bezirk die Polizeibehörde ihren Sitz hat. Für das Verfahren gelten die Vorschriften des 7. Buches des Gesetzes über das Verfahren in Familiensachen und in den Angelegenheiten der freiwilligen Gerichtsbarkeit entsprechend. Bei Gefahr im Verzug kann die Anordnung durch die zuständige Behördenleitung oder deren Vertretung getroffen werden. In diesem Fall ist die gerichtliche Entscheidung unverzüglich nachzuholen. Soweit die Anordnung nicht binnen drei Tagen durch das Gericht bestätigt wird, tritt sie außer Kraft. In dem Antrag sind anzugeben:

1. die Person, gegen die sich die Maßnahme richtet, mit Name und Anschrift,
2. Art, Umfang und Dauer der Maßnahme,

3. die Angabe, ob gegenüber der Person, gegen die sich die Maßnahme richtet, eine Aufenthaltsanordnung oder ein Kontaktverbot besteht,
4. der Sachverhalt und
5. eine Begründung.

(7) Die Anordnung ergeht schriftlich. In ihr sind anzugeben:
1. die Person, gegen die sich die Maßnahme richtet, mit Name und Anschrift,
2. Art, Umfang und Dauer der Maßnahme und
3. die wesentlichen Gründe.

(8) Die Anordnung ist sofort vollziehbar und auf höchstens drei Monate zu befristen. Eine Verlängerung um jeweils nicht mehr als drei Monate ist möglich, soweit die Anordnungsvoraussetzungen fortbestehen. Liegen die Voraussetzungen der Anordnung nicht mehr vor, ist die Maßnahme unverzüglich zu beenden.

(9) Die Landesregierung unterrichtet den Landtag jährlich über die nach den Absätzen 1 und 2 erfolgten Maßnahmen.

(10) Die Landesregierung überprüft die Wirksamkeit der Vorschrift bis zum 31. Dezember 2022 und berichtet dem Landtag über das Ergebnis der Evaluierung. § 34c tritt am 31. Dezember 2023 außer Kraft.

Zweck

- Bei dem Gefährder soll das Bewusstsein des dauerhaften Überwachtseins erzeugt werden, um ihn von terroristischen Straftaten oder anderen Straftaten abzuhalten (Abschreckungseffekt).
- Dauerhafte Überwachung des Aufenthaltsortes mit der Möglichkeit des gezielten Zugriffs, z. B. wenn die Tat umgesetzt wird.
- Befugnis, den Aufenthaltsort einer Person elektronisch zu überwachen, um terroristische Gefahren (§ 8 Abs. 4) abzuwehren (elektronische „Fußfessel" – fand bisher im Rahmen der Führungsaufsicht Anwendung, § 68b StGB i. V. m. § 463a StPO).
- Befugnis, den Aufenthaltsort einzelner Personen elektronisch zu überwachen, um bestimmte Delikte (Sexualtaten und Stalking gem. § 238 StGB) zu verhindern.
- Anwendung auch bei Fällen der häuslichen Gewalt i. S. v. § 34a.
- Feststellen von Verstößen gegen die Anordnungen gem. § 34b; Verwendung der aufgezeichneten Daten (Abs. 3).
- Jährliche Berichtspflicht der Landesregierung an den Landtag (Abs. 9).
- Evaluierung der Maßnahme (Abs. 10).
- Befristung der Gültigkeit bis zum 31.12.2023 (Abs. 10).

Voraussetzungen

- Abs. 1 Nr. 1: bestimmte Tatsachen rechtfertigen die Annahme, dass die betroffene Person innerhalb eines übersehbaren Zeitraums auf eine zumindest ihrer Art nach konkretisierten Weise eine terroristische Straftat nach § 8 Abs. 4 begehen wird.
- Abs. 1 Nr. 2: das individuelle Verhalten der betroffenen Person begründet die konkrete Wahrscheinlichkeit, dass sie innerhalb eines übersehbaren Zeitraums eine terroristische Straftat nach § 8 Abs. 4 begehen wird, jeweils mit dem Ziel zur Verhütung von terroristischen Straftaten nach § 8 Abs. 4.
- Abs. 2 Nr. 1: unerlässlich ist zur Abwehr einer Gefahr für die sexuelle Selbstbestimmung (§§ 174 bis 178, 182 StGB) oder
- Abs. 2 Nr. 2: Person, der gegenüber die Anordnung nach Abs. 1 getroffen werden soll, hat nach polizeilichen Erkenntnissen bereits eine Straftat gem. § 238 StGB begangen und bestimmte Tatsachen rechtfertigen die Annahme, dass sie weitere Straftaten nach § 238 StGB begehen wird.
- Abs. 2 Satz 2: Maßnahmen nach § 34a wurden getroffen und eine Überwachung der Befolgung dieser Maßnahmen auf andere Weise ist nicht möglich oder wesentlich erschwert.

Zulässige Maßnahmen

- Anordnung an eine Person, ein technisches Mittel, mit dem der Aufenthaltsort dieser Person elektronisch überwacht werden kann, ständig im betriebsbereiten Zustand am Körper zu tragen.
- Erhebung der Daten des technischen Mittels über den jeweiligen Aufenthaltsort, auch in der Wohnung, und weitere Verarbeitung dieser Daten, z. B. um Verstöße gegen § 34b festzustellen oder für Verfahren nach § 34c als Beweismittel.

Adressat

- Betroffene Personen gem. § 4 Abs. 4 i. V. m. § 34c Abs. 1.
- Betroffene Personen gem. § 4 Abs. 4 i. V. m. § 34c Abs. 1 zur Abwehr bestimmter Sexual-/Nachstellungsstraftaten (§ 238 StGB).

- Verhaltensstörer gem. § 4 Abs. 1 i. V. m. § 34a, der die Anordnung missachtete oder bei dem die Ingewahrsamnahme (§ 35) keinen Erfolg zeigte.

Formvorschriften

- Anordnung durch das zuständige Amtsgericht auf Antrag der Behördenleitung mit Regelung bei Gefahr im Verzug durch den Behördenleiter bzw. deren Vertretung mit der Pflicht, die gerichtliche Anordnung innerhalb von drei Tagen nachzuholen (Abs. 6)
- Gesetzliche Anforderungen an den Inhalt des Antrages (Abs. 6).
- Anforderungen an die gerichtliche Anordnung (Abs. 7).
- Sofortige Vollziehbarkeit der Anordnung (Abs. 8), damit im Weigerungsfall die Zwangsanwendung (§§ 50 ff.) möglich ist.
- Beschränkung der Maßnahme höchstens drei Monate mit Verlängerungsmöglichkeit um jeweils nicht mehr als drei Monate (Abs. 8).
- Beendigung der Anordnung, auch vorzeitig, wenn die Voraussetzungen der Anordnung nicht mehr vorliegen (Abs. 8); daraus auch Ableitung einer Prüfungspflicht der Polizei.
- Erhebung und weiterer Umgang mit den elektronisch erhobenen Daten, insbesondere im Wohnbereich der Person, unter Beachtung des Kernbereichs persönlicher Lebensgestaltung (§ 16) mit Löschungs- und Dokumentationspflichten sowie der weiteren Nutzung nur für bestimmte Zwecke (Abs. 3).
- Das elektronische Mittel zur Aufenthaltsüberwachung kann eine mildere Maßnahme i. S. v. § 34b darstellen (Erforderlichkeit).

Rechtsprechung/Besonderheiten

- Verstöße sind gem. § 34d strafbewehrt.
- Gewahrsam (§ 35 Abs. 1 Nr. 6) zur Durchsetzung der elektronischen Aufenthaltsüberwachung für die Dauer von sieben Tagen mit Entscheidung des Amtsgerichts (§ 38 Abs. 2 Nr. 4).
- Zur Zulässigkeit einer elektronischen Aufenthaltsüberwachung zur Abwehr einer drohenden Gefahr für Leben und Gesundheit

vgl. OLG München, Beschl. v. 1.4.2019, NJW 2019, 2404 und GSZ 2019, 169 ff. mit ausführlicher Anmerkung von Kremer.

Beispiele:
- Einem Gefährder i. S. v. § 8 Abs. 4 wird untersagt, seine Wohnung ohne Absprache (und damit Aufsicht der Polizei) zu verlassen, und außerdem wird ihm untersagt, einen bestimmten Verein aufzusuchen und dort mit Personen Kontakt aufzunehmen. Da der Gefährder die Anordnung missachtet, wird zusätzlich die Anordnung getroffen, ein elektronisches Mittel zur Überwachung des Aufenthaltes zu tragen.
- Einem KURS-Probanden wird die Anordnung erteilt, ein elektronisches Mittel zur Aufenthaltsüberwachung zu tragen, um weitere Sexualstraftaten zu verhindern.
- Die Wohnungsverweisung gem. § 34a und ein Kontaktverbot gem. § 34b wurden missachtet. Anstelle einer längerfristigen Ingewahrsamnahme wird das Tragen des elektronischen Mittels zur Aufenthaltsüberwachung angeordnet.

§ 34d Strafvorschrift

(1) Mit Freiheitsstrafe bis zu zwei Jahren oder mit Geldstrafe wird bestraft, wer
1. einer vollstreckbaren gerichtlichen Anordnung nach § 34b Absatz 2 Satz 1 oder einer vollziehbaren Anordnung nach § 34b Absatz 2 Satz 3 zuwiderhandelt und dadurch den Zweck der Anordnung gefährdet oder
2. einer vollstreckbaren gerichtlichen Anordnung nach § 34c Absatz 6 Satz 1 oder einer vollziehbaren Anordnung nach § 34c Absatz 6 Satz 2 zuwiderhandelt und dadurch die kontinuierliche Feststellung seines Aufenthaltsortes durch die Polizei verhindert.

(2) Die Tat wird nur auf Antrag der Polizeibehörde verfolgt, welche die Maßnahme angeordnet oder beantragt hat.

Zweck
- Verstärkung der Grundmaßnahmen nach §§ 34b und 34c.
- Höchstmaß der nach § 34d zu verhängenden Freiheitsstrafe liegt bei zwei Jahren (Befugnis des Landesgesetzgebers).

Voraussetzungen

- Gerichtliche Anordnungen und vollziehbare (§ 80 Abs. 2 Nr. 4 VwGO) Eilanordnungen der Behördenleitung:
  - zur Aufenthaltsvorgabe und zum Kontraktverbot
  - zum Tragen elektronischer Mittel zur Feststellung des Aufenthaltsortes.
- Antragsdelikt; Strafantragserfordernis der anordnenden Behörde – Antragsrecht liegt bei der Behördenleitung.

Besonderheiten

- Anwendung polizeilicher Zwangsmittel oder Anordnung der Ingewahrsamnahme bleiben unberührt.
- Belehrungserfordernis des Adressaten über die Strafnorm; in den gesetzlichen Formvorschriften für Gerichte und Polizeibehörden ist die Belehrung nicht vorgesehen (Erzeugen psychischen Drucks auf den Adressaten, Klarheit über Folgen möglichen Fehlverhaltens).

§ 35 Gewahrsam

(1) Die Polizei kann eine Person in Gewahrsam nehmen, wenn

1. das zum Schutz der Person gegen eine Gefahr für Leib oder Leben erforderlich ist, insbesondere weil die Person sich erkennbar in einem die freie Willensbestimmung ausschließenden Zustand oder sonst in hilfloser Lage befindet,
2. das unerlässlich ist, um die unmittelbar bevorstehende Begehung oder Fortsetzung einer Straftat oder einer Ordnungswidrigkeit von erheblicher Bedeutung für die Allgemeinheit zu verhindern,
3. das unerlässlich ist, um eine Platzverweisung nach § 34 durchzusetzen,
4. das unerlässlich ist, um eine Wohnungsverweisung oder ein Rückkehrverbot nach § 34a durchzusetzen,
5. das unerlässlich ist, um private Rechte zu schützen, und eine Festnahme und Vorführung der Person nach den §§ 229, 230 Abs. 3 des Bürgerlichen Gesetzbuches zulässig ist,
6. das unerlässlich ist, um eine Aufenthaltsanordnung oder ein Kontaktverbot nach § 34b oder die Anordnung einer elektronischen Aufenthaltsüberwachung nach § 34c durchzusetzen.

(2) Die Polizei kann Minderjährige, die sich der Obhut der Sorgeberechtigten entzogen haben, in Gewahrsam nehmen, um sie den Sorgeberechtigten oder dem Jugendamt zuzuführen.
(3) Die Polizei kann eine Person, die aus dem Vollzug von Untersuchungshaft, Freiheitsstrafen oder freiheitsentziehenden Maßregeln der Besserung und Sicherung entwichen ist oder sich sonst ohne Erlaubnis außerhalb der Justizvollzugsanstalt aufhält, in Gewahrsam nehmen und in die Anstalt zurückbringen.

VV zu § 35

35.0 § 35 regelt den Entzug der Freiheit zur Gefahrenabwehr. Eine Freiheitsentziehung liegt außerdem in den Fällen der Durchsetzung einer Vorladung gemäß § 10 Abs. 3 oder Durchführung einer Identitätsfeststellung gemäß § 12 Abs. 2 Satz 3 vor. Die Vorschriften über die Freiheitsentziehung in Strafverfahren (Verhaftung und vorläufige Festnahme, insbesondere nach den §§ 112 ff., 127 und 163b StPO) bleiben unberührt.

35.11 Bevor eine hilflose Person in Gewahrsam genommen wird, ist zu prüfen, ob sie – ggf. unter Einschaltung des Rettungsdienstes – unmittelbar einem Angehörigen oder einer anderen geeigneten Stelle (Krankenhaus, Heim o. Ä.) übergeben werden kann. Ebenso ist zu verfahren, wenn eine hilflose Person in Gewahrsam genommen worden ist. Soll eine hilflose Person in das Polizeigewahrsam eingeliefert werden, ist zuvor die Gewahrsamsfähigkeit durch einen Arzt feststellen zu lassen. Hilflosigkeit liegt insbesondere vor, wenn bei einer Person tiefgreifende Störungen des Bewusstseins, der Orientierung, der Wahrnehmung, der Auffassung oder auch des Denkens einzeln oder in Kombination auftreten.

35.12 Wird aufgrund des § 35 Abs. 1 Nr. 4 eine gerichtliche Entscheidung gemäß § 36 herbeigeführt, ist die berechtigte Person unverzüglich zu unterrichten und darauf hinzuweisen, dass sie die Möglichkeit hat, gemäß § 918 ZPO einen über die Gewahrsamnahme hinausgehenden Sicherheitsarrest beim Arrestgericht (§ 919 ZPO) zu beantragen. Die verpflichtete Person ist im Falle eines Sicherheitsarrestantrages der berechtigten Person durch die Polizei dem Arrestgericht vorzuführen.

35.2 Nicht erforderlich ist, dass von den Minderjährigen eine konkrete Gefahr ausgeht oder ihnen eine solche droht.

35.3 Die Ingewahrsamnahme ist zulässig, wenn noch kein Vollstreckungshaftbefehl oder noch kein Ersuchen der Justizvollzugsanstalt vorliegt. Die Justizvollzugsanstalt ist unverzüglich zu unterrichten. Für die Zurückbeförderung der betroffenen Person sind möglichst die Sammeltransporteinrichtungen der Justizbehörden in Anspruch zu nehmen.

Zweck

- Allgemeine Gefahrenabwehr, Verhütung von Straftaten.
- Durchsetzung von Grundmaßnahmen (Aufenthaltsanordnung, Platzverweis, Rückkehr-/Kontaktverbot, Wohnungsverweisung).
- Schutz privater Rechte.
- Rückführung Minderjähriger in die Obhut Sorgeberechtigter.
- Rückführung Entwichener (Untersuchungshaft, Freiheitsstrafen, freiheitsentziehende Maßregeln der Besserung und Sicherung, Aufenthalt außerhalb der Justizvollzugsanstalt ohne Erlaubnis).

Voraussetzungen

- Abs. 1 Nr. 1:
  - konkrete Gefahr
  - Schutzgewahrsam: Adressat befindet sich in einem die freie Willensbestimmung ausschließenden Zustand oder sonst hilfloser Lage (vermisste Kleinkinder/Kranke, Personen unter Drogen-/Alkoholeinfluss, Suizidgefährdeter – Gewahrsam zur Begutachtung PsychKG)
  - Erforderlichkeit.
- Abs. 1 Nr. 2:
  - unerlässlich (Erforderlichkeit)
  - Unterbindungsgewahrsam: Adressat begeht sonst eine Straftat oder bedeutende Ordnungswidrigkeit (Höhe des Bußgeldes) oder setzt diese fort (konkrete Tat/OWi, z. B. Schlägerei,

häusliche Gewalt, jugendliche Taschendiebe, Verstoß gegen Sperrbezirks-VO etc.).
- Abs. 1 Nr. 3:
  - unerlässlich (Erforderlichkeit)
  - Durchsetzung Platzverweis (§ 34 Abs. 1, 2).
- Abs. 1 Nr. 4:
  - unerlässlich (Erforderlichkeit)
  - Durchsetzung von Wohnungsverweisung oder Rückkehrverbot (§ 34a Abs. 1).
- Abs. 1 Nr. 5:
  - unerlässlich (Erforderlichkeit)
  - Schutz privater Rechte, insbes. bei Vorführung gem. §§ 229, 230 Abs. 3 BGB – soweit gerichtlicher Schutz nicht erreichbar.
- Abs. 1 Nr. 6:
  - unerlässlich (Erforderlichkeit)
  - Durchsetzung Aufenthaltsvorgabe (§ 34b), Kontaktverbot, elektronische Aufenthaltsüberwachung (§ 34c).
- Abs. 2:
  - Rückführung Minderjähriger in die Obhut Sorgeberechtigter (Eltern, Erzieher, Betreuer), nachdem sie sich eine gewisse Zeit ohne Wissen der Sorgeberechtigten entfernt haben bzw. ihr Aufenthalt unbekannt ist (nicht also Fälle, in denen der Aufenthalt bekannt, aber unerwünscht ist).
- Abs. 3:
  - Gewahrsam zur Sicherung des Strafvollzugs (Lückenschluss zu § 87 StVollzG, Rückführung entwichener Gefangener aus JVA, soweit noch kein Ersuchen, Haftbefehl, keine Ausschreibung/Fahndung vorliegt).

Zulässige Maßnahmen
- Gewahrsamnahme, Zuführung zum Polizeigewahrsam.
- Durchsetzung mit unmittelbarem Zwang (§ 50 Abs. 1, 2).
- Ggf. erforderliche Eigensicherungsmaßnahmen (ges. Befugnis erforderlich, z. B. § 39 Abs. 2).

Adressat
- Abs. 1 Nr. 1:
  Schutzperson, Gefährdeter, Kind, Kranker.
- Abs. 1 Nr. 2:
  potenzieller Straftäter, tatbestandsmäßig handelndes Kind, Betreuter.
- Abs. 1 Nr. 3, 4, 6: Adressat Grundmaßnahme.
- Abs. 1 Nr. 5: Schuldner gem. §§ 229, 230 BGB.

Formvorschriften
- Vorläufige Anordnung/Durchführung: Polizeivollzugsbeamte.
- Unverzügliche richtorliche (zust. AG) Entscheidung (Art. 104 Abs. 2 GG, § 36 Abs. 1). Entbehrlich, wenn die Entscheidung erst nach Wegfall des Gewahrsamsgrundes ergehen würde (h. M.: etwa 2 Stunden).
- Behandlung festgehaltener Personen (§ 37), insbesondere:
  - Bekanntgabe des Grundes der Gewahrsamnahme
  - Benachrichtigung Angehöriger/Betreuer, Vertrauensperson, Anwalt, soweit nicht der Maßnahmezweck gefährdet wird
  - keine Unterbringung mit Straf-/Untersuchungsgefangenen
  - ggf. Beobachtung mit Bild-/Tonübertragungsanlage (Sichtschutz zur Wahrung der Intimsphäre – Toilettenbereich).
- Dauer (§ 38 Abs. 1) Gewahrsamnahme endet, spätestens:
  - § 38 Abs. 1 Nr. 1: bei Wegfall des Grundes für die Gewahrsamnahme
  - § 38 Abs. 1 Nr. 2: wenn Fortdauer durch richterliche Entscheidung für unzulässig erklärt wird
  - § 38 Abs. 1 Nr. 3: spätestens am Ende des Tages nach dem Ergreifen, es sei denn, die Fortdauer der Freiheitsentziehung ist aufgrund eines anderen Gesetzes durch Richterentscheid zulässig
  - § 38 Abs. 2: von Abs. 1 Nr. 3 abweichende Höchstdauer gem. richterlicher Entscheidung
  - § 38 Abs. 2 Nr. 1: 14 Tage (§ 35 Abs. 1 Nr. 2), bei Straftat gem. § 12 StGB (Verbrechen), ggf. einmalige Verlängerung um bis zu 14 Tage

  - § 38 Abs. 2 Nr. 2: bis zum Ablauf des Platzverweises (§ 34), bei Gefahr für Leben, Gesundheit, Freiheit einer Person bis zu 7 Tage (Höchstdauer)
  - § 38 Abs. 2 Nr. 3: bis zum Ablauf der Wohnungsverweisung/ des Rückkehrverbotes (§ 34a Abs. 5), max. bis zu 10 Tage (Höchstdauer)
  - § 38 Abs. 2 Nr. 4: gem. § 35 Abs. 1 Nr. 6 (Aufenthaltsanordnung, Kontaktverbot, elektronische Aufenthaltsüberwachung bis zu 7 Tage (Höchstdauer)
  - § 38 Abs. 3: Gewähren anwaltlichen Beistands.
- Polizeigewahrsamsordnung (Erlass MIK NRW), insbesondere in Bezug auf Dauergewahrsam bzw. Gewahrsam in einer JVA.

Ermessen
- Entschließungs-/Auswahlermessen, ggf. entsprechend den Grundmaßnahmen reduziert (z. B. bei häuslicher Gewalt, Lebensgefahren etc.).

Rechtsprechung/Besonderheiten
- Verbringungsgewahrsam: Austauschmaßnahme zu § 35 Abs. 1 Nr. 2, Durchsetzung z. B. eines Platzverweises (§ 35 Abs. 1 Nr. 3) durch Verbringen des Adressaten mit dem FuStKW an einen entfernten Ort, zur Beseitigung der Gefahr oder Störung. Rechtlich zumindest problematisch (vgl. §§ 221, 212, 223, 13 StGB (Garantenpflicht durch vorangegangene Polizeimaßnahme).

Beispiele:
- 10-tägiger Gewahrsam nach häuslicher Gewalt, weil Aggressionstäter z. B. weitere Gewalttätigkeiten androht oder das Opfer während der Wohnungsverweisung trotz Aufenthalts-/ Betretungsverbot an der Arbeitsstelle, der Schule der Kinder bedroht o. Ä.
- Gewahrsamnahme des Brückenspringers zur Untersuchung durch die Ordnungsbehörde gem. PsychKG.

– Rückführung einer vermissten Jugendlichen zu den Eltern/zur Jugendeinrichtung; eines vermissten Dementen zum Betreuer; eines Nichtrückkehrers in die JVA/Forensik.

§ 36 Richterliche Entscheidung

(1) Wird eine Person auf Grund von § 10 Abs. 3, § 12 Abs. 2 Satz 3 oder § 35 festgehalten, hat die Polizei unverzüglich eine richterliche Entscheidung über Zulässigkeit und Fortdauer der Freiheitsentziehung herbeizuführen. Der Herbeiführung der richterlichen Entscheidung bedarf es nicht, wenn anzunehmen ist, dass die Entscheidung des Richters erst nach Wegfall des Grundes der polizeilichen Maßnahmen ergehen würde.
(2) Für die Entscheidung nach Absatz 1 ist das Amtsgericht zuständig, in dessen Bezirk die Freiheitsentziehung herbeigeführt wurde. Das Verfahren richtet sich nach den Vorschriften des 7. Buches (Verfahren in Freiheitsentziehungssachen) des Gesetzes über das Verfahren in Familiensachen und in den Angelegenheiten der freiwilligen Gerichtsbarkeit.

VV zu § 36

36.11 Die richterliche Entscheidung ist bereits vor der Freiheitsentziehung herbeizuführen, wenn dadurch der Erfolg der Maßnahme nicht gefährdet wird.

36.12 Eine schuldhafte Verzögerung liegt dann nicht vor, wenn der Richter aus Gründen, die nicht von der Polizei zu vertreten sind, nicht tätig werden kann.

§ 37 Behandlung festgehaltener Personen

(1) Wird eine Person auf Grund von § 10 Abs. 3, § 12 Abs. 2 Satz 3 oder § 35 festgehalten, ist ihr unverzüglich der Grund bekannt zu geben.
(2) Der festgehaltenen Person ist unverzüglich Gelegenheit zu geben, einen Angehörigen oder eine Person ihres Vertrauens zu benachrichtigen, soweit dadurch der Zweck der Freiheitsentziehung nicht gefährdet wird. Unberührt bleibt die Benachrichtigungspflicht bei einer richterlichen Freiheitsentziehung. Die Polizei soll die Benachrichtigung übernehmen, wenn die festgehaltene Person nicht in der Lage ist, von dem Recht nach Satz 1 Gebrauch zu machen und die Benachrichtigung ihrem mutmaßlichen Willen nicht widerspricht. Ist die fest-

gehaltene Person minderjährig oder ist für sie zur Besorgung aller ihrer Angelegenheiten ein Betreuer bestellt, so ist in jedem Falle unverzüglich derjenige zu benachrichtigen, dem die Sorge für die Person obliegt. Dies gilt auch, wenn der Aufgabenkreis des Betreuers die in § 1896 Abs. 4 und § 1905 des Bürgerlichen Gesetzbuchs bezeichneten Angelegenheiten nicht erfasst.

(3) Die festgehaltene Person soll gesondert, insbesondere ohne ihre Einwilligung nicht in demselben Raum mit Straf- oder Untersuchungsgefangenen untergebracht werden. Männer und Frauen sind getrennt unterzubringen. Der festgehaltenen Person dürfen nur solche Beschränkungen auferlegt werden, die der Zweck der Freiheitsentziehung oder die Ordnung im Gewahrsam erfordert. Im Ausnahmefall, wenn dies zum Schutz der Person erforderlich ist, kann die festgehaltene Person mittels Bild- und Tonübertragung offen beobachtet werden. Zur Wahrung der Intimsphäre kann der Toilettenbereich durch geeignete Sichtschutzwände abgegrenzt werden.

VV zu § 37

37.0 Der Vollzug der Freiheitsentziehung im Polizeigewahrsam ist im Einzelnen in der Polizeigewahrsamsordnung für das Land Nordrhein-Westfalen (RdErl. d. MIK v. 20.03.2009, MBl. NRW. S. 254) geregelt.

37.2 Auf RdNr. 4.2 wird verwiesen.

37.3 Diese Norm regelt die offene Beobachtung mit technischen Mitteln zur Bild- und Tonübertragung von im Polizeigewahrsam befindlichen Personen. Die Datenaufzeichnung ist nicht zugelassen. Die Beobachtung dient zum Schutz der im Polizeigewahrsam befindlichen Personen (z. B. bei Suizidgefahr, Gefahr von Verletzungen oder Notfällen bei alkoholisierten Personen oder Drogenkonsumenten), soweit zuvor die Gewahrsamsfähigkeit ärztlich festgestellt wurde. Dazu wird auf die mit RdErl. des Innenministeriums vom 6.8.2009 bekanntgegebene Druckschrift „Ärztliche Beurteilung der Gewahrsamsfähigkeit – Handlungsempfehlungen für von der nordrhein-westfälischen Polizei beauftragte (Polizei-) Ärztinnen und (Polizei-)Ärzte“ verwiesen.

§ 38 Dauer der Freiheitsentziehung

(1) Die festgehaltene Person ist zu entlassen,
1. sobald der Grund für die Maßnahme der Polizei weggefallen ist,
2. wenn die Fortdauer der Freiheitsentziehung durch richterliche Entscheidung für unzulässig erklärt wird,
3. in jedem Falle spätestens bis zum Ende des Tages nach dem Ergreifen, wenn nicht vorher die Fortdauer der Freiheitsentziehung auf Grund dieses oder eines anderen Gesetzes durch richterliche Entscheidung angeordnet ist.

(2) Durch die in Absatz 1 Nummer 3 vorgesehene richterliche Entscheidung kann in folgenden Fällen eine abweichende Frist des polizeilichen Gewahrsams bestimmt werden:
1. gemäß § 35 Absatz 1 Nummer 2 bis zu 14 Tagen, wenn es sich um eine Straftat nach § 12 Absatz 1 StGB (Verbrechen) handelt. Durch weitere richterliche Entscheidung ist eine einmalige Verlängerung um bis zu 14 Tage zulässig,
2. gemäß § 35 Absatz 1 Nummer 3, wenn eine Gefahr für Leib, Leben oder Freiheit einer Person besteht, bis zum Ablauf der nach § 34 angeordneten Maßnahme, maximal jedoch bis zu sieben Tagen,
3. gemäß § 35 Absatz 1 Nummer 4 bis zum Ablauf der nach § 34a Absatz 5 angeordneten Maßnahme, maximal jedoch bis zu zehn Tagen,
4. gemäß § 35 Absatz 1 Nummer 6 bis zu sieben Tagen,
5. zum Zwecke der Feststellung der Identität bis zu insgesamt zwölf Stunden, wenn nicht vorher die Fortdauer der Freiheitsentziehung auf Grund dieses oder eines anderen Gesetzes durch richterliche Entscheidung angeordnet wurde. Sofern Tatsachen die Annahme begründen, dass die Identitätsfeststellung innerhalb der Frist nach Satz 1 vorsätzlich verhindert worden ist, genügt es, wenn die richterliche Entscheidung über die Fortdauer des Gewahrsams zum Zwecke der Identitätsfeststellung spätestens bis zum Ende des Tages nach dem Ergreifen herbeigeführt wird. In diesem Fall darf die Freiheitsentziehung die in Nummer 2 genannte Frist nicht überschreiten.

(3) Nach Vollzug der in Absatz 1 Nummer 3 getroffenen richterlichen Entscheidung ist der in Gewahrsam genommenen Person ein anwaltlicher Beistand zu gewähren.

VV zu § 38

38.1 Die Polizei hat von Amts wegen zu prüfen, ob die Voraussetzungen für die Freiheitsentziehung entfallen sind. Sie hat von sich aus darauf hinzuwirken, dass die betroffene Person so bald wie möglich entlassen werden kann.

Ausweitung/Verlängerung der Höchstdauer des Gewahrsams bei unverändertem Richtervorbehalt und Übermaßverbot:

Höchstdauer	Gewahrsamsgrund	Verlängerungsmöglichkeit
max. 14 Tage	Unerlässlich zur Verhinderung eines Verbrechens (§ 35 Abs. 1 Nr. 2, § 8 Abs. 4)	um 14 Tage
max. 10 Tage	Bei (wiederholtem) Verstoß gegen Wohnungsverweisung durch gewalttätigen Partner (§ 35 Abs. 1 Nr. 4, § 34a Abs. 5)	
max. 7 Tage	– bei Gefahr für Leben, Gesundheit oder Freiheit einer Person zur Durchsetzung einer Maßnahme gem. § 34 (§ 35 Abs. 1 Nr. 3) – zur Durchsetzung eines Aufenthaltsanordnung oder eines Kontaktverbots (§ 35 Abs. 1 Nr. 6, §§ 34b, 34c) – bei Identitätsverweigerung (Verweigerung von Angaben zur Person oder Verhinderung der Gewinnung von Fingerabdrücken) – vgl. dazu AG Erkelenz, Beschl. v. 09.02.2019 – 5 AR – (unveröffentlicht) zur Verlängerung des Gewahrsams zur Identitätsfeststellung bei verklebten Fingerkuppen	
max. bis zum Ende des Folgetages	Grundsatz bei Gewahrsamnahme: Entlassen, sobald der Grund der Freiheitsbeschränkung/-entziehung weggefallen ist (§ 38 Abs. 1 Nr. 1, § 35 Abs. 1 Nr. 3)	
max. 12 Std.	Identitätsfeststellung (§ 38 Abs. 2 Nr. 5)	
	Grundsatz: Übermaßverbot gem. § 3 i. V. m. §§ 9, 12, 14, 35	

Eine Verlängerung des Gewahrsams zur Identifizierung der Person ist für die polizeiliche Arbeit notwendig, damit gegen die Person weitere beschränkende Anordnungen, z. B. nach § 34 Abs. 2 (Aufenthaltsverbot), § 34b (Aufenthaltsvorgabe/Kontaktverbot) getroffen werden können. Gegen nicht identifizierte Personen können wirksame Anordnungen nicht erlassen werden.

§ 39 Durchsuchung von Personen

(1) Die Polizei kann außer in den Fällen des § 12 Abs. 2 Satz 4 eine Person durchsuchen, wenn
1. sie nach diesem Gesetz oder anderen Rechtsvorschriften festgehalten werden kann,
2. Tatsachen die Annahme rechtfertigen, dass sie Sachen mit sich führt, die sichergestellt werden dürfen,
3. sie sich erkennbar in einem die freie Willensbestimmung ausschließenden Zustand oder sonst in hilfloser Lage befindet,
4. sie sich an einem der in § 12 Abs. 1 Nr. 2 genannten Orte aufhält,
5. sie sich in einem Objekt im Sinne des § 12 Abs. 1 Nr. 3 oder in dessen unmittelbarer Nähe aufhält und Tatsachen die Annahme rechtfertigen, dass in oder an Objekten dieser Art Straftaten begangen werden sollen, durch die Personen oder diese Objekte gefährdet sind.

(2) Die Polizei kann eine Person, deren Identität nach diesem Gesetz oder anderen Rechtsvorschriften festgestellt werden soll, nach Waffen, anderen gefährlichen Werkzeugen und Explosivmitteln durchsuchen, wenn das nach den Umständen zum Schutz des Polizeivollzugsbeamten oder eines Dritten gegen eine Gefahr für Leib oder Leben erforderlich ist. Dasselbe gilt, wenn eine Person nach anderen Rechtsvorschriften vorgeführt oder zur Durchführung einer Maßnahme an einen anderen Ort gebracht werden soll.

(3) Personen dürfen nur von Personen gleichen Geschlechts oder Ärzten durchsucht werden; das gilt nicht, wenn die sofortige Durchsuchung zum Schutz gegen eine Gefahr für Leib oder Leben erforderlich ist.

VV zu § 39

39.01 § 39 regelt die Durchsuchung von Personen zur Gefahrenabwehr. Die Durchsuchung von Personen in Straf- oder Bußgeldverfahren richtet sich nach den §§ 102 ff. StPO.

39.02 Die Durchsuchung von Personen beschränkt sich auf die Suche nach Sachen, die sich in den Kleidern der Person oder an ihrem Körper befinden können. Zu diesem Zweck kann von der Person ggf. verlangt werden, Kleidungsstücke abzulegen. Auch in der Mundhöhle und in den Ohren kann erforderlichenfalls nachgesehen werden. Die Suche nach Gegenständen im Innern des Körpers einschließlich der nicht ohne Weiteres zugänglichen Körperöffnungen stellt eine körperliche Untersuchung dar (vgl. die §§ 81a und 81c StPO) und fällt deshalb nicht unter § 39.

39.03 Bei einer Durchsuchung aufgefundene Gegenstände sind der betroffenen Person zu belassen, wenn sie weder nach § 43 sichergestellt noch nach den §§ 94 ff. StPO sichergestellt oder beschlagnahmt oder nach § 37 Abs. 3 Satz 3 einbehalten werden dürfen.

39.11 Die Durchsuchung nach § 39 Abs. 1 Nr. 1 dient der Suche nach Sachen, die zum Angriff auf Personen oder Sachen, zur Flucht oder Selbstgefährdung geeignet sind.

39.12 § 39 Abs. 1 Nr. 2 dient dem Auffinden von Gegenständen, die nach § 43 sichergestellt werden dürfen. Voraussetzung ist, dass entsprechende Tatsachen vorliegen; bloße Vermutungen reichen nicht aus.

39.13 Die Durchsuchung hilfloser Personen gemäß § 39 Abs. 1 Nr. 3 beschränkt sich auf die Suche nach Identitätspapieren, nach „Unfallausweisen" sowie nach Hinweisen für den Grund der Hilflosigkeit, um Beistand leisten zu können. Vom Zweck der Vorschrift werden auch Durchsuchungen getragen, die dem Auffinden von Gegenständen dienen, durch die eine Gefährdung der Person eintreten kann.

39.2 Die Durchsuchung nach § 39 Abs. 2 dient der Eigensicherung und dem Schutz Dritter (z. B. bei gemeinschaftlicher Unterbringung im Gewahrsam).

Zweck

- Durchsuchung von Personen zur Gefahrenabwehr.
- Auffinden von Sachen, von denen ggf. Gefahren ausgehen könnten.
- Eigensicherung (Abs. 1 Nr. 1, Abs. 2).
- Informationserhebung.

Voraussetzungen

- Nr. 1: Person kann festgehalten werden:
  - Person kann nach PolG (§§ 12, 14, 35) oder einer anderen Rechtsnorm (StPO, OBG etc.) festgehalten werden (Freiheitsentziehung ist nicht zwingend erforderlich, entscheidend ist die Zielrichtung der Maßnahme)
  - gesetzliche Gefahrenvermutung: es wird angenommen, dass vom Festgehaltenen eine Gefahr ausgehen kann
  - Durchsuchungszweck: polizeiliches Ziel/sachliche Zuständigkeit – Suche nach Sachen, die zum Angriff auf Personen oder Sachen, zur Flucht oder Selbstgefährdung geeignet sind (vgl. Sachen mit sich führt, die sichergestellt werden dürfen)
  - Durchsuchungszweck: polizeiliches Ziel ist die Gefahrenabwehr. Durchsuchung/Sicherstellung nach §§ 102 ff., 94, 98 StPO bleiben unberührt
  - sichere Hinweise (Fakten) lassen vermuten, dass sicherzustellende Gegenstände gefunden werden („Erfolgsvermutung"), z. B. Umrisse zeichnen sich unter Kleidung ab, Zeugenaussage, personenbezogener Hinweis im Rahmen des Datenabgleichs, aber auch kriminogener/verrufener Ort etc.
  - mit sich führen: Person trägt die Gegenstände so am Körper oder in der Kleidung mit, dass unmittelbarer Zugriff besteht.
- Nr. 3: Person befindet sich erkennbar in einem die freie Willensbestimmung ausschließenden Zustand oder hilfloser Lage:
  - Zustand, in dem die freie Willensbestimmung ausgeschlossen ist – Person kann einen eigenen Willensentschluss nicht fassen oder nicht nach diesem handeln, also z. B. Ohnmacht, Schock, Rausch durch Alkohol, andere Drogen, Medikamentenmissbrauch oder Untermedikation
  - hilflose Lage: Person ist zu einer freien Willensentscheidung fähig, jedoch nicht mehr in der Lage, aus eigener Kraft danach zu handeln, z. B. Verletzte, Verunglückte, Kinder, Demente, nach Schlaganfall
  - Durchsuchungszweck: polizeiliches Ziel/sachliche Zuständigkeit (Ausweisdokumente, Grund für hilflose Lage/Zustand.

- Nr. 4 Aufenthalt an einem kriminogenen Ort (§ 12 Abs. 1 Nr. 2):
  - allgemein zugänglicher (öffentlicher) Ort
    - Kriminalitätsbrennpunkt (Häufung von Straftaten von erheblicher Bedeutung (§ 8 Abs. 3 oder 4)
    - Treffpunkt der kriminellen Szene (Rocker, Jugendgangs, Drogenszene, sog. „Platte", vgl. § 12 Abs. 1 Nr. 2, S. 50)
    - Treffpunkt von Menschen, die gegen Aufenthaltsbestimmungen verstoßen (Nichtdeutsche – Verdacht des Verstoßes gegen AuslG, AsylG)
  - Person hält sich dort auf; sie muss nicht verdächtig, kriminell oder gefährlich aktiv sein
  - Gefahr geht nicht (unbedingt) von der Person, sondern von dem – allgemein zugänglichen – Ort aus (z. B. Bahnhof, gewisse Parks oder Straßenzüge, „Platte", „Strich")
  - steht eine Person offensichtlich in keiner Beziehung zu dem mit der Maßnahme verfolgten Zweck, sind Identitätsfeststellung und Durchsuchung (als intensivere Maßnahme) nicht zulässig (vgl. VV 12.12)
  - Durchsuchungszweck: polizeiliches Ziel/sachliche Zuständigkeit – Feststellen von Rechtsbrechern, Polizeipräsenz.
- Nr. 5: Aufenthalt an schutzwürdigen/gefährdeten Objekten/Einrichtungen:
  - Person (Adressat) befindet sich im oder in der Nähe eines schutzwürdigen/gefährdeten Objekts (§ 12 Abs. 1 Nr. 3 – vgl. Ausführungen zu § 12 Abs. 1 Nr. 3, S. 50)
  - Tatsachen (Fakten) rechtfertigen die Annahme, dass in oder an Objekten dieser Art Straftaten (nicht alle Delikte, die von gewisser Bedeutung; auf jeden Fall Straftaten gem. § 8 Abs. 3, 4) begangen werden sollen (z. B. Anschläge auf Banken, Umspannwerke, Kraftwerke, Kasernen, Kirchen/Synagogen/Moscheen, Versorgungsbetriebe, Strommasten etc.)
  - Personen oder diese Objekte sind gefährdet
  - Durchsuchungszweck: Schutz der Objekte/Einrichtungen und Anwesender/ggf. Unbeteiligter
  - steht eine Person offensichtlich in keiner Beziehung zu dem mit der Maßnahme verfolgten Zweck, sind Identitätsfeststel-

lung und Durchsuchung (als intensivere Maßnahme) nicht vorzunehmen/nicht zulässig (vgl. VV 12.12).

- Eigensicherung (Abs. 2):
  - Identitätsfeststellung, Festhalten, Transport der Person nach PolG oder anderen Rechtsvorschriften ist zulässig
  - Durchsuchungszweck: Eigensicherung – Auffinden von Waffen, gefährlichen Werkzeugen, Explosivmitteln.

Zulässige Maßnahmen

- Durchsuchen ist die zielgerichtete Suche nach bestimmten oder bestimmbaren Gegenständen/Merkmalen/Anhaltspunkten durch Abtasten und Nachschau (Abs. 1):
  - am/von Körper (VV 39.02), Haut, natürlichen Körperhöhlen. Grenze: Ohren, Mundhöhle sind zulässig, nicht aber Scheide oder After. Das wäre eine „körperliche Untersuchung“ – vgl. §§ 81a, 81c StPO). Die Abgrenzung ist im Einzelfall schwierig. Die Rechtsprechung hat dazu Grundsätze entwickelt:
    - Bei der Nachschau im Körperinnern und in nicht ohne Weiteres zugänglichen Körperöffnungen (Anus, Vagina) handelt es sich um eine von § 39 nicht mehr erfasste Untersuchung. Dazu gehört auch bereits das äußere Abtasten von Anus/Vagina, denn dies zielt – anders als das Betrachten der Körperöffnungen – auf das Auffinden von Gegenständen im Körperinneren und ist vom Durchsuchungsbegriff nicht mehr gedeckt.
    - Die Durchsuchung beschränkt sich auf die Suche nach Gegenständen in Kleidungsstücken des Betroffenen, in den ohne Weiteres zugänglichen Körperöffnungen (Nase, Auge, Mund) und auf die Nachschau am unbekleideten Körper. Das Auseinanderdrücken von Pobacken oder Oberschenkel zum Zwecke dieser Nachschau wäre demnach Bestandteil einer von § 39 erfassten Durchsuchung und nicht Bestandteil einer Untersuchung, vgl. ausführlich VG Köln, Urt. v. 25.11.2015 – 20 K 2624/14, OVG des Saarlandes, Urt. v. 30.11.2007 – 3 R 9/06; VGH München, Beschl. v. 16.07.1998 – 24 ZB 98.850, alle <juris>.

  - in der Kleidung (VV 39.02), Kleidungsstücke, einschließlich Hosen-, Jackentaschen, ggf. auch noch im Futter; nicht aber Handtasche, Rucksack etc. (siehe § 40); grenzwertig mitgeführter Schal, in den etwas eingewickelt sein könnte.
- Abtasten einer Person ist zwar ein unmittelbares Einwirken auf den Körper einer Person (vgl. § 58 Abs. 2). Es wird dabei aber keine besondere Kraftanstrengung ausgeübt, die den entgegenstehenden Willen oder Widerstand einer Person überwinden soll. Das wäre die zwangsweise Durchsetzung der Durchsuchung i. S. v. § 50.
- Verfügungen, die sich auf das Ermöglichen sowie auf die Durchführung der Durchsuchung beziehen, z. B. sich an die Wand zu stellen oder sich zu entkleiden.
- Durchsuchungszweck:
  - Nr. 1: Suche nach Sachen, die zum Angriff auf Personen oder Sachen, zur Flucht oder Selbstgefährdung geeignet sind (vgl. VV 39.11; § 43 3. Alt.)
  - Nr. 2: vgl. Zulässigkeit der Sicherstellung
  - Nr. 3: Suche nach Identitätspapieren (i. d. R. § 12 Abs. 2 S. 4!), „Unfallausweisen“, Hinweisen für den Grund der Hilflosigkeit sowie Gegenständen, durch die eine Gefährdung der Person eintreten kann (vgl. VV 39.13)
  - Nr. 4, 5: Personaldokumente, Hinweise auf Gefahren/Straftaten etc.
- Durchsuchung zur Eigensicherung (Abs. 2):
  - Durchsuchung ist zum Schutz von Polizeibeamten oder Dritten gegen eine Gefahr für Leben oder Gesundheit
  - Erforderlichkeit
  - Durchsuchungszweck: Auffinden von Waffen, gefährlichen Werkzeugen oder Explosivmitteln.

Adressat
- Abs. 1: Person, die den Tatbestand erfüllt, also Festgehaltener (Nr. 1), Besitzer (Nr. 2) Hilfloser/Kranker (Nr. 3), die sich dort aufhält und nicht offensichtlich unbeteiligt ist (Nr. 4, 5).
- Abs. 2: Grundmaßnahme (Festgehaltener, Transportperson).

Formvorschriften
- Anordnungskompetenz/Durchführung: Polizeibeamte.
- Grundsatz: Aufklärungspflicht über Grund der Durchsuchung.
- Grundsatz: Durchsuchung durch Personen gleichen Geschlechts oder durch Ärzte (Intimschutz, Abs. 3); Ausnahme: Erforderlichkeit zum Schutz von Leben oder Gesundheit.
- Sachen sind der Person zu belassen (VV 39.03), wenn sie nicht sichergestellt, beschlagnahmt oder anders einbehalten werden dürfen (§§ 43, 94, 98, 111b StPO, 37 Abs. 3 S. 3).
- Gem. §§ 40, 41 sind Durchsuchungsbescheinigungen auf Verlangen zu erteilen. Das sollte für Personendurchsuchungen ebenfalls gelten, auch wenn es nicht vorgeschrieben ist.

Ermessen
- Entschließungs-/Auswahlermessen ohne Beschränkung

Übermaßverbot
- Geeignetheit, Erforderlichkeit, Verhältnismäßigkeit.
- Ggf. Zulassen/Akzeptieren von Austauschmitteln: In vielen Fällen besteht die Möglichkeit, durch Verfügungen oder Kooperation (mildere Maßnahme, z. B. Leeren der Hosentaschen) eine Durchsuchung überflüssig zu machen.

Beispiele:
- Abs. 1: Durchsuchung.
- Nr. 1: Feststellung der Identität auf der Polizeiwache nach fremdenfeindlichem Übergriff, Gewahrsamnahme des Randalierers.
- Nr. 2: Jugendlicher hat offenbar „Flachmann" oder Messer in der Hosentasche.

- Nr. 3: demente Person nach Anhalt zur Person oder Wohnort.
- Nr. 4: Personen auf der „Platte“ (Drogenszene); Person mit mehreren Handys vor Pfandleihe, erkennbar Nichtdeutsche am „Arbeitsstrich“ (mobile Arbeitsbörse).
- Nr. 5: auffällige Person zur Nachtzeit am Geldautomaten, Autonome an einer künftigen Castor-Bahnstrecke etc.
- Abs. 2: Durchsuchung im Rahmen von Einsätzen zu transportierenden Personen: Hilflose, Verwirrte, Angetrunkene, Randalierer, strafunmündige „Täter“, aber auch Straftäter z. B. nach Trunkenheitsfahrt, Diebstahl oder Körperverletzung.

§ 40 Durchsuchung von Sachen

(1) Die Polizei kann außer in den Fällen des § 12 Abs. 2 Satz 4 eine Sache durchsuchen, wenn

1. sie von einer Person mitgeführt wird, die nach § 39 durchsucht werden darf,
2. Tatsachen die Annahme rechtfertigen, dass sich in ihr eine Person befindet, die
   a) in Gewahrsam genommen werden darf,
   b) widerrechtlich festgehalten wird oder
   c) hilflos ist,
3. Tatsachen die Annahme rechtfertigen, dass sich in ihr eine andere Sache befindet, die sichergestellt werden darf,
4. sie sich an einem der in § 12 Abs. 1 Nr. 2 genannten Orte befindet,
5. sie sich in einem Objekt im Sinne des § 12 Abs. 1 Nr. 3 oder in dessen unmittelbarer Nähe befindet und Tatsachen die Annahme rechtfertigen, dass in oder an Objekten dieser Art Straftaten begangen werden sollen, durch die Personen oder diese Objekte gefährdet sind,
6. es sich um ein Land-, Wasser- oder Luftfahrzeug handelt, in dem sich eine Person befindet, deren Identität nach § 12 Abs. 1 Nr. 4 festgestellt werden darf; die Durchsuchung kann sich auch auf die in dem Fahrzeug enthaltenen Sachen erstrecken.

(2) Bei der Durchsuchung von Sachen hat der Inhaber der tatsächlichen Gewalt das Recht, anwesend zu sein. Ist er abwesend, so sollen sein Vertreter oder ein anderer Zeuge hinzugezogen werden. Dem Inhaber der tatsächlichen Gewalt ist auf Verlangen eine Bescheinigung über die Durchsuchung und ihren Grund zu erteilen.

VV zur § 40

40.01 § 40 regelt die Durchsuchung von Sachen zur Gefahrenabwehr. Die Durchsuchung von Sachen in Straf- oder Bußgeldverfahren richtet sich nach den §§ 102 ff. StPO.

40.02 Bei der Durchsuchung der am Körper befindlichen Kleidungsstücke und deren Inhalt handelt es sich nicht um eine Durchsuchung von Sachen i. S. d. Vorschrift, sondern um eine Durchsuchung von Personen (39.02).

40.03 Für die Durchsuchung von Sachen im befriedeten Besitztum gelten die §§ 41 und 42.

40.04 RdNr. 39.03 gilt entsprechend.

40.11 Nach § 40 Abs. 1 Nr. 1 kann sich unter den Voraussetzungen des § 39 die Durchsuchung der Person auch auf die Sachen erstrecken, die die Person mitführt, d. h. die in ihrem unmittelbaren und sofortigen Zugriff stehen.

40.12 Sollen bewegliche Sachen, die Wohnungen sind (vgl. RdNr. 41.11), betreten oder durchsucht werden, richten sich die Maßnahmen nach § 41.

40.2 Der Inhaber der tatsächlichen Gewalt ist auf sein Recht hinzuweisen, bei der Durchsuchung anwesend sein zu können. Polizeivollzugsbeamtinnen und Polizeivollzugsbeamte kommen als Zeuginnen und Zeugen nur in Betracht, wenn andere Personen zu diesem Zwecke nicht hinzugezogen werden können.

Zweck

- Durchsuchung von Sachen, Behältnissen, Fahrzeugen zur Gefahrenabwehr.
- Auffinden von Sachen, von denen ggf. selbst oder von deren Besitzern Gefahren ausgehen können.
- Funktionsfähigkeit der Polizei.
- Informationserhebung.

Voraussetzungen

- Abs. 1 Nr. 1: Suche in mitgeführten Sachen:
  - Person darf gem. § 39 Abs. 1 oder 2 durchsucht werden
    Achtung: gilt nicht für Maßnahmen gem. § 12 Abs. 2 S. 4 nach Personaldokumenten – ggf. Überschneidung z. B. bei Feststellung der Personalien, erkennungsdienstlichen Maßnahmen oder Vernehmungen auf der Polizeiwache i. V. m. § 39 Abs. 2, dann sind an Ermessen und Übermaßverbot ein besonders strenger Maßstab anzulegen)
  - Durchsuchungsobjekt: (mitgeführte) Sachen/Behältnisse, Fahrzeuge, Container etc., auch Sachen, die im unmittelbaren/sofortigen Zugriff der zu durchsuchenden Person stehen, z. B. Rucksack, Fototasche, Handtasche, Koffer, Fahrzeuge, Anhänger, soweit nicht im weiteren Sinn befriedetet oder Wohnung (§§ 41 f.; 40.03) oder Kleidung (§ 39; VV 39.02, 40.02)
    Achtung: Überschneidungen möglichen: Fahrzeug, das tatsächlich als Wohnung genutzt wird oder Kleidung, die nicht getragen, aber mitgeführt wird. Dann sind an Ermessen und Übermaßverbot besonders strenge Maßstäbe anzulegen.
  - Durchsuchungszweck: Suche nach Personen oder Sachen i. S. d. polizeilichen Ziels/der sachlichen Zuständigkeit – Grundmaßnahme zulässig; Durchsuchung ist erforderlich.
- Abs. 1 Nr. 2: Suche zur Personenfahndung, Befreiung, Hilfe:
  - Tatsachen (Fakten) rechtfertigen die Annahme, dass sich im Durchsuchungsobjekt (vgl. Nr. 1) ein Mensch befindet,
  - Durchsuchungszweck: Person soll
    - in Gewahrsam genommen werden (Rechtmäßigkeit!); gilt auch für zulässige minderschwere Maßnahmen wie Identitätsfeststellung oder Vorführung
    - befreit werden, da sie widerrechtlich festgehalten wird (ggf. Straftat gem. §§ 239 ff. StGB) oder sich selbst nicht befreien kann (ggf. auch hilflos ist – Drogen, Medikamente etc.)
    - Hilfe geleistet werden (Person ist nicht in der Lage, aus eigener Kraft nach eigenem Willen zu handeln, z. B. Ver-

letzte, Verunglückte, Kinder, Demente, Kranke, z. B. nach Schlaganfall, Ohnmächtige, Medikamentenmissbrauch oder Untermedikation etc.

Nr. 3: Suche nach Sachen:
- Tatsachen (sichere Fakten, „Erfolgsvermutung") rechtfertigen die Annahme, dass sich im Durchsuchungsobjekt (vgl. Nr. 1) ein Gegenstand befindet, dessen Sicherstellung zur Gefahrenabwehr zulässig ist, z. B. Zeugenaussage, Erkennbarkeit durch ein Autofenster etc.
- Durchsuchungszweck: Sicherstellung zur Gefahrenabwehr, also gem. § 43, oder z. B. WaffG etc. Die Durchsuchung/ Sicherstellung nach §§ 102 ff., 94, 98 StPO bleiben unberührt.

- Nr. 4: Aufenthalt an einem kriminogenen Ort (§ 12 Abs. 1 Nr. 2); die Befugnis korreliert mit § 39 Abs. 1 Nr. 4. Die dortigen Ausführungen gelten entsprechend. An den kriminogenen Orten könnten somit ganzheitliche Kontrollen stattfinden:
  - allgemein zugänglicher (öffentlicher) Ort
    - Kriminalitätsbrennpunkt (Häufung von Straftaten von erheblicher Bedeutung (§ 8 Abs. 3 oder 4)
    - Treffpunkt der kriminellen Szene (Rocker, Jugendgangs, Drogenszene, sog. „Platte"; vgl. § 12 Abs. 1 Nr. 2, S. 50)
    - Treffpunkt von Menschen, die gegen Aufenthaltsbestimmungen verstoßen (Nichtdeutsche – Verdacht des Verstoßes gegen AuslG, AsylG)
  - Person hält sich dort auf, sie muss nicht verdächtig, kriminell oder gefährlich aktiv sein
  - Gefahr geht nicht (unbedingt) von der Person, sondern von dem – allgemein zugänglichen – Ort aus (z. B. Bahnhof, gewisse Parks oder Straßenzüge, „Platte", „Strich")
  - steht eine Person offensichtlich in keiner Beziehung zu dem mit der Maßnahme verfolgten Zweck, sind Identitätsfeststellung und Durchsuchung (als intensivere Maßnahme) nicht vorzunehmen/zulässig (vgl. VV 12.12)
  - Durchsuchungszweck: polizeiliches Ziel/sachliche Zuständigkeit – Feststellen von Rechtsbrechern, Polizeipräsenz.

- Nr. 5: Aufenthalt an schutzwürdigen/gefährdeten Objekten/Einrichtungen; die Befugnis korreliert mit § 39 Abs. 1 Nr. 5. Die dortigen Ausführungen gelten entsprechend. An den Schutzobjekten könnten somit ganzheitliche Kontrollen stattfinden:
  - Person (Adressat) befindet sich im oder in der Nähe eines schutzwürdigen/gefährdeten Objekts (§ 12 Abs. 1 Nr. 3, vgl. Ausführungen zu § 12 Abs. 1 Nr. 3, S. 50)
  - Tatsachen (Fakten) rechtfertigen die Annahme, dass in oder an Objekten dieser Art Straftaten (nicht alle Delikte, die von gewisser Bedeutung; auf jeden Fall Straftaten gem. § 8 Abs. 3, 4) begangen werden sollen (z. B. Anschläge auf Banken, Umspannwerke, Kraftwerke, Kasernen, Kirchen/Synagogen/Moscheen, Versorgungsbetriebe, Strommasten etc.)
  - Personen oder diese Objekte sind gefährdet
  - Durchsuchungszweck: Schutz der Objekte/Einrichtungen und Anwesender/ggf. Unbeteiligter
  - steht eine Person offensichtlich in keiner Beziehung zu dem mit der Maßnahme verfolgten Zweck, sind Identitätsfeststellung und Durchsuchung (als intensivere Maßnahme) nicht vorzunehmen/nicht zulässig (vgl. VV 12.12).
- Nr. 6: Kontrollstellen i. S. v. § 12 Abs. 1 Nr. 4:
  - Kontrollstelle (§ 12 Abs. 1 Nr. 4) ist zulässig (Bekämpfung von Straftaten gem. §§ 129a, 250 Abs. 1 Nr. 1a, Abs. 2 Nr. 1 oder § 255 StGB in vorgenannten Begehungsformen oder nach § 27 VersG – Anordnung durch LZPD NRW)
  - Dort wird eine Person angehalten, deren Identität festgestellt werden darf (§ 12 Abs. 1 Nr. 4!)
  - Durchsuchungszweck: Auffinden von Identitätsunterlagen, aber auch von Hinweisen/Gegenständen, die für die Begehung der o. a. Straftaten in Betracht kommen, also neben Personaldokumenten, Waffen, ggf. Unterlagen, in Bezug auf § 27 VersG Vermummungsmaterial, Defensivwaffen etc., ohne dass sie bereits Beweismittel einer konkreten Tat sind.

Zulässige Maßnahmen

- Durchsuchen ist die zielgerichtete Suche nach bestimmten oder bestimmbaren Personen, Sachen, Anhaltspunkten/Merkmalen zur Gefahrenabwehr in mobilen oder immobilen Sachen (soweit es sich nicht um Wohnungen handelt, z. B. Wohnwagen, -container, etc. – VV 40.03, 40.12), ggf. unter Zuhilfenahme von Werkzeugen zum Öffnen von Verstecken oder Verkleidungen (Abs. 1); Letzteres kann ggf. Verwaltungszwang darstellen.
- Verfügungen, die sich auf das Ermöglichen sowie auf die Durchführung der Durchsuchung beziehen.
- Soll nur die Beschaffenheit einer Sache festgestellt werden, handelt es sich nicht um eine Durchsuchung, sondern ggf. um eine Begutachtung.
- Durchsuchung von Sachen in Straf- oder Bußgeldverfahren richtet sich nach den §§ 102 ff. StPO (VV 40.01); die Durchsuchung nach Personaldokumenten i. d. R. nach § 12 Abs. 2.
- Durchsuchen einer Sache ist zwar ein unmittelbares Einwirken auf eine Sache, z. B. das Öffnen einer Schranktür, einer Kofferraumhaube, eines Handschuhfachs etc. (vgl. § 58 Abs. 2), es wird dabei aber nur die Kraftanstrengung ausgeübt, die zum ordnungsgemäßen Öffnen des Verschlusses erforderlich ist. Jedes Mehr stellt sich als zwangsweise Durchsetzung der Durchsuchung i. S. v. § 50 dar.

Adressat

- Eigentümer oder Besitzer der Sache.

Formvorschriften

- Anordnungskompetenz/Durchführung: Polizeibeamte.
- Belehrungs-/Aufklärungspflicht über Grund der Durchsuchung, Anwesenheitsrecht und Durchsuchungsprotokoll auf Verlangen, Beiziehung von Durchsuchungszeugen (VV 40.2).
- Anwesenheitsrecht, wenn Eigentümer/Besitzer abwesend, soll (s)ein Vertreter oder (unabhängiger) Zeuge beigezogen werden (Abs. 2).
- Durchsuchungsprotokoll ist auf Verlangen auszustellen (Abs. 2).

Ermessen

- Entschließungs-/Auswahlermessen ohne Beschränkung.
- Annahme geeigneter Austauschmittel, z. B. Freilassen der gesuchten Person oder freiwillige Herausgabe der gesuchten Sachen.

Übermaßverbot

- Geeignetheit, Erforderlichkeit, Verhältnismäßigkeit.
  In vielen Fällen kann die Möglichkeit bestehen, durch Verfügungen oder Kooperation (angebotene Austauschmittel, z. B. Öffnen eines Containers, Kofferraums) eine (ggf. zwangsweise) Durchsuchung überflüssig zu machen.
- Bei einer Durchsuchung aufgefundene Gegenstände sind der betroffenen Person zu belassen, wenn sie weder nach § 43 sichergestellt noch nach §§ 94 ff. StPO sichergestellt/beschlagnahmt oder nach § 37 Abs. 3 Satz 3 einbehalten werden dürfen (39.03, 40.04).

Beispiele:

- Abs. 1: Durchsuchung
  - Nr. 1: mitgeführte Sachen, Fahrzeuge etc. von Randalierern, Hilflose Personen etc.
  - Nr. 2: Schrank, in dem sich ein Störer zu verstecken versucht, ein Kind eingesperrt ist (Kinder-/Jugendstreich) oder ggf. sich ein Kind oder eine verwirrte/kranke Person nicht selbst befreien kann (Müllcontainer/Verwirrter, Kühlschrank/Kind)
  - Nr. 3: offen abgestellter Lkw/Pkw nach Wertgegenständen (gegenwärtige Gefahr des Verlusts von Eigentum)
  - Nr. 4: verdächtiger Koffer an einer Haltestelle/einer Parteizentrale etc., potenzielle/typische Drogenverstecke (Bunker) im Bereich der „Platte“ ohne konkreten Hinweis, z. B. normale Milieustreife des Diensthundeführers mit Drogenspürhund, potenzielle Ablage-/Übergabeorte für Diebesgut, gefälschte Ausweise etc. ohne konkreten Bezug zu einer begangenen Straftat

- Nr. 5: Verstecke/Bereitlageorte für Materialien zur Gefährdung der schützenswerten Objekte/Einrichtungen
- Nr. 6: Kraft-/Fahrzeuge, Koffer, Taschen etc. an Kontrollstellen i. S. v. § 12 Abs. 1 Nr. 4.

§ 41 Betreten und Durchsuchung von Wohnungen

(1) Die Polizei kann eine Wohnung ohne Einwilligung des Inhabers betreten und durchsuchen, wenn
1. Tatsachen die Annahme rechtfertigen, dass sich in ihr eine Person befindet, die nach § 10 Abs. 3 vorgeführt oder nach § 35 in Gewahrsam genommen werden darf,
2. Tatsachen die Annahme rechtfertigen, dass sich in ihr eine Sache befindet, die nach § 43 Nr. 1 sichergestellt werden darf,
3. von der Wohnung Immissionen ausgehen, die nach Art, Ausmaß oder Dauer zu einer erheblichen Belästigung der Nachbarschaft führen,
4. das zur Abwehr einer gegenwärtigen Gefahr für Leib, Leben oder Freiheit einer Person oder für Sachen von bedeutendem Wert erforderlich ist.

Die Wohnung umfasst die Wohn- und Nebenräume, Arbeits-, Betriebs- und Geschäftsräume sowie anderes befriedetes Besitztum.

(2) Während der Nachtzeit (§ 104 Abs. 3 der Strafprozessordnung) ist das Betreten und Durchsuchen einer Wohnung nur in den Fällen des Absatzes 1 Satz 1 Nrn. 3 und 4 zulässig.

(3) Wohnungen können jedoch zur Abwehr dringender Gefahren jederzeit betreten werden, wenn
1. Tatsachen die Annahme rechtfertigen, dass
   a) dort Personen Straftaten von erheblicher Bedeutung verabreden, vorbereiten oder verüben,
   b) sich dort Personen treffen, die gegen aufenthaltsrechtliche Strafvorschriften verstoßen,
   c) sich dort gesuchte Straftäter verbergen,
2. sie der Prostitution dienen.

(4) Arbeits-, Betriebs- und Geschäftsräume sowie andere Räume und Grundstücke, die der Öffentlichkeit zugänglich sind oder zugänglich waren und den Anwesenden zum weiteren Aufenthalt zur Verfügung stehen, können zum Zwecke der Gefahrenabwehr (§ 1 Abs. 1) während der Arbeits-, Geschäfts- oder Aufenthaltszeit betreten werden.

VV zu § 41

41.0 § 41 regelt das Betreten und die Durchsuchung von Wohnungen zur Gefahrenabwehr. Die Durchsuchung von Wohnungen in Straf- oder Bußgeldverfahren richtet sich nach den §§ 102 ff. StPO.

41.11 Es ist zu beachten: Wohnungen i. S. d. § 41 Abs. 1 Satz 2 sind auch die zu Wohnzwecken genutzten beweglichen Sachen wie Schiffe, Wohnwagen, Wohnmobile und Zelte. Inhaber einer Wohnung ist, wer rechtmäßig die tatsächliche Gewalt über die Räumlichkeit ausübt, somit z. B. auch Mieter, Untermieter oder Hotelgast. Bei Gemeinschaftsunterkünften, Internaten und Obdachlosenasylen sind nur die Leiterinnen und Leiter Inhaber. Die Befugnis zum Betreten einer Wohnung schließt die Befugnis ein, von Personen, Sachen und Zuständen, die ohne Weiteres wahrgenommen werden können, Kenntnis zu nehmen. Soweit es für die Erfüllung der polizeilichen Aufgaben erforderlich ist, umfasst das Betretungsrecht bei Grundstücken auch das Recht zum Befahren mit Fahrzeugen.

41.12 § 41 Abs. 1 Satz 1 Nr. 3 setzt keine Gefahr i. S. d. in § 41 Abs. 1 Satz 1 Nr. 4 genannten Schutzgüter voraus und dient insbesondere dem wirksamen Schutz der Nachtruhe vor erheblichen Ruhestörungen und zur Beendigung einer Ordnungswidrigkeit i. S. d. § 17 Abs. 1d des Landes-Immissionsschutzgesetzes (LImSchG). Von einer erheblichen Belästigung der Nachbarschaft ist in der Regel nur auszugehen, wenn die Polizei um Hilfe gerufen wird und nach Würdigung aller Umstände die Immissionen nicht zumutbar sind.

41.13 Die Durchsuchung einer Wohnung hat sich auf Anlass und Zweck der Durchsuchung zu beschränken. Befinden sich in der Wohnung Personen, die durchsucht werden sollen, ist hierfür § 39 maßgebend. Sollen in einer Wohnung Sachen durchsucht werden, die nicht den Wohnungsinhabern gehören, ist § 40 einschlägig.

41.3 Unter den Voraussetzungen des § 41 Abs. 3 können Wohnungen auch zur Verhütung von Straftaten betreten werden, ohne dass bereits eine konkrete Gefahr vorzuliegen braucht. Die Hinweise in den RdNrn. 12.13 und 12.14 sind zu beachten.

Zweck
- Gefahrenabwehr.
- Auffinden von Personen/Sachen, von denen ggf. Gefahren ausgehen könnten oder die zu schützen sind.
- Gefahrenerforschung/Informationserhebung.

Voraussetzungen
- Durchsuchungsobjekt/Örtlichkeit:
  - Wohnungen (Abs. 1, VV 41.11) sind
    - Wohn-, Neben-, Arbeits-, Betriebs- und Geschäftsräume sowie anderes befriedetes Besitztum
    - alle sonstigen zu Wohnzwecken genutzten immobilen (Gebäude, Wohnungen, Tunnel/Höhlen etc.) und beweglichen Sachen wie Fahrzeuge, Schiffe, Wohnwagen, Wohnmobile und Zelte.
  - Arbeits-, Betriebs- und Geschäftsräume (Abs. 4) sowie andere Räume und Grundstücke, die der Öffentlichkeit zugänglich sind oder waren (während der Öffnungszeiten) und den Anwesenden zum weiteren Aufenthalt zur Verfügung stehen, fallen nicht unter den besonderen Schutzbereich des Art. 13 GG bzw. den besonderen Intimsphärenschutz, also Gaststätten, Ladenlokale, Geschäfte, Clubs, Bordelle, Spielhallen, ggf. auch Kirchen/Synagogen/Moscheen, etc.
- Zulässigkeitsvoraussetzungen:
  - Nr. 1: Tatsachen (Fakten) rechtfertigen die Annahme, dass sich in der Wohnung eine Person aufhält, die nach § 10 Abs. 3 vorgeführt oder nach § 35 in Gewahrsam genommen werden darf (zur Tageszeit)
  - Nr. 2: Tatsachen (Fakten) rechtfertigen die Annahme, dass sich in der Wohnung eine Sache befindet, die nach § 43 Nr. 1 (zur Abwehr einer gegenwärtigen Gefahr) sichergestellt werden darf

- Nr. 3: von der Wohnung gehen Immissionen aus, die nach Art, Ausmaß oder Dauer zu einer erheblichen Belästigung der Nachbarschaft führen
- Nr. 4: zur Abwehr einer gegenwärtigen Gefahr für Leib, Leben oder Freiheit einer Person oder für Sachen von bedeutendem Wert erforderlich
- Abs. 3: Wohnungen können jederzeit betreten werden
  - zur Abwehr dringender Gefahren (vgl. § 8 Abs. 1; S. 36)
  - Nr. 1: Tatsachen rechtfertigen die Annahme, dass
    a) dort Personen Straftaten von erheblicher Bedeutung (§ 8 Abs. 3, 4) verabreden, vorbereiten oder verüben (vgl. § 12 Abs. 1 Nr. 2 Buchstabe a)
    b) sich dort Personen treffen, die gegen aufenthaltsrechtliche Strafvorschriften verstoßen (vgl. § 12 Abs. 1 Nr. 2 Buchstabe b)
    c) sich dort gesuchte Straftäter verbergen (vgl. § 12 Abs. 1 Nr. 2 Buchstabe c)
  - Nr. 2: Räume, die der Prostitution dienen.
- Während der Arbeits-, Geschäfts- oder Aufenthaltszeiten können Arbeits-, Betriebs- und Geschäftsräume sowie andere Räume und Grundstücke, die der Öffentlichkeit zugänglich sind oder zugänglich waren und den Anwesenden zum weiteren Aufenthalt zur Verfügung stehen, zur Gefahrenabwehr (§ 1 Abs. 1) betreten werden – keine Befugnis zur Durchsuchung; dafür müssen die Voraussetzungen gem. Abs. 2 vorliegen.

Zulässige Maßnahmen

- Betreten und Durchsuchen sind offene Polizeimaßnahmen; nicht offene, getarnte oder verschleierte Maßnahmen sind aufgrund von § 41 nicht zulässig.
- Betreten von Wohnungen (Abs. 1, 3, 4):
  - reines Eintreten/Eindringen in einen Raum, ohne nach Personen, Sachen, Spuren zu suchen, z. B. weil der Aufenthalt der Person oder der Ablageort der Sache bekannt ist

  - Befugnis schließt die Kenntnisnahme von Personen, Sachen und Zuständen, die ohne Weiteres wahrgenommen werden können, ein
  - soweit es für die Erfüllung der polizeilichen Aufgaben erforderlich ist, umfasst das Betretungsrecht bei Grundstücken auch das Recht zum Befahren mit Fahrzeugen
  - Zeitpunkt des Betretens (entscheidend ist der Beginn)
    a) Tageszeit: § 41 Abs. 1 Nr. 1, 2, 3, 4, Abs. 2, 3
    b) Nachtzeit: § 41 Abs. 1 Nr. 3 und 4, Abs. 3, 4.
- Betreten anderer Räume (Abs. 1, 3, 4):
  - Unterscheidung siehe Voraussetzungen
  - a) Tageszeit: § 41 Abs. 1 Nr. 1, 2, 3, 4, Abs. 2, 3
  - Nachtzeit: § 41 Abs. 1 Nr. 3 und 4, Abs. 3, 4
  - Öffentlich zugängliche Betriebs- und Geschäftsräume, andere Räume/Grundstücke können während der Arbeits-/Geschäfts-/Aufenthaltszeiten betreten werden.
- Durchsuchen von Wohnungen (Abs. 1, 2):
  - zielgerichtetes Suchen nach bestimmten oder bestimmbaren Personen, Sachen oder Spuren/Merkmalen zur Gefahrenabwehr, ggf. unter Zuhilfenahme von Werkzeugen zum Öffnen von Verstecken oder Verkleidungen
  - Zeitpunkt der Durchsuchung (entscheidend ist der Beginn)
    a) Tageszeit: § 41 Abs. 1 Nr. 1, 2, 3, 4
    b) Nachtzeit: § 41 Abs. 1 Nr. 3 und 4.
- Durchsuchungszweck:
  - Abs. 1 Nr. 1: Vorladung/Gewahrsamnahme einer Person
  - Abs. 1 Nr. 2: Sicherstellung von Sachen (§ 43 Nr. 1 zur Abwehr einer gegenwärtigen Gefahr)
  - Abs. 1 Nr. 3: Lärmschutz/Herstellen von Ruhe
  - Abs. 1 Nr. 4: erforderlich zur Abwehr einer gegenwärtigen Gefahr für Leib, Leben oder Freiheit einer Person oder für Sachen von bedeutendem Wert.

Adressat

- Inhaber (Eigentümer, Besitzer, Nutzer) der Wohnung, Räume, Örtlichkeiten, z. B. auch Mieter, Untermieter oder Hotelgast.

Bei Gemeinschaftsunterkünften, Internaten und Obdachlosenasylen sind nur die Leiterinnen und Leiter Inhaber (VV 41.11).

Formvorschriften

- Anordnungs-/Durchführungskompetenz:
  - Durchsuchung: Anordnung: Richter, bei G.i.V. Polizeibeamte (§ 42 Abs. 1); Durchführung: Polizeibeamte
  - Betreten: Anordnung/Durchführung: Polizeibeamte.
- Nachtzeit (Abs. 2, Verweis auf § 104 Abs. 3 StPO): Zeitraum:
  - vom 01.04. bis 30.09. Stunden von 21 Uhr bis 04 Uhr
  - vom 01.10. bis 31.03. Stunden von 21 Uhr bis 06 Uhr.
- Anwesenheitsrecht des Inhabers (§ 42 Abs. 2); bei Abwesenheit ist möglichst ein Vertreter (erwachsener Angehöriger, Nachbar) hinzuzuziehen.
- Pflicht zur unverzüglichen Bekanntgabe des Grundes der Durchsuchung an Inhaber/Vertreter, soweit der Zweck nicht gefährdet wird.
- Niederschrift/Protokoll der Durchsuchung (Dienststelle, Grund, Zeit, Ort, Ergebnis; Unterschrift vom Beamten und Inhaber/seines Vertreters; Auf Wunsch Aushändigung/Zustellung Abschrift.
- Aufklärungspflicht über Vernichtung des Protokolls (§ 14 Abs. 3).
- Durchsuchung von Sachen in Straf- oder Bußgeldverfahren richtet sich nach den §§ 102 ff. StPO (VV 40.01); die Durchsuchung nach Personaldokumenten i. d. R. nach § 12 Abs. 2.
- Verfügungen, die sich auf die Umsetzung des Betretens/der Durchsuchung beziehen.

Übermaßverbot

- Geeignetheit, Erforderlichkeit, Verhältnismäßigkeit.

  Oft besteht die Möglichkeit, durch Verfügungen/Kooperation oder angebotene Austauschmittel (z. B. Herausgabe der gesuchten Sachen, Freilassen Festgehaltener, Herstellen der Nachtruhe) die Durchsuchung überflüssig zu machen.

Beispiele:
- Abs. 1 Nr. 1: Durchsuchung einer Wohnung, wo sich entwichene Jugendliche verbergen, sich jugendliche Straftäter verbergen (ggf. auch Vorführung zur erkennungsdienstlichen Behandlung), aber auch Schutzgewahrsam etc.
- Durchsuchung der Wohnung nach Verstoß gegen das Rückkehrverbot (§ 34a) ist ohne konkrete Hinweise (Tatsachen) nicht zulässig.
- Abs. 1 Nr. 2: Ablage von Munitionsfund, Fundsachen nach Havarie.
- Abs. 1 Nr. 3: Wohnung: Familienfeier – Verstoß § 9 LImschG, Garten: ungenehmigtes Osterfeuer/Verbrennen von Abfall.
- Abs. 1 Nr. 4: Wohnung: Häusliche Gewalt – Suche nach Opfern; Suche nach Beweismitteln/Beute im Anschluss an Eigentumsdelikte.
- Abs. 3: ggf. Zuwandererunterkunft, Wohnung von Prostituierten/Strichern im Sperrbezirk.
- Gaststätten, Spielhallen etc. für Jugendschutzkontrollen etc.

§ 42 Verfahren bei der Durchsuchung von Wohnungen

(1) Durchsuchungen dürfen außer bei Gefahr im Verzug nur durch den Richter angeordnet werden. Zuständig ist das Amtsgericht, in dessen Bezirk die Wohnung liegt. Für das Verfahren gelten die Vorschriften des Gesetzes über das Verfahren in Familiensachen und in den Angelegenheiten der freiwilligen Gerichtsbarkeit entsprechend.
(2) Bei der Durchsuchung einer Wohnung hat der Wohnungsinhaber das Recht, anwesend zu sein. Ist er abwesend, so ist, wenn möglich, sein Vertreter oder ein erwachsener Angehöriger, Hausgenosse oder Nachbar zuzuziehen.
(3) Dem Wohnungsinhaber oder seinem Vertreter ist der Grund der Durchsuchung unverzüglich bekannt zu geben, soweit dadurch der Zweck der Maßnahmen nicht gefährdet wird.
(4) Über die Durchsuchung ist eine Niederschrift zu fertigen. Sie muss die verantwortliche Dienststelle, Grund, Zeit und Ort der Durchsuchung und das Ergebnis der Durchsuchung enthalten. Die Niederschrift ist von einem durchsuchenden Beamten und dem Wohnungsinhaber oder der zugezogenen Person zu unterzeichnen. Wird die Unterschrift verweigert, so ist hierüber ein Vermerk

aufzunehmen. Dem Wohnungsinhaber oder seinem Vertreter ist auf Verlangen eine Abschrift der Niederschrift auszuhändigen.
(5) Ist die Anfertigung der Niederschrift oder die Aushändigung einer Abschrift nach den besonderen Umständen des Falles nicht möglich oder würde sie den Zweck der Durchsuchung gefährden, so sind der betroffenen Person lediglich die Durchsuchung unter Angabe der verantwortlichen Dienststelle sowie Zeit und Ort der Durchsuchung schriftlich zu bestätigen.
(6) § 14 Abs. 3 gilt entsprechend.

VV zu § 42

42.0 § 42 regelt das Verfahren bei der Durchsuchung von Wohnungen zur Gefahrenabwehr. Das Verfahren bei der Durchsuchung von Wohnungen in Straf- oder Bußgeldverfahren richtet sich nach den §§ 102 ff. StPO.

42.2 Wohnungsinhaber sind auf das Recht hinzuweisen, bei der Durchsuchung anwesend sein zu können.

§ 43 Sicherstellung

Die Polizei kann eine Sache sicherstellen,
1. um eine gegenwärtige Gefahr abzuwehren,
2. um den Eigentümer oder den rechtmäßigen Inhaber der tatsächlichen Gewalt vor Verlust oder Beschädigung einer Sache zu schützen,
3. wenn sie von einer Person mitgeführt wird, die nach diesem Gesetz oder anderen Rechtsvorschriften festgehalten wird, und die Sache verwendet werden kann, um
   a) sich zu töten oder zu verletzen,
   b) Leben oder Gesundheit anderer zu schädigen,
   c) fremde Sachen zu beschädigen oder
   d) die Flucht zu ermöglichen oder zu erleichtern.

VV zu § 43

43.01 § 43 regelt die Sicherstellung zur Gefahrenabwehr. Die Sicherstellung von Gegenständen, die als Beweismittel in Straf- oder Bußgeldverfahren von Bedeutung sein können, richtet sich nach den §§ 94 ff. StPO. Für die Sicherstellung von Gegenständen, die der Einziehung unterliegen, gelten die §§ 111b ff. StPO.

43.02 Unter § 43 Nr. 1 fällt auch die Sicherstellung von Fahrzeugen. Einzelheiten über die Durchführung ergeben sich aus dem RdErl. v. 25.6.1979 (SMBl. NRW. 20510) „Sicherstellung von Fahrzeugen durch die Polizei“ in der aktuellen Fassung.

43.03 Die Durchführung der Sicherstellung von Sachen, die von in Gewahrsam genommenen Personen mitgeführt werden, richtet sich nach der Polizeigewahrsamsordnung für das Land Nordrhein-Westfalen (RdErl. d. Innenministeriums v. 20.3.2009, MBl. NRW. S. 254).

Zweck

- Gefahrenabwehr.
- Eigentumssicherung/Schutz des Eigentümers/Besitzers.
- Spezielle Gefahrenabwehr/Schutz der Person, Eigensicherung.

Voraussetzungen

- Abwehr einer gegenwärtigen Gefahr:
  - gegenwärtige Gefahr (vgl. Tabelle § 8, S. 37)
  - Schutzgüter der öffentlichen Sicherheit oder Ordnung (vgl. Ausführungen zu § 1)
  - durch die Sicherstellung kann die Gefahr abgewendet werden (Gefahr kann von der Sache selbst oder dem Besitzer ausgehen).
- Schutz des Eigentümers/Besitzers vor Verlust oder Beschädigung:
  - Gefahr für Eigentum oder Besitz
  - Gegenwärtige Gefahr (ungeschrieben – vgl. Beispiele).
- Mitgeführte Sachen bei Festgehaltenen:
  - Person kann nach PolG oder einer anderen Rechtsnorm festgehalten werden
  - Festhalten ist Freiheitsbeschränkung, Bestimmen des Aufenthalts der Person durch die Polizei
  - Sache kann verwendet werden (Gefahrenvermutung), um sich zu töten/verletzen, Leben/Gesundheit anderer zu schädigen (z. B. Polizeibeamte), fremde Sachen zu beschädigen oder die Flucht zu ermöglichen oder zu erleichtern.

Zulässige Maßnahmen

- Sicherstellung der Sache (amtlicher Gewahrsam/Inverwahrungnahme – § 44 Abs. 1).
- Erhebung von allgemeinen Daten.

Adressat

- Alt. 1, 2: Zustands-/Verhaltensstörer, ggf. Nichtstörer (§§ 4–6).
- Alt. 3: Grundmaßnahme (Festgehaltener/Besitzer).

Formvorschriften

- Sicherstellungsprotokoll (§ 44 Abs. 2).
- Unterrichtung des Eigentümers, soweit die Maßnahme nicht gegen diesen getroffen wird (§ 44 Abs. 2 S. 3).
- Sachgerechte Asservierung (§ 44 Abs. 3, 4).
- Ggf. Verwertung oder Vernichtung der Sache (§ 45 Abs. 1, 4), möglichst nach Anhörung des Eigentümers oder Rechteinhabers oder Versteigerung (§ 45 Abs. 3, § 979 BGB).
- Herausgabe sichergestellter Sachen (§ 46 Abs. 1) nach Entfallen des Grundes der Maßnahmen.
- Herausgabe ist ausgeschlossen, wenn dadurch erneut die Voraussetzungen für eine Sicherstellung eintreten würden.
- Herausgabe des Erlöses der Verwertung/Versteigerung an Eigentümer/Berechtigten (§ 46 Abs. 2); Anspruch erlischt nach 3 Jahren.
- Kosten für Sicherstellung, Verwahrung, Verwertung etc. fallen dem Adressaten/Störer zur Last (§§ 979–983 BGB).

Ermessen

- Entschließungs-/Auswahlermessen ohne Beschränkung.

Übermaßverbot

- Geeignetheit, Erforderlichkeit, Verhältnismäßigkeit.

Besonderheiten/Sonderfälle

- Gefahrenabwehrende Gewinnabschöpfung.

- Abschleppen Kfz.: normaler Weg der Sicherstellung z. B. eines Pkw; kann sich ggf. rechtlich als Verwaltungszwang (Selbst-/ Ersatzvornahme, § 52) darstellen.

Beispiele:
- Sicherstellung ist amtlicher Gewahrsam/Besitz, z. B. Pkw-Schlüssel beim angetrunkenen Fahrer, mitgeführtes Messer für die Fahrt zur Blutentnahme, Absperren der Gefahren-/Einsatzstelle (soweit kein Tatort).
- Alt. 1: Pkw-Schlüssel des angetrunkenen oder minderjährigen Fahrers, Branntwein, der von Minderjährigen mitgeführt wird.
- Alt. 2: auf Parkbank vergessene Tasche, Wertgegenstände im offenen, nicht verschließbaren Pkw (z. B. Cabrio), Fundsachen, aber auch gefahrenabwehrende Gewinnabschöpfung.
- Alt. 3: Waffen oder gefährliche Gegenstände beim Festgehaltenen für die Dauer der Maßnahme, z. B. Identitätsfeststellung, Transport zur Wache, Gewahrsam zur Durchsetzung der Wohnungsverweisung oder des Platzverweises, auch des Festgenommenen, soweit die Sache kein Beweismittel oder Einziehungsgegenstand darstellt.

§ 44 Verwahrung

(1) Sichergestellte Sachen sind in Verwahrung zu nehmen. Lässt die Beschaffenheit der Sachen das nicht zu oder erscheint die Verwahrung bei der Polizei unzweckmäßig, sind die Sachen auf andere geeignete Weise aufzubewahren oder zu sichern. In diesem Falle kann die Verwahrung auch einem Dritten übertragen werden.

(2) Der betroffenen Person ist eine Bescheinigung auszustellen, die den Grund der Sicherstellung erkennen lässt und die sichergestellten Sachen bezeichnet. Kann nach den Umständen des Falles eine Bescheinigung nicht ausgestellt werden, so ist über die Sicherstellung eine Niederschrift aufzunehmen, die auch erkennen lässt, warum eine Bescheinigung nicht ausgestellt worden ist. Der Eigentümer oder der rechtmäßige Inhaber der tatsächlichen Gewalt ist unverzüglich zu unterrichten.

(3) Wird eine sichergestellte Sache verwahrt, so hat die Polizei nach Möglichkeit Wertminderungen vorzubeugen. Das gilt nicht, wenn die Sache durch den Dritten auf Verlangen einer berechtigten Person verwahrt wird.

(4) Die verwahrten Sachen sind zu verzeichnen und so zu kennzeichnen, dass Verwechslungen vermieden werden.

VV zu § 44 *(hier nicht abgedruckt)*

§ 45 Verwertung, Vernichtung

(1) Die Verwertung einer sichergestellten Sache ist zulässig, wenn
1. ihr Verderb oder eine wesentliche Wertminderung droht,
2. ihre Verwahrung, Pflege oder Erhaltung mit unverhältnismäßig hohen Kosten oder Schwierigkeiten verbunden ist,
3. sie infolge ihrer Beschaffenheit nicht so verwahrt werden kann, dass weitere Gefahren für die öffentliche Sicherheit ausgeschlossen sind,
4. sie nach einer Frist von einem Jahr nicht an eine berechtigte Person herausgegeben werden kann, ohne dass die Voraussetzungen der Sicherstellung erneut eintreten würden,
5. die berechtigte Person sie nicht innerhalb einer ausreichend bemessenen Frist abholt, obwohl ihr eine Mitteilung über die Frist mit dem Hinweis zugestellt worden ist, dass die Sache verwertet wird, wenn sie nicht innerhalb der Frist abgeholt wird.

(2) Die betroffene Person, der Eigentümer und andere Personen, denen ein Recht an der Sache zusteht, sollen vor der Verwertung gehört werden. Die Anordnung der Verwertung ist ihnen bekannt zu geben. Zeit und Ort der Verwertung sind ihnen mitzuteilen, soweit die Umstände und der Zweck der Maßnahme es erlauben.

(3) Die Sache wird durch öffentliche Versteigerung verwertet; § 979 Abs. 1 des Bürgerlichen Gesetzbuches gilt entsprechend. Bleibt die Versteigerung erfolglos, erscheint sie von vornherein aussichtslos oder würden die Kosten der Versteigerung voraussichtlich den zu erwartenden Erlös übersteigen, so kann die Sache freihändig verkauft werden. Der Erlös tritt an die Stelle der verwerteten Sache. Lässt sich innerhalb angemessener Frist kein Käufer finden, so kann die Sache einem gemeinnützigen Zweck zugeführt werden.

(4) Sichergestellte Sachen können unbrauchbar gemacht oder vernichtet werden, wenn
1. im Falle einer Verwertung die Gründe, die zu ihrer Sicherstellung berechtigten, fortbestehen oder Sicherstellungsgründe erneut entstehen würden,
2. die Verwertung aus anderen Gründen nicht möglich ist.

Absatz 2 gilt sinngemäß.

VV zu § 45 *(hier nicht abgedruckt)*

§ 46 Herausgabe sichergestellter Sachen oder des Erlöses, Kosten

(1) Sobald die Voraussetzungen für die Sicherstellung weggefallen sind, sind die Sachen an diejenige Person herauszugeben, bei der sie sichergestellt worden sind. Ist die Herausgabe an sie nicht möglich, können die Sachen an eine andere Person herausgegeben werden, die ihre Berechtigung glaubhaft macht. Die Herausgabe ist ausgeschlossen, wenn dadurch erneut die Voraussetzungen für eine Sicherstellung eintreten würden.
(2) Sind die Sachen verwertet worden, ist der Erlös herauszugeben. Ist eine berechtigte Person nicht vorhanden oder nicht zu ermitteln, ist der Erlös nach den Vorschriften des Bürgerlichen Gesetzbuches zu hinterlegen. Der Anspruch auf Herausgabe des Erlöses erlischt drei Jahre nach Ablauf des Jahres, in dem die Sache verwertet worden ist.
(3) Die Kosten der Sicherstellung und Verwahrung fallen den nach den §§ 4 oder 5 Verantwortlichen zur Last. Mehrere Verantwortliche haften als Gesamtschuldner. § 77 des Verwaltungsvollstreckungsgesetzes findet Anwendung. Die Herausgabe der Sache kann von der Zahlung der Kosten abhängig gemacht werden. Ist eine Sache verwertet worden, können die Kosten aus dem Erlös gedeckt werden.
(4) § 983 des Bürgerlichen Gesetzbuches bleibt unberührt.

VV zu § 46 *(hier nicht abgedruckt)*

§ 47 Vollzugshilfe

(1) Die Polizei leistet anderen Behörden auf Ersuchen Vollzugshilfe, wenn unmittelbarer Zwang anzuwenden ist und die anderen Behörden nicht über die hierzu erforderlichen Dienstkräfte verfügen oder ihre Maßnahmen nicht auf andere Weise selbst durchsetzen können.
(2) Die Polizei ist nur für die Art und Weise der Durchführung verantwortlich. Im Übrigen gelten die Grundsätze der Amtshilfe entsprechend.
(3) Die Verpflichtung zur Amtshilfe bleibt unberührt.

VV zu § 47

47.11 Behörden i. S. d. § 47 Abs. 1 sind insbesondere
a) alle Stellen, die Aufgaben der öffentlichen Verwaltung wahrnehmen,

b) Gerichte,
c) Parlamentspräsidentinnen und Parlamentspräsidenten.

47.12 Vollzugshilfe liegt nicht vor, wenn
- *die Polizei innerhalb eines bestehenden Weisungsverhältnisses Hilfe leistet,*
- *die Hilfeleistung in einer Handlung besteht, die der Polizei als eigene Aufgabe obliegt,*
- *die Hilfeleistung in einer Handlung besteht, durch die nicht in die Rechte von Personen eingegriffen wird.*

47.21 Die Zulässigkeit der Maßnahme, die durch die Vollzugshilfe verwirklicht werden soll, richtet sich nach dem für die ersuchende Behörde geltenden Recht. Diese Behörde trägt daher die Verantwortung für die Rechtmäßigkeit der durchzusetzenden Maßnahme. Deshalb ist die Polizei grundsätzlich nicht verpflichtet, die Rechtsmäßigkeit dieser Maßnahme zu prüfen (vgl. aber die RdNrn. 49.2 und 49.3).

47.22 Hält die Polizei ein an sie gerichtetes Ersuchen für nicht zulässig, teilt sie das der ersuchenden Behörde mit. Besteht diese auf der Vollzugshilfe, entscheidet über die Verpflichtung zur Vollzugshilfe die gemeinsame Aufsichtsbehörde oder, sofern eine solche nicht besteht, die für die Polizei zuständige Aufsichtsbehörde. Dulden die Gesamtumstände nach Auffassung der ersuchenden Behörde keinen Aufschub bis zur Entscheidung der Aufsichtsbehörde, hat die Polizei dem Ersuchen zu entsprechen und unverzüglich ihrer Aufsichtsbehörde zu berichten.

47.23 Die Polizei darf die Vollzugshilfe nicht deshalb verweigern, weil sie die beabsichtigte Maßnahme für unzweckmäßig hält.

47.24 Die Durchführung der Vollzugshilfe richtet sich nach dem für die Polizei geltenden Recht. Die Polizei trägt die Verantwortung für die Art und Weise der Anwendung des unmittelbaren Zwanges. Im Übrigen sind Beanstandungen an die ersuchende Behörde weiterzuleiten; hiervon ist die betroffene Person zu unterrichten.

47.25 Wird die Polizei aufgrund eines Vollzugshilfeersuchens tätig, soll sie das nach außen zu erkennen geben, sofern es nicht offensichtlich ist.

47.3 Die Verpflichtung zur Amtshilfe ergibt sich aus Artikel 35 Abs. 1 GG und den §§ 4 ff. VwVfG NRW. Wegen der Gewährung des erforderlichen persönlichen Schutzes anderer Vollzugsdienstkräfte und des Schutzes ihrer Vollstreckungsmaßnahmen vgl. § 65 Abs. 2 des Verwaltungsvollstreckungsgesetzes für das Land Nordrhein-Westfalen (VwVG NRW). Vergleichbare Regelungen enthalten z. B. die §§ 758 Abs. 3 und 759 ZPO.

Zweck
- Regelung über den Einsatz der Polizei zur Unterstützung anderer Behörden bei der Anwendung von unmittelbarem Zwang zur Durchsetzung rechtlicher Anordnungen.
- Regelung des Verfahrens und der Verantwortung (§ 47 Abs. 2, §§ 48, 49), bei Freiheitsentziehungsmaßnahmen kann bzw. muss im Einzelfall die richterliche Anordnung auch durch die Polizei eingeholt werden (§ 49 Abs. 2).
- Amtshilfe (Art. 35 GG, §§ 4 ff. VwVfG NRW) bleibt unberührt.

Voraussetzungen
- Voraussetzung für Vollzugshilfe ist, dass unmittelbarer Zwang anzuwenden ist (§ 58), die anderen Behörden aber nicht über die hierzu erforderlichen Dienstkräfte verfügen oder ihre Maßnahmen nicht auf andere Weise selbst durchsetzen können.
- Rechtmäßigkeitsprüfung liegt bei der ersuchenden Behörde.
- Art und Weise der Durchführung sowie deren Rechtmäßigkeit obliegen der Polizei (Abgrenzung im Einzelfall, wenn z. B. die Fesselung schon angeordnet wird, greift § 62 nicht).

Maßnahmen
- Anwendung von unmittelbarem Zwang, insbesondere einfache körperliche Gewalt gegen Personen.
- Fesselung von Personen gem. § 62.

Ermessen
- Initiative geht von der ersuchenden Behörde aus.
- Notwendigkeit der zeitnahen Umsetzung bindet das Entschließungsermessen.
- Auswahlermessen der Polizei bei unmittelbarem Zwang im Einzelfall auch nach taktischen Gesichtspunkten.

Übermaßverbot
- Geeignetheit, Erforderlichkeit, Verhältnismäßigkeit.

Rechtsprechung/Besonderheiten
- Abgrenzung zwischen Vollzugshilfe (§ 1 Abs. 3) und Wahrnehmung eigener Aufgaben richtet sich nach § 1 Abs. 1, 2 und 4. Bei eigener Aufgabenwahrnehmung obliegt der Polizei die Prüfung/Verantwortung der Rechtmäßigkeit, z. B. Schutz für Gerichtsvollzieher (§ 758 Abs. 3 ZPO) oder andere Behörden vor einer möglichen Besetzung eines Gebäudes.
- Abgrenzung zwischen Vollzugshilfe und Weisungsfällen, z. B. Anordnung der Staatsanwaltschaft im Ermittlungsverfahren oder der Verwaltungsbehörde im Owi-Verfahren.

Beispiele:
- Vorführung von Personen, bei denen der Verdacht einer anstecken Krankheit besteht (§ 25 Abs. 3 IfSG).
- Vorführungen von Personen für Ausländer-/Jugendbehörde.
- Zwangsentstempelung eines ausgeschriebenen Kfz ohne Versicherungsschutz gem. §§ 1, 6 PflVersG.

§ 48 Verfahren

(1) Vollzugshilfeersuchen sind schriftlich zu stellen; sie haben den Grund und die Rechtsgrundlage der Maßnahme anzugeben.
(2) In Eilfällen kann das Ersuchen formlos gestellt werden. Es ist jedoch auf Verlangen unverzüglich schriftlich zu bestätigen.
(3) Die ersuchende Behörde ist von der Ausführung des Ersuchens zu verständigen.

§ 49 Vollzugshilfe bei Freiheitsentziehung

(1) Hat das Vollzugshilfeersuchen eine Freiheitsentziehung zum Inhalt, ist auch die richterliche Entscheidung über die Zulässigkeit der Freiheitsentziehung vorzulegen oder in dem Ersuchen zu bezeichnen.
(2) Ist eine vorherige richterliche Entscheidung nicht ergangen, hat die Polizei die festgehaltene Person zu entlassen, wenn die ersuchende Behörde diese nicht übernimmt oder die richterliche Entscheidung nicht unverzüglich nachträglich beantragt.
(3) Die §§ 37 und 38 gelten entsprechend.

VV zu § 49

49.1 Die ersuchende Behörde trägt gegenüber der Polizei die Verantwortung für die Zulässigkeit der in Vollzugshilfe durchgeführten Freiheitsentziehung. Daher hat die ersuchende Behörde grundsätzlich die richterliche Entscheidung herbeizuführen.

49.2 Übersendet die ersuchende Behörde die richterliche Entscheidung über die Zulässigkeit der Freiheitsentziehung nicht oder bezeichnet sie den Rechtsgrund für diese Freiheitsentziehung nicht im Vollzugshilfeersuchen, hat die Polizei die Vollzugshilfe zu verweigern. Das gilt nicht, wenn die ersuchende Behörde darlegt, dass eine Freiheitsentziehung ohne vorherige richterliche Entscheidung zulässig ist und diese wegen der Dringlichkeit der Maßnahmen sofort durchgeführt werden muss.

49.3 Die Prüfung nach § 38 Abs. 1 Nr. 1 obliegt der ersuchenden Behörde. Die Polizei hat der ersuchenden Behörde unverzüglich alle Anhaltspunkte mitzuteilen, die für einen Wegfall des Grundes der Freiheitsentziehung sprechen. Erhält die Polizei sichere Kenntnis vom Wegfall des Grundes und ist die ersuchende Behörde nicht erreichbar, hat die Polizei die festgehaltene Person zu entlassen.

§ 50 Zulässigkeit des Verwaltungszwanges

(1) Der Verwaltungsakt, der auf die Vornahme einer Handlung oder auf Duldung oder Unterlassung gerichtet ist, kann mit Zwangsmitteln durchgesetzt

werden, wenn er unanfechtbar ist oder wenn ein Rechtsmittel keine aufschiebende Wirkung hat.

(2) Der Verwaltungszwang kann ohne vorausgehenden Verwaltungsakt angewendet werden, wenn das zur Abwehr einer gegenwärtigen Gefahr notwendig ist, insbesondere weil Maßnahmen gegen Personen nach den §§ 4 bis 6 nicht oder nicht rechtzeitig möglich sind oder keinen Erfolg versprechen, und die Polizei hierbei innerhalb ihrer Befugnisse handelt.

VV zu § 50

50.1 Rechtsmittel gegen Verwaltungsakte haben u. a. keine aufschiebende Wirkung, wenn es sich um unaufschiebbare Anordnungen und Maßnahmen von Polizeivollzugsbeamten gemäß § 80 Abs. 2 Satz 1 Nr. 2 der Verwaltungsgerichtsordnung (VwGO) handelt und das Verwaltungsgericht nicht gemäß § 80 Abs. 5 VwGO die aufschiebende Wirkung des Rechtsmittels angeordnet hat.

50.2 Die Anwendung des Verwaltungszwanges ohne vorausgehenden Verwaltungsakt (sofortiger Vollzug) ist nur zulässig, wenn ein fiktiver Verwaltungsakt rechtmäßig wäre.

Hinweis

Wegen der Komplexität der Eingriffsmaßnahmen werden die Voraussetzungen für die zwangsweise Durchsetzung von Maßnahmen bzw. der Sofortvollzug von Zwangsmaßnahmen nacheinander dargestellt:

- Zulässigkeit des Verwaltungszwangs nach vorausgegangenem VA
- Zulässigkeit des Verwaltungszwangs ohne vorausgehenden VA/ Sofortzwang
- Zulässigkeit der Durchsetzung strafprozessualer Maßnahmen

§ 50 Abs. 1 Zulässigkeit des Verwaltungszwanges **nach** vorausgegangenem VA

Zweck
- Befugnis, eine Maßnahme (Verwaltungsakt), der nicht beachtet wird, mit den Zwangsmitteln gem. § 51 durchzusetzen (Normalvollzug).
- Zwangsmaßnahmen intensivieren beim Adressaten den ohnehin vorliegenden Grundrechtseingriff. Sie stellen eine eigenständige Maßnahme (VA) dar und erfordern eine eigene Ermächtigung bzw. Zulässigkeitsprüfung.

Voraussetzungen
- Befehlender VA (Handlung, Duldung oder Unterlassung).
- Wirksamer VA durch ordnungsgemäße Bekanntgabe (§ 43 VwVfG) – Rechtmäßigkeit des VA ist nicht Voraussetzung.
- Vollstreckbarer VA (Fehlen der aufschiebenden Wirkung gem. § 80 Abs. 2 S. 1 Nr. 2 VwGO bei unaufschiebbaren Anordnungen und Maßnahmen von Polizeivollzugsbeamten).

Zulässige Maßnahmen
- Anwendung von Verwaltungszwang durch Ersatzvornahme (§ 52), durch Androhen und Festsetzen eines Zwangsgeldes (§ 53) und durch Anwendung von unmittelbarem Zwang (§ 55).

Adressat
- Grundmaßnahme.

Formvorschriften
- Androhung des Zwangsmittels gem. § 51 Abs. 2, §§ 56, 61, im Einzelfall auch schriftlich unter Wahrung weiterer Vorschriften gem. § 56.
- Hilfsleistungs- und Beistandspflicht gem. § 60.
- Vorlage des Dienstausweises bei Anforderung, soweit möglich oder vertretbar, bei der Anwendung von unmittelbarem Zwang gem. § 55 Abs. 3.

Übermaßverbot
- Geeignetheit, Erforderlichkeit, Verhältnismäßigkeit.
- Wegen der Intensität des Eingriffs ist ein strenger Maßstab anzulegen.

Beispiele:
- Polizei schleppt einen Pkw ab, der eine wichtige Zufahrt blockiert (§ 52), nachdem sich der Fahrer geweigert hat, das Kfz zur Seite zu fahren.
- PVB drohen nach bestätigter Wohnungsverweisung gem. § 34a bei Nichtbeachtung ein Zwangsgeld an (§ 53).
- Kräfte einer Polizeikette drängen gewaltbereite Hooligans hinter eine Absperrlinie (§§ 55, 58).

§ 50 Abs. 2 Zulässigkeit des Verwaltungszwanges **ohne** vorausgehenden VA/Sofortzwang

Zweck
- Befugnis zur Anwendung von Verwaltungszwang ohne vorausgegangenen VA (Sofortvollzug) mittels Ersatzvornahme (§ 52) oder unmittelbarem Zwang (§§ 55, 58).
- Zwangsmaßnahmen intensivieren den vorliegen Grundrechtseingriff und erfordern somit eine eigene Ermächtigungs- bzw. Zulässigkeitsprüfung.

Voraussetzungen
- Abwehr einer gegenwärtigen Gefahr.
- Notwendigkeit des Sofortvollzugs (Erforderlichkeit).
- Handeln innerhalb der Befugnisse:
  - Prüfung der Rechtmäßigkeit eines hypothetischen oder fiktiven VA, der erlassen worden wäre, wenn genug Zeit bestanden hätte oder ein Adressat (§§ 4, 5) vor Ort gewesen wäre
  - formelle Rechtmäßigkeit der fiktiven Grundverfügung
  - materielle Rechtmäßigkeit der fiktiven Grundverfügung

- Abwehr einer gegenwärtigen Gefahr impliziert im Regelfall den Sofortvollzug, weil das schädigende Ereignis bereits begonnen hat oder ein Schaden unmittelbar bevorsteht. Notwendigkeit bedeutet hier Unerlässlichkeit, d. h. ohne den Sofortvollzug würde der Schaden eintreten.

Zulässige Maßnahmen
- Verwaltungszwang im Sofortvollzug durch Ersatzvornahme (§ 52) und durch Anwendung von unmittelbarem Zwang (§ 55).

Adressat
- Störer gem. §§ 4, 5.

Formvorschriften
- Androhung des Zwangsmittels faktisch nicht möglich, vgl. auch § 56 Abs. 1 S. 1 und § 61 Abs. 2 S. 2.
- Hilfeleistungs- und Beistandspflicht gem. § 60.
- Vorlage des Dienstausweises bei Anforderung, soweit möglich oder vertretbar, bei der Anwendung von unmittelbarem Zwang gem. § 55 Abs. 3.

Übermaßverbot
- Geeignetheit, Erforderlichkeit, Verhältnismäßigkeit.
- Normalvollzug geht dem Sofortvollzug vor (milderes Mittel).

Rechtsprechung/Besonderheiten
- Abgrenzung zwischen Sicherstellung eines Pkw (§ 43) und der Ersatzvornahme (§ 52) zur Beseitigung der Verkehrsstörung ist strittig, für die Praxis jedoch eher unbedeutend, da die Rechtsfolgen und Voraussetzungen gleich sind, vgl. OVG Münster NJW 2001, 2035.

Beispiele:
- Ein verkehrsbehindernd abgestellter Pkw wird abgeschleppt, weil ein Verantwortlicher nicht erreichbar ist (§ 52).

- Häusliche Gewalt: Einen plötzlichen Angriff durch den Ehemann auf seine Frau wehren die Beamten ab (§§ 55, 58).
- Einschlagen der Pkw-Scheibe bei Hitze, um ein Kleinkind, das zu kollabieren droht, aus dem Pkw zu holen (§§ 55, 58).

Zulässigkeit der Durchsetzung strafprozessualer Maßnahmen

Zweck
- Strafprozessuale Maßnahmen können ebenfalls bei Nichtbeachtung von Anordnungen mit dem Zwangsmittel des unmittelbaren Zwangs (§ 58) durchgesetzt werden.
- § 50 findet keine Anwendung; die Befugnis zur zwangsweisen Durchsetzung ergibt sich unmittelbar aus der jeweiligen Befugnisnorm, z. B. §§ 81a, 163b, 127 Abs. 2 StPO.
- StPO ist vorkonstitutionelles Recht. Es sieht die Trennung zwischen Grundmaßnahme und Vollstreckung nicht vor. Vielmehr ging der damalige Gesetzgeber davon aus, dass jede strafprozessuale Maßnahme auch durchgesetzt werden darf/soll. Daher ist die zwangsweise Durchsetzung mit der Rechtmäßigkeit der Grundmaßnahme unter Beachtung der Formvorschriften und des Übermaßverbotes zulässig.

Voraussetzungen
- Die Eingriffsermächtigung der strafprozessualen Grundmaßnahme enthält auch die Befugnis zur Anwendung von unmittelbarem Zwang (§ 58) zur Durchsetzung:
  - Maßnahme wird nicht befolgt, da Adressat sich weigert, oder es besteht die Notwendigkeit des sofortigen Zugriffs, z. B. bei der Wohnungsdurchsuchung gem. § 102 StPO
  - StPO-Maßnahme bzw. deren Anordnung ist formell und materiell rechtmäßig.
- Art und Weise der Anwendung des § 62 (Fesselung) und des Schusswaffengebrauchs (§§ 63, 64) muss zusätzlich geprüft werden (§ 57).

Maßnahmen

- Anwendung von unmittelbarem Zwang (§ 58) in allen Varianten zur Durchsetzung von Anordnungen oder zur Erreichung des strafprozessualen Ziels.
- Fesselung (§ 62) und Schusswaffengebrauch (§§ 63, 64) sind ebenfalls erfasst, erfordern jedoch eine Zusatzprüfung hinsichtlich der Art und Weise (§ 57).

Adressat

- Grundmaßnahme (verdächtige oder beschuldigte Person, in Einzelfällen auch Zeugen).

Formvorschriften

- Androhung des Zwangsmittels, wenn faktisch oder strafprozessual möglich (§ 61).
- Hilfeleistungs- und Beistandspflicht gem. § 60.
- Vorlage des Dienstausweises bei Anforderung, soweit möglich oder vertretbar, bei der Anwendung von unmittelbarem Zwang gem. § 55 Abs. 3.

Rechtsprechung/Besonderheiten

- Die Zwangsmittel Ersatzvornahme (§ 52) und Zwangsgeld (§ 53) stehen bei StPO-Maßnahmen nicht zur Verfügung, da der Beschuldigte keine Mitwirkungspflicht, sondern nur eine Duldungspflicht hat.

Beispiele:

- Da sich der Beschuldigte bei der Blutprobe (§ 81a StPO) weigert, den Arm freizumachen, wird er festgehalten. Die Beamten legen den Arm frei und halten diesen zur Durchführung der Blutentnahme fest.
- Da die Gefahr besteht, dass der Beschuldigte das Rauschgift in die Toilette gibt und damit dem staatlichen Zugriff entzieht, wird die Wohnungstür ohne Androhung mit einem Spezialwerkzeug gewaltsam geöffnet (§ 102 StPO).

– Da der Verdächtige seine Personalien nicht angibt und sich auch sonst weigert, wird er gegen den Willen zunächst nach Personalausausweisdokumenten durchsucht und dann mit einem Armdrehgriff zum Streifenwagen geführt (Rechtsfolgen aus §§ 163b, 163c StPO, die mit Zwang durchgesetzt werden).

§ 51 Zwangsmittel

(1) Zwangsmittel sind
1. Ersatzvornahme (§ 52),
2. Zwangsgeld (§ 53),
3. unmittelbarer Zwang (§ 55).

(2) Sie sind nach Maßgabe der §§ 56 und 61 anzudrohen.

(3) Die Zwangsmittel können auch neben einer Strafe oder Geldbuße angewandt und solange wiederholt und gewechselt werden, bis der Verwaltungsakt befolgt worden ist oder sich auf andere Weise erledigt hat. Bei Erzwingung einer Duldung oder Unterlassung kann das Zwangsgeld für jeden Fall der Nichtbefolgung festgesetzt werden.

VV zu § 51

51.1 Die zulässigen Zwangsmittel sind in § 51 Abs. 1 abschließend aufgezählt. Mit anderen Zwangsmaßnahmen dürfen Verwaltungsakte nicht durchgesetzt werden.

§ 52 Ersatzvornahme

(1) Wird die Verpflichtung, eine Handlung vorzunehmen, deren Vornahme durch einen anderen möglich ist (vertretbare Handlung), nicht erfüllt, so kann die Polizei auf Kosten der betroffenen Person die Handlung selbst ausführen oder einen anderen mit der Ausführung beauftragen. § 77 des Verwaltungsvollstreckungsgesetzes findet Anwendung.

(2) Es kann bestimmt werden, dass die betroffene Person die voraussichtlichen Kosten der Ersatzvornahme im voraus zu zahlen hat. Zahlt die betroffene Person die Kosten der Ersatzvornahme oder die voraussichtlich entstehenden Kosten der Ersatzvornahme nicht fristgerecht, so können sie im Verwaltungszwangsverfahren beigetrieben werden. Die Beitreibung der voraussichtlichen Kosten unterbleibt, sobald die betroffene Person die gebotene Handlung ausführt.

VV zu § 52

52.1 Eine Ersatzvornahme liegt auch vor, wenn die Polizei die vertretbare Handlung selbst ausführt. Vertretbar ist eine Handlung, wenn sie nicht nur von der betroffenen Person persönlich (z. B. durch Abgabe einer Erklärung), sondern ohne Änderung ihres Inhalts auch von einer anderen vorgenommen werden kann. Die Vorschrift ermächtigt die Polizei nicht, eine andere Person hoheitlich zur Ausführung der Ersatzvornahme zu verpflichten; eine solche Befugnis kann sich im Ausnahmefall aus § 8 in Verbindung mit § 6 ergeben.

Zweck

- Die Ersatzvornahme ist das geringste Zwangsmittel. Sie kommt nur bei vertretbaren Handlungen in Betracht, z. B. eine Tür zu öffnen. Nicht vertretbar sind Handlungen höchstpersönlicher Natur, z. B. A soll einen Ort verlassen. In solchen Fällen kommt als Zwangsmittel nur der unmittelbare Zwang in Betracht.
- Bei der Anwendung von körperlicher Gewalt gegen Sachen ist es fraglich, ob es sich dabei um eine Ersatzvornahme oder um unmittelbaren Zwang gem. § 55 handelt. Die Abgrenzung ist insofern von Bedeutung, weil nur die Ersatzvornahme gem. § 52 eine Kostenpflicht vorsieht. Die Praxis neigt dazu, bei der Auswechselung von Türschlössern stets die Ersatzvornahme anzunehmen, um die Kosten auf den Verantwortlichen zu übertragen und mit gesondertem Gebührenbescheid einzufordern.
- Die Ersatzvornahme kann als Fremdvornahme (Abschleppunternehmer, Schlüsseldienst, Feuerwehr und andere Einrichtungen) oder durch Selbstvornahme (Beamten führen den Erfolg herbei) erfolgen.
- In der Polizeipraxis werden unterschiedliche Themen diskutiert:
  - Ist die Erschießung eines verunfallten Wildschweines durch die Polizeibeamten eine Ersatzvornahme? Diese Frage lässt sich grundsätzlich bejahen, da auch der Jagdberechtigte das Tier auf diese Weise töten und von den Qualen erlösen würde. In der Praxis wäre der Konsens, dass für diese Hand-

lung ein Gebührenbescheid erlassen werden könnte, sofern ein verantwortlicher Adressat vorhanden ist (Wild ist grundsätzlich herrenlos, der Kadaver steht aber dem Jagdberechtigten zu)

- Öffnen der Beifahrertür ohne Zustimmung bei einer Verkehrskontrolle gem. § 36 Abs. 5 StVO stellt sich regelmäßig als Ersatzvornahme dar. Da kein VA vorausgeht, liegt Sofortvollzug gem. § 50 Abs. 2 vor, der eine gegenwärtige Gefahr voraussetzt. Bis auf wenige Einzelfälle ist eine solche Maßnahme unzulässig. Soweit sich der Verdacht einer gegenwärtigen Gefahr begründen lässt (gefährliche, unklare Situation, ob ein Angriff erfolgt), wäre das Öffnen der Tür als Gefahrenerforschungsmaßnahme zulässig. Ohne konkreten Anlass ist das Öffnen der Tür nicht zulässig
- soweit die Polizei technische Mittel einsetzt, um fremde Flugdrohnen zu detektieren, die Luftsicherheitsvorschriften verletzen, z. B. Überflugverbote gem. § 21b LuftVO, wäre hierin ebenfalls eine Ersatzvornahme im Sofortvollzug zu sehen. Würde die Drohne dagegen mit einem Fangnetz sichergestellt, wäre darin die Anwendung von unmittelbarem Zwang gem. § 55 zu sehen (körperliche Gewalt gegen die Drohne mit dem Hilfsmittel)
- zu den Abgrenzungen zwischen Ersatzvornahme und unmittelbarem Zwang gegen Sachen vgl. Tetsch/Baldarelli, PolG NRW, § 52 Ziffer 3.2.5, S. 876–882.

§ 53 Zwangsgeld

(1) Das Zwangsgeld wird auf mindestens fünf und höchstens zweitausendfünfhundert Euro schriftlich festgesetzt.
(2) Mit der Festsetzung des Zwangsgeldes ist der betroffenen Person eine angemessene Frist zur Zahlung einzuräumen.
(3) Zahlt die betroffene Person das Zwangsgeld nicht fristgerecht, so wird es im Verwaltungszwangsverfahren beigetrieben. Die Beitreibung unterbleibt, sobald die betroffene Person die gebotene Handlung ausführt oder die zu duldende Maßnahme gestattet. Ein Zwangsgeld ist jedoch beizutreiben, wenn der Dul-

dungs- oder Unterlassungspflicht zuwidergehandelt worden ist, deren Erfüllung durch die Androhung des Zwangsgeldes erreicht werden sollte; sind weitere Zuwiderhandlungen nicht mehr zu befürchten, so kann von der Beitreibung abgesehen werden, wenn diese eine besondere Härte darstellen würde.

VV zu § 53 *(Auszug)*

53.0 Die Festsetzung eines Zwangsgeldes durch die Polizei kommt, außer zur Durchsetzung eines Rückkehrverbotes gemäß § 34a und ggf. zur Durchsetzung einer Platzverweisung gemäß § 34 Abs. 2, nur in seltenen Fällen in Betracht, da mit diesem Zwangsmittel die Gefahr von der Polizei in aller Regel nicht rechtzeitig abgewehrt werden kann.

53.1 Das Zwangsgeld muss in bestimmter Höhe festgesetzt werden (also nicht z. B. „bis zu 300 Euro"). Dabei sind Dauer und Umfang des pflichtwidrigen Verhaltens (erster Verstoß oder Wiederholungsfall), die finanzielle Leistungsfähigkeit der betroffenen Person und die Bedeutung der Angelegenheit zu berücksichtigen.

Zweck

- Erzielen einer psychischen Wirkung beim Störer, eine zulässige Verfügung/Polizeimaßnahme zu beachten.
- Ggf. stufenweise Erhöhung durch den Polizeidienst; die Beitreibung erfolgt durch Direktion ZA, z. B. auch die Beantragung einer Ersatzzwangshaft gem. § 54.

§ 54 Ersatzzwangshaft

(1) Ist das Zwangsgeld uneinbringlich, so kann das Verwaltungsgericht auf Antrag der Polizei die Ersatzzwangshaft anordnen, wenn bei Androhung des Zwangsgeldes hierauf hingewiesen worden ist. Die Ersatzzwangshaft beträgt mindestens einen Tag, höchstens zwei Wochen.
(2) Die Ersatzzwangshaft ist auf Antrag der Polizei von der Justizverwaltung nach den Bestimmungen der §§ 901, 904 bis 910 der Zivilprozessordnung zu vollstrecken.

VV zu § 54 *(hier nicht abgedruckt)*

§ 55 Unmittelbarer Zwang

(1) Die Polizei kann unmittelbaren Zwang anwenden, wenn andere Zwangsmittel nicht in Betracht kommen oder keinen Erfolg versprechen oder unzweckmäßig sind. Für die Art und Weise der Anwendung unmittelbaren Zwanges gelten die §§ 57 ff.

(2) Unmittelbarer Zwang zur Abgabe einer Erklärung ist ausgeschlossen.

(3) Auf Verlangen der betroffenen Person hat sich der Polizeivollzugsbeamte auszuweisen, sofern der Zweck der Maßnahme nicht beeinträchtigt wird.

VV zu § 55

55.11 Der Begriff des unmittelbaren Zwanges ist in § 58 definiert. Unmittelbarer Zwang kommt vor allem zur Durchsetzung unvertretbarer Handlungen, Duldungen und Unterlassungen in Betracht, erforderlichenfalls auch zum Anhalten von Personen gemäß § 9 Abs. 1 Satz 2, § 12 Abs. 2 Satz 2 oder § 25 Abs. 2.

55.12 Andere Zwangsmittel sind auch dann unzweckmäßig, wenn sie der betroffenen Person einen größeren Nachteil verursachen würden als die Anwendung unmittelbaren Zwanges.

55.2 Für die Erzwingung von Angaben kommt nur ein Zwangsgeld in Betracht (vgl. RdNr. 10.3).

Zweck

- Zulässigkeitsvoraussetzung für die Anwendung unmittelbaren Zwangs zur Gefahrenabwehr (Abs. 1).
- Unmittelbarer Zwang ist immer dann zulässig, wenn Ersatzvornahme und Zwangsgeld keinen Erfolg versprechen oder von vornherein nicht geeignet sind.
- Generelles Verbot, Zwangsmittel zur Abgabe von Erklärungen anzudrohen oder einzusetzen – Schutz vor Folter (Abs. 2).
- Ausweispflicht besteht auch, wenn die Beamten in Uniform einschreiten. Kann bei Missbrauch oder der Gefährdung des Einsatzerfolges (o. Ä.) später nachgeholt werden (Abs. 3).

§ 56 Androhung der Zwangsmittel

(1) Zwangsmittel sind möglichst schriftlich anzudrohen. Der betroffenen Person ist in der Androhung zur Erfüllung der Verpflichtung eine angemessene Frist zu bestimmen; eine Frist braucht nicht bestimmt zu werden, wenn eine Duldung oder Unterlassung erzwungen werden soll. Von der Androhung kann abgesehen werden, wenn die Umstände sie nicht zulassen, insbesondere wenn die sofortige Anwendung des Zwangsmittels zur Abwehr einer gegenwärtigen Gefahr notwendig ist.
(2) Die Androhung kann mit dem Verwaltungsakt verbunden werden, durch den die Handlung, Duldung oder Unterlassung aufgegeben wird. Sie soll mit ihm verbunden werden, wenn ein Rechtsmittel keine aufschiebende Wirkung hat.
(3) Die Androhung muss sich auf bestimmte Zwangsmittel beziehen. Werden mehrere Zwangsmittel angedroht, ist anzugeben, in welcher Reihenfolge sie angewandt werden sollen.
(4) Wird Ersatzvornahme angedroht, so sollen in der Androhung die voraussichtlichen Kosten angegeben werden.
(5) Das Zwangsgeld ist in bestimmter Höhe anzudrohen.
(6) Die Androhung ist zuzustellen. Das gilt auch dann, wenn sie mit dem zugrundeliegenden Verwaltungsakt verbunden ist und für ihn keine Zustellung vorgeschrieben ist.

VV zu § 56

56.1 Eine schriftliche Androhung ist z. B. dann nicht möglich, wenn durch die dadurch bewirkte Verzögerung der Anwendung des Zwangsmittels die Gefahr nicht rechtzeitig abgewehrt würde.

56.5 Bei der Androhung des Zwangsgeldes ist darauf hinzuweisen, dass das Verwaltungsgericht auf Antrag der Polizei Ersatzzwangshaft anordnen kann, wenn das Zwangsgeld uneinbringlich ist.

Zweck

- Aufzeigen der Konsequenzen einer Weigerung (Warnfunktion).
- Zwangsvermeidung.
- Androhung erfolgt i. d. R. mündlich; bei einer Wohnungsverweisung wird die Androhung des Zwangsgeldes in Schriftform bestätigt.

- Ziehen der Schusswaffe und Einnahme der entschlossenen Schießhaltung stellen noch keine Androhung dar (nicht hinreichend bestimmt). Die Einnahme der Schießhaltung ist ein Grundrechtseingriff – Einschüchterung des Betroffenen (Art. 2 Abs. 1 GG) und bedarf daher der Rechtfertigung.
- Damit beim Betroffenen Klarheit besteht, ist das Androhungsverfahren umfangreich beschrieben.
- Geltung insbesondere für Ersatz-/Selbstvornahme und Androhung/Festsetzung von Zwangsgeld.

§ 57 Rechtliche Grundlagen

(1) Ist die Polizei nach diesem Gesetz oder anderen Rechtsvorschriften zur Anwendung unmittelbaren Zwanges befugt, gelten für die Art und Weise der Anwendung die §§ 58 bis 66 und, soweit sich aus diesen nichts Abweichendes ergibt, die übrigen Vorschriften dieses Gesetzes.
(2) Die Vorschriften über Notwehr und Notstand bleiben unberührt.

VV zu § 57
57.0 Die §§ 57 bis 66 gelten sowohl für die Gefahrenabwehr als auch für die Verfolgung von Straftaten und Ordnungswidrigkeiten, soweit die StPO keine Regelung über unmittelbaren Zwang enthält.

57.1 Der Hinweis auf die übrigen Vorschriften dieses Gesetzes gilt insbesondere für die Beachtung des Grundsatzes der Verhältnismäßigkeit und die Ausübung des pflichtgemäßen Ermessens (vgl. die §§ 2 und 3).

Zweck
- Verweisungsvorschrift; § 57 stellt klar, dass für die Anwendung von unmittelbarem Zwang die bes. Form- und Verfahrensvorschriften der §§ 58, 59, 60,61 und Befugnisse §§ 62, 64 gelten.
- Gem. § 57 gelten die Zulässigkeitsvoraussetzungen (§§ 57 ff.) für strafprozessuale Maßnahmen; die Zulässigkeit der zwangsweisen Durchsetzung ergibt sich auf den Befugnissen der StPO (vorkonstitutionelles Recht).

- Regelungen über Notwehr (§ 32 StGB) und Notstand (§§ 34, 35 StGB) bleiben unberührt.
- Notwehr und Notstand können das persönliche Verhalten des Beamten rechtfertigen, sofern die Befugnisse ausnahmsweise nicht greifen. Im Strafverfahren können Notwehr/Notstand das Verhalten rechtfertigen (§§ 32, 33 StGB) bzw. entschuldigen (§ 35 StGB) und ggf. zur Einstellung führen.
- Die Frage, ob Notwehr und Notstand zugleich als Befugnis fungieren können, wird überwiegend abgelehnt, weil es an detaillierten Regelungen zum Tatbestand und zur Rechtsfolge fehlt. Auch im Vergleich zur Generalklausel sind §§ 32, 34, 35 StGB so allgemein, dass ihnen die erforderliche Normqualität abzusprechen ist. Art. 20 Abs. 3 GG stellt eindeutige Anforderungen an Eingriffsermächtigungen.

§ 58 Begriffsbestimmungen, zugelassene Waffen

(1) Unmittelbarer Zwang ist die Einwirkung auf Personen oder Sachen durch körperliche Gewalt, ihre Hilfsmittel und durch Waffen.

(2) Körperliche Gewalt ist jede unmittelbare körperliche Einwirkung auf Personen oder Sachen.

(3) Hilfsmittel der körperlichen Gewalt sind insbesondere Fesseln, Wasserwerfer, technische Sperren, Diensthunde, Dienstpferde, Dienstfahrzeuge, Reiz- und Betäubungsstoffe sowie zum Sprengen bestimmte explosionsfähige Stoffe (Sprengmittel).

(4) Als Waffen sind Schlagstock und Distanzelektroimpulsgeräte sowie als Schusswaffen Pistole, Revolver, Gewehr und Maschinenpistole zugelassen.

(5) Wird die Bundespolizei im Lande Nordrhein-Westfalen zur Unterstützung der Polizei in den Fällen des Artikels 35 Abs. 2 Satz 1 oder des Artikels 91 Abs. 1 des Grundgesetzes eingesetzt, so sind für die Bundespolizei auch Maschinengewehre und Handgranaten zugelassen (besondere Waffen). Die besonderen Waffen dürfen nur nach den Vorschriften dieses Gesetzes eingesetzt werden.

VV zu § 58

58.1 Die drei Formen des unmittelbaren Zwanges sind abschließend aufgeführt (vgl. RdNr. 51.1).

58.2 Unmittelbare körperliche Einwirkung auf Personen ist z. B. die Anwendung entsprechender Eingriffstechniken. Auf Sachen wird unmittelbar körperlich eingewirkt z. B. bei dem Eintreten einer Tür oder dem Einschlagen einer Fensterscheibe.

58.31 Die Aufzählung ist beispielhaft. Auch andere Gegenstände können als Hilfsmittel der körperlichen Gewalt in Betracht kommen, jedoch muss ihre Wirkung in einem angemessenen Verhältnis zu dem angestrebten Erfolg stehen.

58.32 Sprengmittel dürfen gemäß § 66 Abs. 4 nur gegen Sachen angewendet werden. Zur Ablenkung von Störern bestimmte pyrotechnische Mittel (Irritationsmittel) sind keine Sprengmittel.

58.33 Wegen der Anwendung von Fesseln vgl. § 62.

58.34 Als technische Sperren zum Absperren von Straßen, Plätzen oder anderem Gelände kommen z. B. Fahrzeuge, Container, Sperrgitter, Sperrzäune, Seile, Stacheldraht und Nagelböden in Betracht.

58.35 Diensthunde müssen für ihre Verwendung besonders abgerichtet sein. Der Einsatz darf nur durch dafür ausgebildete Polizeivollzugsbeamtinnen oder -beamte erfolgen.

58.36 Reiz- und Betäubungsstoffe dürfen nur gebraucht werden, wenn der Einsatz körperlicher Gewalt oder anderer Hilfsmittel keinen Erfolg verspricht und wenn durch den Einsatz dieser Stoffe die Anwendung von Waffen vermieden werden kann. Zu dem Gebrauch von Reiz- und Betäubungsstoffen gehört auch die Verwendung von Tränengas- und Nebelkörpern. Der Einsatz barrikadebrechender Reizstoffwurfkörper oder barrikadebrechender pyrotechnischer Mittel i. S. d. RdNr. 58.32 Satz 2 ist nur unter den Voraussetzungen des Gebrauchs von Schusswaffen gegen Personen zulässig.

58.41 Die Aufzählung der zugelassenen Waffen ist abschließend.

58.42 Schläge mit Schlagstöcken sollen gegen Arme oder Beine gerichtet werden, um schwerwiegende Verletzungen zu vermeiden.

58.43 Wegen des Gebrauchs von Schusswaffen vgl. § 61 und die §§ 63 ff.

Zweck

- Legaldefinitionen des unmittelbaren Zwangs, der zugelassenen Hilfsmitteln und Waffen.
- Hilfsmittel sind nicht abschließend aufgezählt; letztlich ist jedes Hilfsmittel zulässig; z. B. ein Messer, um eine Tür zu öffnen, eine Krawatte/ein Gürtel zur Fesselung etc.
- Waffen sind abschließend aufgezählt. Mit der Änderung vom 13.12.2018 wurden Distanz-Elektro-Impuls-Geräte (DEIG) aufgenommen.
- Nach dem WaffG wurden DEIG als Waffe qualifiziert.
- Die Distanzwaffe wird in einer Entfernung von bis zu max. 10 m eingesetzt. (vgl. § 1 Abs. 2. Nr 2 Buchstabe a und Abs. 4 WaffG i. V. m. Anlage 1, Abschnitt 1, Unterabschnitt 2, Nr. 1.2.1; LT-Drucks. 17/2351 v. 11.04.2018 – Stärkungsgesetz, S. 48). Durch den Einsatzmehrzweckstock EMS-A (für die Nahdistanz), das Reizstoffsprühgerät und – als Ultima Ratio – die Dienstpistole, stehen aktuell weitere Distanzmittel zur Verfügung.
- Einsatz des DEIG soll zunächst im Rahmen eines wissenschaftlich begleiteten und evaluierten „Pilotversuchs“ erprobt werden.

Voraussetzungen

- Der Mitteleinsatz richtet sich nach Geeignetheit, Erforderlichkeit und Verhältnismäßigkeit. Zeigt das Pfefferspray keine Wirkung, darf das DEIG eingesetzt werden. Besteht bei einem unmittelbaren Messerangriff nicht die Möglichkeit, das DEIG einzusetzen oder ist dessen Wirkung unsicher, darf die Schusswaffe unmittelbar/unverzüglich eingesetzt werden. Polizeibeamte brauchen nicht zu experimentieren und ihr Leben einsetzen, um exakt das richtige Mittel in der jeweiligen Situation einzusetzen. Dennoch unterliegt die Auswahl der Zwangsmittel dem Übermaßverbot.
- Fesseln oder ähnliche Gegenstände sind Hilfsmittel, unterliegen jedoch zusätzlich den Voraussetzungen nach § 62.
- Waffen sind durch den Dienstherrn ausdrücklich zugelassen. Andere Waffen dürfen nicht eingesetzt werden (würde zur

Rechtswidrigkeit führen). Notwehr (§ 32 StGB) oder Notstand (§ 34 StGB) kann das polizeiliche Handeln rechtfertigen oder entschuldigen (§ 35 StGB).

Rechtsprechung/Besonderheiten

- DEIG ist im Einzeldienst problematisch.
- Denkbare Einsatzszenarien unter Einsatz von DEIG könnten z. B. unmittelbar bevorstehende oder begonnene physische Auseinandersetzungen sein mit:
  - körperlich oder technisch überlegenen Gewalttätern (schwergewichtige Gewalttäter, Kampfsportler, Kraftsportler, etc.)
  - psychisch kranken Gewalttätern
  - Gewalttätern unter Alkohol-, Drogen- oder Medikamenteneinfluss
  - gewalttätigen Personen mit Ansteckungsgefahr oder mit gewalttätigen Randalierern
  - Tätern, die Waffen im nichttechnischen Sinne einsetzen (LT-Drucks. 17/2351 v. 11.04.2018 – Stärkungsgesetz, S. 48).
- Gerade bei diesen Personen und den impulsiven Situationen ist der Einsatz ohne Wirkungssicherheit schwierig.
- Zum DEIG müssen Rahmenrichtlinien geschaffen werden. Außerdem ist eine intensive Ausbildung erforderlich. Bis dieser Sachstand erreicht wird, bleiben RSG und Schusswaffe die einzigen Mittel, gefährliche Täter, insbesondere Messer-Angreifer, auf Distanz zu halten.
- DEIG ist das mildere Einsatzmittel zur Schusswaffe. Die Gesetzesänderung bedeutet daher zugleich den Auftrag an die zuständigen Stellen, den Pilotversuch zeitnah umzusetzen (LT-Drucks. 17/2351 v. 11.04.2018 – Stärkungsgesetz, S. 48).

§ 59 Handeln auf Anordnung

(1) Die Polizeivollzugsbeamten sind verpflichtet, unmittelbaren Zwang anzuwenden, der von einem Weisungsberechtigten angeordnet wird. Das gilt nicht, wenn die Anordnung die Menschenwürde verletzt oder nicht zu dienstlichen Zwecken erteilt worden ist.

(2) Eine Anordnung darf nicht befolgt werden, wenn dadurch eine Straftat begangen würde. Befolgt der Polizeivollzugsbeamte die Anordnung trotzdem, so trifft ihn eine Schuld nur, wenn er erkennt oder wenn es nach den ihm bekannten Umständen offensichtlich ist, dass dadurch eine Straftat begangen wird.
(3) Bedenken gegen die Rechtmäßigkeit der Anordnung hat der Polizeivollzugsbeamte dem Anordnenden gegenüber vorzubringen, soweit das nach den Umständen möglich ist.
(4) § 36 Absatz 2 und 3 des Beamtenstatusgesetzes ist nicht anzuwenden.

VV zu § 59

59.0 Die Vorschrift ist eine Sonderregelung gegenüber § 59 des Landesbeamtengesetzes (LBG). Die Verpflichtung, die Anordnung zu befolgen, wird nur eingeschränkt durch § 59 Abs. 1 Satz 2 und Abs. 2. Bedenken gegen die Zweckmäßigkeit der Anordnung berühren die Gehorsamspflicht nicht. Diese Regelung wird nun durch § 36 Abs. 2 und 3 des Beamtenstatusgesetzes getroffen.

59.11 Bei einem Einsatz von mehreren Polizeivollzugsbeamten und -beamtinnen ist die Einsatzleiterin oder der Einsatzleiter befugt, unmittelbaren Zwang anzuordnen, einzuschränken oder zu untersagen. Ist nicht bestimmt, wer den Einsatz leitet, oder fällt die Einsatzleitung aus, ohne dass eine Vertretung bestellt ist, tritt die anwesende Polizeivollzugsbeamtin oder der anwesende Polizeivollzugsbeamte mit dem höchsten Dienstrang an seine Stelle. Ist nicht sofort feststellbar, wer das ist, darf jede anwesende Polizeivollzugsbeamtin und jeder anwesende Polizeivollzugsbeamte die Führung einstweilen übernehmen. Dies ist bekannt zu geben.

59.12 Vor Beginn eines Einsatzes sind die Polizeivollzugsbeamtinnen und Polizeivollzugsbeamten über die sie betreffenden Weisungsverhältnisse zu unterrichten. Insbesondere muss jeder eingesetzten Polizeivollzugsbeamtin und jedem -beamten bekannt sein, wer den Einsatz leitet, wer die Vertretung ausübt und wer sonst zu Weisungen befugt ist.

59.13 Die Befugnis höherer Vorgesetzter oder einer sonst dazu berechtigten Person (z. B. eines Staatsanwalts), die Anwendung unmittelbaren Zwanges anzuordnen, einzuschränken oder zu untersagen, bleibt unberührt. Hinsichtlich der Anordnung unmittelbaren Zwanges durch die Staatsanwaltschaft sind die Gemeinsamen Richtlinien der Justizminister/-senatoren und der Innenminister/-senatoren des Bundes und der Länder über die Anwendung unmittelbaren Zwanges durch Polizeibeamte auf Anordnung des Staatsanwalts (RiStBV Anlage A) zu beachten.

59.14 Befinden sich die Anordnenden nicht am Ort des Vollzugs, dürfen sie unmittelbaren Zwang nur anordnen, wenn sie sich ein so genaues Bild von den am Ort des Vollzugs herrschenden Verhältnissen verschafft haben, dass ein Irrtum über die Voraussetzungen der Anwendung unmittelbaren Zwanges nicht zu befürchten ist. Ändern sich zwischen der Anordnung und ihrer Ausführung die tatsächlichen Verhältnisse und können die Anordnenden vor der Ausführung nicht mehr verständigt werden, entscheiden die am Ort leitenden Polizeivollzugsbeamtinnen und Polizeivollzugsbeamten über die Anwendung unmittelbaren Zwanges. Die Anordnenden sind unverzüglich hierüber zu verständigen.

Zweck

- Regelt die Pflicht, unmittelbaren Zwang nach Anordnung durch Vorgesetzte (Person, die nach der Geschäftsordnung oder aufgrund innerdienstlicher Regelung zur Weisung befugt ist; Polizeiführer) oder der zuständigen Stelle (Staatsanwalt im Strafverfahren) auszuführen.
- Spezialregelung der grundsätzlich im Beamtenverhältnis bestehenden Pflicht der Weisungsgebundenheit (früher Gehorsamspflicht) gem. § 35 BeamtStG.
- Entgegen § 36 BeamtStG sieht § 59 nur ein verkürztes Remonstrationsverfahren vor; der Beamte muss remonstrieren (Bedenken darlegen), wenn er die Rechtmäßigkeit der Anordnung anzweifelt.
- Gem. § 36 Abs. 1 BeamtStG trägt der Beamte immer die Verantwortung für sein Handeln; dies gilt auch im Anordnungsfall; die Remonstration kann den Beamten befreien.

§ 60 Hilfeleistung für Verletzte

Wird unmittelbarer Zwang angewendet, ist Verletzten, soweit es nötig ist und die Lage es zulässt, Beistand zu leisten und ärztliche Hilfe zu verschaffen.

VV zu § 60

60.0 Die Verpflichtung, Verletzten Beistand zu leisten und ärztliche Hilfe zu verschaffen, ist vordringlicher als die Beweissicherung und geht auch Berichtspflichten vor.

Zweck

- Beistands- und Hilfeleistungspflicht ist auch Ausdruck des Rechtsstaatsprinzips.
- Es besteht eine Pflicht (ist), die im Einzelfall auszulegen ist.
- Maßstab sind die Schwere der Verletzung sowie die Möglichkeiten vor Ort; ein Vorrang der Hilfeleistung kann zur vorübergehenden Zurückstellung anderer Aufgaben führen.
- Unterlassung kann Garantenstellung nach § 13 StGB auslösen und damit zur Bestrafung, auch nach § 323c StGB, führen.
- Unterlassung kann auch eine Dienstpflichtverletzung darstellen.

Beispiele:

- Erste Hilfe-Maßnahmen bei Zwangsanwendung, insbesondere bei Waffeneinsatz.
- Verständigung/Vorhalten des Rettungsdienstes oder Notarztes.
- Auswischen der Augen nach RSG-Einsatz, wenn der Störer gefesselt ist.

§ 61 Androhung unmittelbaren Zwanges

(1) Unmittelbarer Zwang ist vor seiner Anwendung anzudrohen. Von der Androhung kann abgesehen werden, wenn die Umstände sie nicht zulassen, insbesondere wenn die sofortige Anwendung des Zwangsmittels zur Abwehr einer gegenwärtigen Gefahr notwendig ist. Als Androhung des Schusswaffengebrauchs gilt auch die Abgabe eines Warnschusses.

(2) Schusswaffen und Handgranaten dürfen nur dann ohne Androhung gebraucht werden, wenn das zur Abwehr einer gegenwärtigen Gefahr für Leib oder Leben erforderlich ist.

(3) Gegenüber einer Menschenmenge ist die Anwendung unmittelbaren Zwanges möglichst so rechtzeitig anzudrohen, dass sich Unbeteiligte noch entfernen können. Der Gebrauch von Schusswaffen gegen Personen in einer Menschenmenge ist stets anzudrohen; die Androhung ist vor dem Gebrauch zu wiederholen. Bei dem Gebrauch von technischen Sperren und dem Einsatz von Dienstpferden kann von der Androhung abgesehen werden.

VV zu § 61

61.11 Unmittelbarer Zwang darf nur angedroht werden, wenn die Zulässigkeitsvoraussetzungen für seine Anwendung gegeben sind. Die Androhung kann grundsätzlich in jeder Form erfolgen; sie muss unmissverständlich sein. Die im Leitfaden 371 (Eigensicherung) empfohlenen Sicherungshaltungen reichen allein nicht aus.

61.12 Der Schusswaffengebrauch wird in der Regel mündlich angedroht durch den vernehmlichen Ruf: „Polizei! Keine Bewegung – oder ich schieße!“ oder vor allem gegenüber Fliehenden: „Polizei! Halt! – oder ich schieße!“ oder eine ähnliche Aufforderung. Das Wort „Polizei“ kann im Anruf unterbleiben, wenn ohne weiteres erkennbar ist, dass es sich um den Einsatz von Polizeivollzugsbeamtinnen oder Polizeivollzugsbeamten handelt. Wenn die Umstände es zulassen oder wenn Zweifel bestehen, ob die Person den Anruf verstanden hat, ist er zu wiederholen. Der Schusswaffengebrauch kann auch durch Lautsprecher angedroht werden.

61.13 Ist eine mündliche Androhung des Schusswaffengebrauchs nicht möglich, weil z. B. die Entfernung zu groß ist oder weil aus sonstigen Gründen anzunehmen ist, dass der Anruf nicht verstanden wird oder verstanden worden ist, können ein oder mehrere Warnschüsse abgegeben werden. Warnschüsse sind so abzugeben, dass eine Gefährdung Dritter ausgeschlossen ist.

61.14 Zwischen der Androhung der Zwangsmaßnahme und ihrer Anwendung soll eine den Umständen nach angemessene Zeitspanne liegen.

61.15 Personen, gegen die nach Begründung des amtlichen Gewahrsams unter den in § 64 Abs. 1 Nr. 4 genannten Voraussetzungen von der Schusswaffe Gebrauch gemacht werden darf, sollen zu Beginn des Gewahrsams darauf hingewiesen werden. Um einen Schusswaffengebrauch zu vermeiden, ist auf eine sorgfältige Sicherung dieser Personen zu achten. Das gilt vor allem bei Transporten. Die Belehrung ersetzt nicht die Androhung des Schusswaffengebrauchs im Einzelfall.

61.31 Zwischen der wiederholten Androhung des Schusswaffengebrauchs gegen Personen in einer Menschenmenge und dem Gebrauch der Schusswaffe soll so viel Zeit verstreichen, dass sich insbesondere Unbeteiligte aus der Menge entfernen können; vgl. auch RdNr. 65.2.

61.32 Die Androhung hat grundsätzlich durch Lautsprecher zu erfolgen. Ihr soll alsdann durch Warnschüsse oder auf andere unmissverständliche Weise Nachdruck mit dem Ziel verliehen werden, letztlich den Schusswaffengebrauch auf Personen in der Menschenmenge zu vermeiden.

Zweck

- Detaillierte Regelungen der Androhung von unmittelbarem Zwang bis hin zum Schusswaffengebrauch.
- In Fällen der gegenwärtigen Gefahr mit hoher zeitlicher Dringlichkeit kann von der Androhung abgesehen werden.
- Warnschuss stellt eine „akustische“ Androhung dar.
- Einnahme der entschlossenen Schießhaltung stellt keine Androhung dar (nicht hinreichend bestimmt).
- Die weiteren Details regelt die Verwaltungsvorschrift.

§ 62 Fesselung von Personen

Eine Person, die nach diesem Gesetz oder anderen Rechtsvorschriften festgehalten wird, kann gefesselt werden, wenn Tatsachen die Annahme rechtfertigen, dass sie

1. Polizeivollzugsbeamte oder Dritte angreifen, Widerstand leisten oder Sachen von nicht geringem Wert beschädigen wird,

2. fliehen wird oder befreit werden soll oder
3. sich töten oder verletzen wird.

Dasselbe gilt, wenn eine Person nach anderen Rechtsvorschriften vorgeführt oder zur Durchführung einer Maßnahme an einen anderen Ort gebracht wird.

VV zu § 62

62.01 Widerstand leistet i. S. d. § 62 Satz 1 Nr. 1, wer sich einer polizeilichen Anordnung aktiv widersetzt; passives Verhalten (z. B. Stehenbleiben, Fallenlassen) reicht hierfür nicht aus.

62.02 Für die Fesselung sollen die hierfür vorgesehenen Hilfsmittel der körperlichen Gewalt verwendet werden. Sind diese nicht vorhanden oder reichen sie nicht aus, sind andere Maßnahmen zu treffen, die eine ähnliche Behinderung wie Fesseln gewährleisten. Es ist darauf zu achten, dass gesundheitliche Schäden (z. B. durch Blutstauung oder extreme Temperaturen) nicht eintreten.

62.03 Mehrere Personen sollen nicht zusammengeschlossen werden, wenn ein Nachteil für Ermittlungen in einer Strafsache zu befürchten ist, durch die Zusammenschließung die Gesundheit eines der Betroffenen gefährdet wird oder dies eine erniedrigende Behandlung bedeutet. Männer und Frauen sind möglichst nicht zusammenzuschließen.

Zweck

- Wegen der Schwere der Grundrechtseingriffe (Art. 2 Abs. 2 S. 1 und 2, Bewegungsfreiheit und körperliche Unversehrtheit) ist diese Zwangsanwendung besonders geregelt.
- Schutzzwecke sind die Eigensicherung, mögliche Angriffe gegen Dritte und die Eigengefährdung.

Voraussetzungen

- Es muss eine freiheitsbeschränkende oder -entziehende Maßnahme (§§ 12, 35 PolG, § 127 Abs. 2, §§ 163b, 163c StPO) zulässig, angeordnet oder beabsichtigt sein.

- Tatsachen (Gegebenheiten der Vergangenheit oder Gegenwart, die einem Beweis zugänglich sind, also Fakten, nicht Mutmaßungen) müssen die Prognose erlauben (§ 62)
- befehlender VA (Handlung, Duldung oder Unterlassung).

Zulässige Maßnahmen
- Fesselung einer Person.
- Totalfesselung der Arme und Beine zur Fixierung z. B. auf einer Pritsche in der Zelle (letzte Mittel).

Adressat
- Störer gem. (ggf. fiktiver) Grundmaßnahme.

Formvorschriften
- Androhung des Zwangsmittels gem. § 61 Abs. 1.
- Prüfung der Intensität der Fesselung zur Vermeidung von Verletzungen mit der Option der Lockerung.
- Prüfung der Notwendigkeit bei längerfristiger Beibehaltung – oder Reduzierung bis hin zur Entfesselung.
- Hilfsleistungs- und Beistandspflicht gem. § 60.
- Vorlage des Dienstausweises bei Anforderung, soweit möglich oder vertretbar, bei der Anwendung von unmittelbarem Zwang gem. § 55 Abs. 3.

Ermessen
- Entschließungs-/Auswahlermessen ohne Beschränkung.
- Einschränkung insbesondere des Auswahlermessens durch den LF 371.

Übermaßverbot
- Geeignetheit, Erforderlichkeit, Verhältnismäßigkeit.
- Wegen der Intensität der Maßnahme besondere Berücksichtigung von Erforderlichkeit und Angemessenheit.

§ 63 Allgemeine Vorschriften für den Schusswaffengebrauch

(1) Schusswaffen dürfen nur gebraucht werden, wenn andere Maßnahmen des unmittelbaren Zwanges erfolglos angewendet sind oder offensichtlich keinen Erfolg versprechen. Gegen Personen ist ihr Gebrauch nur zulässig, wenn der Zweck nicht durch Schusswaffengebrauch gegen Sachen erreicht werden kann.
(2) Schusswaffen dürfen gegen Personen nur gebraucht werden, um angriffs- oder fluchtunfähig zu machen. Ein Schuss, der mit an Sicherheit grenzender Wahrscheinlichkeit tödlich wirken wird, ist nur zulässig, wenn er das einzige Mittel zur Abwehr einer gegenwärtigen Lebensgefahr oder der gegenwärtigen Gefahr einer schwerwiegenden Verletzung der körperlichen Unversehrtheit ist.
(3) Gegen Personen, die dem äußeren Eindruck nach noch nicht 14 Jahre alt sind, dürfen Schusswaffen nicht gebraucht werden. Das gilt nicht, wenn der Schusswaffengebrauch das einzige Mittel zur Abwehr einer gegenwärtigen Gefahr für Leib oder Leben ist.
(4) Der Schusswaffengebrauch ist unzulässig, wenn für den Polizeivollzugsbeamten erkennbar Unbeteiligte mit hoher Wahrscheinlichkeit gefährdet werden. Das gilt nicht, wenn der Schusswaffengebrauch das einzige Mittel zur Abwehr einer gegenwärtigen Lebensgefahr ist.

VV zu § 63

63.11 Der Schusswaffengebrauch gegen Personen ist die schwerwiegendste Maßnahme des unmittelbaren Zwanges. Daher sind vorher Rechtmäßigkeit und Verhältnismäßigkeit besonders sorgfältig zu prüfen. Bestehen rechtliche oder tatsächliche Zweifel, ob die Voraussetzungen für den Schusswaffengebrauch vorliegen, ist von der Schusswaffe kein Gebrauch zu machen.

63.12 Auch der Schusswaffengebrauch gegen Sachen ist auf das erforderliche Mindestmaß zu beschränken. Ein Schusswaffengebrauch gegen Sachen liegt nicht vor, wenn mit Wahrscheinlichkeit damit gerechnet werden muss, dass hierdurch Personen verletzt werden. Der Schusswaffengebrauch gegen Kraftfahrzeuge ist daher in der Regel nur unter den Voraussetzungen des Schusswaffengebrauchs gegen Personen zulässig. Diese müssen gegenüber jeder im Fahrzeug befindlichen Person vorliegen, es sei denn, dass ein Fall des § 63 Abs. 4 Satz 2 vorliegt. Beim Schusswaffen-

gebrauch gegen ein Kraftfahrzeug ist anzustreben, das Fahrzeug fahrunfähig zu machen, weil hierdurch in der Regel der Zweck der Maßnahme erreicht werden kann. Vom Schusswaffengebrauch ist abzusehen, wenn das Fahrzeug erkennbar explosive oder ähnliche gefährliche Güter befördert oder nach seiner Kennzeichnung zur Beförderung solcher Güter bestimmt ist. Diese Einschränkung gilt nicht, wenn durch die Weiterfahrt größere Gefahren zu entstehen drohen als durch den Schusswaffengebrauch.

63.13 Der Schusswaffengebrauch gegen Tiere ist zulässig, wenn von ihnen eine Gefahr ausgeht (sie insbesondere Menschen bedrohen) und die Gefahr nicht auf andere Weise zu beseitigen ist. Verletzte oder kranke Tiere dürfen nur getötet werden, wenn die Befürchtung besteht, dass sie sonst unter Qualen verenden würden, und weder Eigentümer bzw. Tierhalter noch ein Tierarzt oder Jagdausübungsberechtigte kurzfristig zu erreichen sind.

63.21 Um angriffs- oder fluchtunfähig zu machen, ist, wenn die Umstände es zulassen, auf die Beine zu zielen, vor allem bei Fliehenden.

63.22 Abs. 2 Satz 2 regelt den finalen Rettungsschuss. Ein derartiger Schuss ist bei unmittelbar drohender Gewaltanwendung nur bei Lebensgefahr oder der Gefahr schwerwiegender körperlicher Verletzungen zulässig; eine geringfügige Körperverletzung berechtigt keinesfalls zur Abgabe eines Rettungsschusses.

63.3 Bestehen Zweifel, ob jemand noch im Kindesalter ist, ist davon auszugehen, dass es sich um ein Kind handelt.

63.4 Der Schusswaffengebrauch ist grundsätzlich verboten, wenn durch ihn eine unbeteiligte Person mit hoher Wahrscheinlichkeit gefährdet wird. Es ist nicht nur auf Fußgänger, sondern auch auf fahrende und haltende Fahrzeuge mit Insassen sowie auf Wohnungen und Geschäfte zu achten. Kann die Schussrichtung wegen der örtlichen Verhältnisse (insbesondere Dunkelheit oder sonstige Sichtbehinderungen) nicht überblickt werden, sind besondere Vorsicht und Zurückhaltung geboten.

Zweck

- Detaillierte Regelung zu den formalen Voraussetzungen des Schusswaffengebrauchs als Rahmenregelung:
  - Schusswaffengebrauch ist das letzte Mittel (Abs. 1)
  - Schusswaffengebrauch gegen Sachen geht dem Einsatz gegen Personen vor
  - Ziel: Angriffs- oder Fluchtunfähigkeit (Abs. 2)
  - Finaler Rettungsschuss als das letzte Mittel (Abs. 2)
  - Sonderregelung bei Personen unter 14 Jahren (Abs. 3)
  - Sonderregelung bei Gefährdung Unbeteiligter (Abs. 4).

Besonderheiten

- Bei der Erschießung eines Tieres, um dieses von Qualen zu befreien, brauchen nur die Voraussetzungen nach § 63 beachtet zu werden, insbesondere der Ausschluss der Gefährdung unbeteiligter Personen. Soweit dieser Schusswaffengebrauch als Ersatzvornahme angesehen wird (§ 52), können die Kosten dem Verantwortlichen in Rechnung gestellt werden.

§ 64 Schusswaffengebrauch gegen Personen

(1) Schusswaffen dürfen gegen Personen nur gebraucht werden,

1. um eine gegenwärtige Gefahr für Leib oder Leben abzuwehren,
2. um die unmittelbar bevorstehende Begehung oder Fortsetzung eines Verbrechens oder eines Vergehens unter Anwendung oder Mitführung von Schusswaffen oder Explosivmitteln zu verhindern,
3. um eine Person anzuhalten, die sich der Festnahme oder Identitätsfeststellung durch Flucht zu entziehen versucht, wenn sie
   a) eines Verbrechens dringend verdächtig ist oder
   b) eines Vergehens dringend verdächtig ist und Tatsachen die Annahme rechtfertigen, dass sie Schusswaffen oder Explosivmittel mit sich führt,
4. zur Vereitelung der Flucht oder zur Ergreifung einer Person, die in amtlichem Gewahrsam zu halten oder ihm zuzuführen ist
   a) auf Grund richterlicher Entscheidung wegen eines Verbrechens oder auf Grund des dringenden Verdachts eines Verbrechens oder
   b) auf Grund richterlicher Entscheidung wegen eines Vergehens oder auf Grund des dringenden Verdachts eines Vergehens, sofern Tatsachen die

Annahme rechtfertigen, dass sie Schusswaffen oder Explosivmittel mit sich führt,
5. um die gewaltsame Befreiung einer Person aus amtlichem Gewahrsam zu verhindern.

(2) Schusswaffen dürfen nach Absatz 1 Nr. 4 nicht gebraucht werden, wenn es sich um den Vollzug eines Jugendarrestes oder eines Strafarrestes handelt oder wenn die Flucht aus einer offenen Anstalt verhindert werden soll.

VV zu § 64

64.01 Soweit es für den Schusswaffengebrauch nach § 64 darauf ankommt, ob eine rechtswidrige Tat ein Verbrechen oder ein Vergehen darstellt, richtet sich dies gem. § 12 StGB nach der für die Straftat angedrohten Mindeststrafe. Hierbei ist nur der Regelstrafrahmen maßgebend. Schärfungen und Milderungen nach dem Allgemeinen Teil des StGB (z. B. bei Versuch, Beihilfe, verminderter Schuldfähigkeit) oder für besonders schwere (vgl. die §§ 243, 263 Abs. 3 oder 266 Abs. 2 StGB) oder minder schwere Fälle (vgl. § 225 Abs. 4 oder § 226 Abs. 3 StGB) bleiben außer Betracht.

64.02 Ein gefährlicher Eingriff in den Straßenverkehr zur Verdeckung einer Straftat gem. § 315b Abs. 3 i. V. m. § 315 Abs. 3 StGB stellt ein Verbrechen i. S. d. § 12 Abs. 1 und Abs. 3 StGB dar. Von einer Verdeckungstat kann im Rahmen einer Flucht vor der Polizei in der Regel nur ausgegangen werden, wenn der Verdacht besteht, dass die Person vor der Flucht eine andere Straftat begangen hat. Ein gefährlicher Eingriff in den Straßenverkehr nach § 315b StGB im Rahmen einer Flucht vor der Polizei stellt regelmäßig keine „andere Straftat" i. S. d. § 315 Abs. 3 StGB dar, es sei denn, es ist zwischen mehreren Eingriffen in den Straßenverkehr zu einer deutlichen zeitlichen Zäsur gekommen.

64.11 Die Berechtigung zum Schusswaffengebrauch nach § 64 Abs. 1 Nr. 1 setzt mindestens die Gefahr einer schwerwiegenden Körperverletzung voraus.

64.12 Die zu verhindernde Straftat i. S. d. § 64 Abs. 1 Nr. 2 muss unmittelbar bevorstehen. Insoweit genugt das bloße Bestehen einer Gefahr i. S. d. § 8 Abs. 1 nicht. Die Verhinderung der Fortsetzung bedeutet insbesondere die Verhinderung weiterer Tat-

handlungen oder bei Dauerdelikten die Beendigung des strafbaren Zustandes. Die Handlung muss sich den Umständen nach als Verbrechen oder als ein Vergehen der genannten Art darstellen. Es kommt also darauf an, wie die Polizeivollzugsbeamtin oder der Polizeivollzugsbeamte die Situation unter Berücksichtigung aller im Augenblick gegebenen Erkenntnismöglichkeiten beurteilt. Hierbei ist – obwohl die Notwendigkeit zum schnellen Handeln gegeben ist – besonders sorgfältig vorzugehen.

64.13 Auch in § 64 Abs. 1 Nr. 4b), 1. Alternative, müssen Tatsachen die Annahme rechtfertigen, dass die Person Schusswaffen oder Explosivmittel mit sich führt.

Zweck

- Regelung der materiellen Voraussetzungen des Schusswaffengebrauchs.
- Erfasst werden die Gefahrenabwehr und die Strafverfolgung, sowie die Befreiung von Personen, deren Freiheit entzogen wurde.

Voraussetzungen

- Voraussetzungen nennt der Gesetzgeber abschließend; es braucht lediglich eine Fallvariante vorliegen.

Zulässige Maßnahmen

- Schusswaffengebrauch gegen Personen.
- Androhung des Schusswaffengebrauchs gegen Personen.
- Abgabe von einfachen und qualifizierten (in der Nähe des Störers) Warnschüssen.
- Finaler Rettungsschuss ist nicht ausdrücklich im Gesetz geregelt; er ist als Ultima Ratio zulässig.
- Mit dem finalen Rettungsschuss soll der Täter gezielt und sofort handlungsunfähig werden, damit sein gefährliches Handeln sofort unterbunden wird und das oder die Opfer nicht weiter gefährdet oder geschädigt werden, auch nicht durch Reflexhandlungen.

- Vom Notwehrschuss unterscheidet sich der Rettungsschuss dadurch, dass die Tötung beim Letzterem gewollt ist, um das gefährliche Verhalten zu beenden, während bei Ersterem die Tötung nicht gewollt ist.
- Rettungsschüsse werden nicht nur durch Präzisionsschützen vollzogen. Sie können durch jeden Polizeibeamten im Einsatz notwendig werden, z. B. die gezielte Schussabgabe auf die Fahrerkabine des Amok-Fahrers, um den Lkw zu stoppen.

Adressat

- Adressat der Grundmaßnahme, die mit dem Schusswaffengebrauch durchgesetzt werden soll.

Formvorschriften

- Androhung des Schusswaffengebrauchs gem. § 61 Abs. 2, Warnschuss gilt als Androhung, aber nur zulässig unter den Voraussetzungen des Echtschusses.
- Hilfeleistungs- und Beistandspflicht gem. § 60.
- Vorlage des Dienstausweises bei Anforderung, soweit möglich oder vertretbar, bei der Anwendung von unmittelbarem Zwang gem. § 55 Abs. 3.

Übermaßverbot

- Geeignetheit, Erforderlichkeit, Verhältnismäßigkeit.
- Wegen der Intensität der Maßnahme besondere Berücksichtigung von Erforderlichkeit und Angemessenheit.

Rechtsprechung/Besonderheiten

- Signalschuss (akustische Anzeige des Standorts) ist kein Schusswaffengebrauch; befinden sich Personen (z. B. flüchtiger Täter im Waldgebiet) in der Nähe, könnte eine Zulässigkeitsprüfung gem. § 64 erforderlich sein/werden.
- Schusswaffengebrauch gegen fahrende Fahrzeuge, insbesondere Kfz, ist stets als Schusswaffeneinsatz gegen Personen zu qualifizieren. Er ist in der Regel ungeeignet, die Gefahrenlage zu beenden (und damit i. d. R. rechtswidrig).

- Rechtsprechung zum Schusswaffengebrauch: BGH, NStZ 2005, 31 ff. (Pflastersteinfall), BGH, NStZ 2008, 453 ff. (Schusswaffengebrauch gegen Einbrecher mit tödlicher Folge), LG Neuruppin, BeckRS 2011, 05203 (Nahschuss bei Festnahme).

§ 65 Schusswaffengebrauch gegen Personen in einer Menschenmenge

(1) Schusswaffen dürfen gegen Personen in einer Menschenmenge nur gebraucht werden, wenn von ihr oder aus ihr heraus schwerwiegende Gewalttaten begangen werden oder unmittelbar bevorstehen und andere Maßnahmen keinen Erfolg versprechen.
(2) Wer sich aus einer solchen Menschenmenge nach wiederholter Androhung des Schusswaffengebrauchs nicht entfernt, obwohl ihm das möglich ist, ist nicht Unbeteiligter im Sinne des § 63 Abs. 4.

VV zu § 65

65.1 Schwerwiegende Gewalttaten sind Straftaten, die unter Anwendung von Gewalt begangen werden und besonders hochwertige Rechtsgüter verletzen oder für die Allgemeinheit lebensnotwendige Einrichtungen zerstören. Hierunter fallen insbesondere Tötungsdelikte (§§ 211 und 212 StGB), gefährliche oder schwere Körperverletzungen (§§ 224 und 226 StGB), gemeingefährliche Straftaten (§§ 306 ff. StGB) oder Nötigung von Verfassungsorganen unter Gewaltanwendung (§§ 105 und 106 StGB).

65.2 In der Androhung (vgl. RdNr. 61.3) soll darauf hingewiesen werden, dass nicht Unbeteiligter ist, wer sich nicht aus der Menschenmenge entfernt, obwohl ihm das möglich ist.

§ 66 Besondere Waffen, Sprengmittel

(1) Besondere Waffen im Sinne des § 58 Abs. 5 dürfen gegen Personen nur in den Fällen des § 64 Abs. 1 Nrn. 1, 2 und 5 von der Bundespolizei, die gemäß den Artikeln 35 Abs. 2 Satz 1 oder 91 Abs. 1 des Grundgesetzes zur Unterstützung der Polizei des Landes Nordrhein-Westfalen eingesetzt wird, und nur mit Zustimmung des Innenministers des Landes Nordrhein-Westfalen oder eines von ihm im Einzelfall Beauftragten angewendet werden, wenn

1. diese Personen von Schusswaffen oder Explosivmitteln Gebrauch gemacht haben und
2. der vorherige Gebrauch anderer Schusswaffen erfolglos geblieben ist.

(2) Besondere Waffen dürfen nur gebraucht werden, um einen Angriff abzuwehren. Handgranaten dürfen gegen Personen in einer Menschenmenge nicht gebraucht werden.

(3) Im Übrigen bleiben die Vorschriften über den Schusswaffengebrauch unberührt.

(4) Sprengmittel dürfen gegen Personen nicht angewendet werden.

VV zu § 66

66.4 Sprengmittel sind gem. § 58 Abs. 3 Hilfsmittel der körperlichen Gewalt und kommen nur als Mittel der Zwangsanwendung gegen Sachen in Betracht, z. B. zur Beseitigung von Hindernissen bei schweren Unglücksfällen.

§ 67 Entschädigungsansprüche

Die §§ 39 bis 43 des Ordnungsbehördengesetzes finden entsprechende Anwendung.

§ 68 Berichtspflichten gegenüber dem Landtag

Die Landesregierung berichtet dem Landtag alle zwei Jahre über die nach den §§ 16a, 17 bis 20 und 21 getroffenen Maßnahmen und über Übermittlungen nach § 29. Bei Maßnahmen nach § 16a entfällt die Berichtspflicht, wenn die Observation offen durchgeführt wurde. Abweichend von Satz 1 ist dem Landtag über die nach § 20a bis 20c getroffenen Maßnahmen jährlich zu berichten. In den Berichten wird insbesondere dargestellt, in welchem Umfang von welchen Befugnissen, aus Anlass welcher Verdachtslagen Gebrauch gemacht wurde und inwieweit die betroffenen Personen hierüber benachrichtigt wurden. Der Landtag macht die Berichte in anonymisierter Form öffentlich.